中国检察权论略

王俊　曾哲/著

中国检察出版社

图书在版编目（CIP）数据

中国检察权论略/王俊，曾哲著. —北京：中国检察
出版社，2012. 12
ISBN 978 - 7 - 5102 - 0743 - 3

Ⅰ.①中… Ⅱ.①王…②曾… Ⅲ①检察机关 - 权力 -
研究 - 中国 Ⅳ.①D926.3

中国版本图书馆 CIP 数据核字（2012）第 247656 号

中国检察权论略

王 俊 曾 哲 著

出版发行：中国检察出版社

社　　址：北京市石景山区鲁谷东街 5 号（100040）

网　　址：中国检察出版社（www. zgjccbs. com）

电　　话：(010)68658769(编辑) 68650015(发行) 68636518(门市)

经　　销：新华书店

印　　刷：三河市西华印务有限公司

开　　本：A5

印　　张：9. 75 印张

字　　数：249 千字

版　　次：2012 年 12 月第一版　2012 年 12 月第一次印刷

书　　号：ISBN 978 - 7 - 5102 - 0743 - 3

定　　价：30. 00 元

出版说明

当代中国的检察制度几经波折，目前已形成了中国特色社会主义法律体系框架下的具有中国特色的社会主义检察制度。历史证明，中国的检察制度，是和我国的政治命运、经济发展、文化传承、法治建设等方面同呼吸、共命运，紧密联系、无法分割的。政治开明、法治健全，检察制度和检察权的运行就顺畅健康。反之，则像20世纪50年代初甚至"文革"的10年浩劫中那样，产生休克甚至被彻底取消，人民的人身权利、财产权利、民主权利遭受极大的摧残破坏。

应该说，现今中国的检察权，是在一个较为健康的法治国家环境中和较为正常的状态下运行，在服务我国经济社会科学发展的过程中，实现了检察机关自身的科学发展。近年来，检察机关狠抓业务建设和队伍建设，特别是2012年《刑事诉讼法》修改完善、中央司法改革要求充分发挥检察机关法律监督职能的新形势下，"执法规范化、队伍专业化、管理科学化和保障现代化"的水平不断提高，服务大局、保障中心工作的作用不断强化，检察事业正处于一个最佳的发展时期。

本书稿初成于2010年下半年，是和同在武汉大学攻读宪法学博士的同门师兄们一起切磋研究的结果。虽有个别内容可能落伍于当下新《刑事诉讼法》即将实施语境，但考虑作为一段时期学习思考的见证及同门师兄弟切磋交流的成果，仍决定付梓出版，以供交流之用。其中的一些观点、内容、论证及引注，如有不当之处，敬请谅解！

　　成书期间，得到了南京工业大学汪自成教授的指点建议，出版过程中中国检察出版社苏晓红女士给与了大力帮助，一并表示由衷的感谢！

作者识于金陵下关

2012 年 11 月

目　录

内容提要

要研究中国的检察权，首先必须弄清楚检察权的性质和国家检察机关的基本职能。国家检察权在本质上主要表现为国家公诉权，以公诉权为基本内容的检察权在本质属性上和终极意义上应属于行政权。国家检察机关在刑事诉讼中的各项权力都是具体的诉讼程序权力，与所谓的法律监督机关、法律监督权在理论应然上并不存在内在的必然的关联性，但在实然的运行上，按照当下检察机关就是国家唯一的公诉机关实然状貌或者思路去探求司法改革的路径，或可建立理性而科学的以公诉权和法律监督权为双核的主导权力职能体系，同时兼及和主导审判前程序的公正和相关侦查权程序与实体的正当性，在对检察权的实然考量中，探求更为科学、更为中道、更为合于理性的法治智慧。对国家检察权的属性进行定位是因为我国检察权的国家权力配置有其特殊性，它既承担着题材繁多的法律监督职责，又担纲着对职务领域里的犯罪侦查，还要代表国家公意出庭支持公诉，行使公诉权，同时具有剥夺国家公民的人身自由权等方面的司法审查权。这种权力载体的高度集中已经大大超越了西方国家司法的三权分立体系，彰显了实然上的中国检察权"复合型"权力的宪法地位。

本书在吸收前人成果的基础上进一步论证检察制度与检察权的合理性、必然性与动态发展性。特别是基于检察监督权的实现，在人民代表大会制度的权力授予与权力制约条件下，检察机关不能简单地视为政府的行政机关，行使的是某种特别独立的权力，更不能看成是立法机关或者是审判机关，检察机关根本不具备立法功能和审判职能，它是特立独行且具有存在价值的法律监督机关。其制度设计的目标，旨在卫护国家法律的统一实施，防止行政权、审判权的误用和滥用。再则，在行使国家公权的过程中，通过检察权的"缓冲"可以使得行政权、审判权以及公安部门的侦查权在程序上有一个制衡的地带和不可克减的机制安排。通过对我国宪政构架中检察权配置或权力重置的分析，提出进一步完善检察权配置。实然的中国检察权法律规范上的空间不是太小而是过大。虽然在某种虚拟的层面，来自各种权力和权利的量子对检察权的行使试图碰撞或对抗，但远远还不足以挤压国家检察权正常行使的空间，即使翻越法律许可的边界扩张到私权的田野，中国的百姓也只能是"望权兴叹"。在国家公权行使的高速路上，救济往往要比肇事滞后得多，晚来得多。检察权之法律监督权还远不能撑起行政权与审判权这两把"太阳伞"。因此，必须科学认知检察权，审视检察权，对新时期检察权的权威性进行大胆重构，为全社会公平正义搭建起一道最后的防线，对国民基本权利建树起一道较为牢固的保障屏障。

正确认识世界各国检察制度与检察权发展过程中的各自必然性及强求世界各国不同宪政体制下检察权属性的认定同一的不科学性，进而论证我国检察权的现实合理性。中国检察权现实的合理性与普适性，主要表现在宏观和微观两个方面，宏观上基于国家检察权的来源和职能的正当与正义性，而微观上则值得着重阐释其权能的实质正义性。一是职务犯罪侦查权。职务义务上对法律的不忠诚，导致国家公职人员在履行法定职务义务过程中实施滥用以及误用国家权力的行为，直接危害了一个国家正常的管理秩序，因此对其监督并施以法律惩戒是法律监督的内在要求。二是侦查监督权。侦查监督是指人民检察院依法对侦查机关的刑事侦查活动及程序是否合法进行的监督。在宪法的层面，有权行使侦查权的是公安机关和国家安全机关，当然检察院也有自侦权（在经济犯罪和职务犯罪法域)。公安机关和国家安全机关从权力谱系上讲应该属于行政权，但从侦查行为和行使权力属性上说则是司法权，因此，不论是行政权还是司法权，侦查活动的合法性当然地要接受检察机关的法律监督。三是批准逮捕权。批准逮捕是指人民检察院对于公安机关、国家安全机关提请批准逮捕犯罪嫌疑人的请求进行审查，决定是否逮捕的活动。它是刑事强制措施中最严厉的一种，涉及公民的人身自由权限制问题，因此对逮捕的使用进行必要监督的正当性是毋庸置疑的。四是公诉权。公诉是指享有公诉权的主体为了维护公共利益，代表国家对认为犯有罪行，应当追究刑事责任的人向法院提起公诉，请求人民法院依法判定有罪并对其判处刑罚的活动。公诉权配置于检察机关是世界上民主法治国家的通例，从公诉角度进行法律监督，其合理性是非常明了的。还有与基本人权密切关联的羁押监督权、行政处罚监督权、审判监督权与刑罚监督权等。

Study Chinese procuratorial

Abstract: China's procuratorial power to study, first of all to be clear about the nature of prosecutorial power and the state of the basic functions of the prosecution. National prosecutorial power in nature for the state indictment, mainly the right to indictment for the basic content of the right of the prosecutorial power in nature and the ultimate significance of attributes should belong to the executive power. State prosecutors in criminal proceedings to the powers of the proceedings are specific powers, and the so – called legal supervision organs, the right of legal supervision ought to be in theory there is no inherent relevance of the inevitable, but it ran in the operation of, in accordance with the present prosecution is the only national real likelihood of public prosecution status and outlook or to explore the idea of the path of judicial reform, or to establish a rational and scientifically the right to indictment and the legal supervisory authority for the dual – core functions of the dominant power system, At the same time, and leading and pre – trial procedures and the fairness of the investigation and related entities the right to process and legitimacy is contingent on the prosecutorial power considerations, and explore more scientific, more middle, more in line of the rule of law in a rational wisdom. Procuratorial attributes of national identity because of prosecutorial power of the state power in China is equipped with its uniqueness, it bears a multiplicity of legal subjects oversight responsibilities, but also take on the duties of the field of criminal investigation, public will have to appear in court on behalf of the state support indictment, the exercise of the right to indictment and at the same time have the personal freedom of citizens deprived of their right to respect the right of judicial review. This high concentration of power vector has already far exceeded the Western countries the judicial separation of powers system, and demonstrate the real likelihood of China's procuratorial "compound" of the constitutional position of power.

In this paper, the results of absorption of the previous system and the prosecution further argued the reasonableness of prosecutorial power, the inevitability and dynamic development. Special is based on the realization of the right to supervise the prosecution in the People's Congress system and the authority to impose restrictions on the powers granted, the prosecution can not simply be regarded as the executive branch of government to exercise the powers of a particular independent, nor can we as a legislature or judicial, the prosecution does not have legislative functions and trial functions, it is an independent special line and the value of the legal supervision organs. The design of the system aims to defend the unity of the implementation of national laws to prevent the executive power, jurisdiction, duties obligations on the misuse of power and abuse. Furthermore, in the exercise of the national process of public power, through the prosecutorial power of the "buffer" to allow the executive power, judicial power, including the right of the public security authorities in the investigation procedures of checks and balances, there is a non - derogable Strip and institutional arrangements. Through the framework of our constitutional powers of prosecutorial power configuration or reset the analysis to further improve the allocation of prosecutorial power. Is the Chinese laws and regulations procuratorial space is not too small but too large. While some virtual level, the exercise of prosecutorial power will suffer from a variety of powers and the rights of the quantum collision or confrontation, but not enough to squeeze the country far from the normal exercise of prosecutorial power of the space is permitted by the law of the border over the expansion of the private fields, the Chinese people can only be "the right to be disappointed look. " The exercise of public power in the national high – speed roads, relief is often much more than those lagging behind, to much later. The right of legal supervision of prosecutorial power is far from the executive power and judicial power up to two "umbrella" . Sometimes the power of the Party Commission for Discipline Inspection has also obscured or e-ven override the other hand, the national procuratorial power on, making the true sense of the prosecutorial power to exercise even more embarrassing. Therefore, cognitive science and prosecutorial power, look at the prosecutorial power of the authority of the new era boldly procuratorial reconstruction, social fairness and justice for the whole effect together with the erection of the last line of defense, the fundamental rights of citizens to defend the achievements together with a more solid from the protection of barriers.

A correct understanding of the prosecution system in the world with the inevitability of the development of different procuratorial aids in different countries around the world under the constitutional system that the same attributes procuratorial power is unscientific, and further argues that the reality of China's procuratorial reasonable. Chinese procuratorial life of rationality and universality, the main table, see the two aspects of macro and micro, the macro level, based on national sources of prosecutorial power and functions are legitimate and that justice is done, is worth focusing on the micro level to explain the essence of its authority

justice: First, the investigation of job – related crimes on the right. Du-
ties of the legal obligations of infidelity, resulting in the national public
officers in performing its statutory duty obligations during the implemen-
tation of the use of abuse and misuse of state power directly against the
management of a nation's normal order and therefore the implementation
of its monitoring and disciplinary law is the inherent requirement of legal
supervision. The second is to supervise the investigation. Investigation
and Supervision means the People's Procuratorate in accordance with the
law on the criminal investigation authorities to detect the activities of
criminal cases and procedures for the supervision of the legality of con-
duct. The level of the Constitution, is entitled to exercise the right to
public security organs in the investigation and national security agencies,
of course, there's the right (in job – related crimes, economic crimes
and jurisdiction). Public security and national security organs of these
two terms from the power spectrum should belong to the executive power,
but the investigation and the exercise of power is the attribute that the ju-
dicial power, therefore, can not be the executive power or judicial pow-
er, of course, the legitimacy of the investigation activities and to to ac-
cept the prosecution of legal supervision. Third, the approval of a power
of arrest. Approved the arrest means the People's Procuratorate for
public security organs, state security organs approved the arrest of crim-
inal suspects to draw people to review the request and decide whether to
arrest activities. It is a criminal coercive measures in the most severe
one, involving the right to restrict personal freedom of citizens, so the
use of arrest to carry out the necessary oversight is no doubt the legitima-
cy of. Fourth, the right to indictment. Indictment refers to the main
body of the right to enjoy the indictment in order to protect the public in-
terest, on behalf of the state of that offense for a person should be held

criminally responsible, prosecuted to the court to request the people's court in accordance with the law and found guilty sentence activities. The right to configure the indictment the prosecution in the countries of the world's democratic countries of the General Orders, the rule of law, from the perspective of public prosecution and supervision of legal supervision is a very rational and clear. Also closely associated with basic human rights of custody supervision, the right to an administrative penalty, the trial supervision, such as supervision and penalties.

The full text is divided into six chapters, followed by the introduction and afterword.

导　言

一、问题意识

众所周知，检察权是国家权力的重要组成部分，加强检察理论研究是发展中国特色社会主义检察制度的必然要求，是"强化法律监督，维护公平正义"这一工作主题的重要基础，也是积极应对当前检察制度和检察理论所面临的各种挑战的必然选择。但是，在不同的国家或地区，其检察权的性质和内容及其权力配置都有着重大差异。之所以如此，既有各国宪政实践方面的考虑，更有各国法律文化传统方面的原因。也就是说，由于各国政治、文化、历史、法律制度发展的不同，各国的检察制度设计与检察权运行当然也会存在诸多差异。比如，中国检察权既不同于西方国家的检察权，又与其效仿的前苏联的检察权有所差异，具有较强的独特性；与此相适应，中国的检察权配置也有很多特立独行的地方。这一特色与中国独具的社会主义宪政有关，又与中国悠久历史文化中的监察制度传承密不可分；因此，我们必须客观地厘清中国检察权产生的历史背景和源流，才能科学地揭示中国检察权从应然到实然存在的合理性根据①。但是，在我国反腐倡廉任务日益艰巨的背景下，有一些学者转而考虑将英美法系国家的检察制度当做世界上所有检

---

① 参见徐荣生：《中国检察权及其权力配置》，载《国家检察官学院学报》2006 年第 1 期。

察制度的应然参照，并对当代中国检察权的属性及其权力行使过程中出现的问题进行了深入的检讨与反思，他们认为：

——我国检察机关是法律监督机关，由谁来监督法律监督机关这本身就是一个不可绕过的话语悖论！

——我国检察机关在公诉案件中仍以监督机关自居，这有如竞技体育"既当运动员又当裁判员"，身份混同重叠，成为"法官之上的法官"，势必影响刑事诉讼"控、辩、审"三角结构的稳定与衡平，进而影响刑事诉讼的公正性，要求取消检察机关的刑事案件审判监督权，成立单纯的独立国家公诉机关时有呼声；

——应当取消检察机关刑事案件的批准和决定逮捕权，至少是自侦案件的决定逮捕权，并交给预审法官行使逮捕权，刑事案件中决定逮捕、起诉或不起诉均关系犯罪嫌疑人的自由权、生命权、财产权、人格尊严权等诸多人权事项；

——检察机关对民事、行政案件的判决、裁定具有抗诉权和建议再审权，影响判决的稳定和司法权威；

——自行侦查案件的侦查权，使得自己侦查的案件自己决定逮捕并起诉，缺乏相关的监督制约机制，且侦查权属于行政权力，是否应该从检察机关划分出去？

——最高人民检察院有权对刑事诉讼中的有关法律问题进行司法解释，在英美法系里却没有这项职能，比较而言，中国的检察机关在职能上具有明显的优势和更为广泛的权能。①

中国古代杰出思想家韩非子曾说过："不期修古，不法常可，论事之事，因为之备。"② 意思是，不期望完全遵循过去，也不效仿那些陈规，要研究现在的事情，从而作出国家权力配置和法律上的调整。韩非子的"论事之事，因为之备"即为笔者重新审视和

---

① 李粤贵：《中英检察制度考察》，载《南风窗》2003 年第 22 期。
② 《韩非子·五蠹》。

研究中国检察权的原初动机之一。

人们常说，司法公正是社会正义的最后一道防线。那么，司法机关的公正与社会正义的最终实现，则有赖于国家权力系统特别是司法组织的科学配置及其良性运作。笔者作为一个在检察机关工作了二十余年的行使国家公权的"当事人"，常常思考国家检察权在实际运行过程中存在的种种弊端和理论进路上存在的诸多问题，特别是在民主法治的宪政框架内，我国检察权制度及其运行的顽症究竟在哪里？我们该用怎样的视角把基于证据的理性和来自心灵的目的完整结合起来进行考量，作为对当下中国检察权问题研究的生命感悟？

中国当下检察权在宪政语境下遇到的尴尬似乎越来越多，诚如林钰雄所言，"伴随着每一次检察官的新权力创设、调整、运用，都会引起社会的广泛关注，且这种论争具有世界性"①，因此，如不能及时从理论上深入探讨和积极回应澄清，势必将对我国的检察制度与检察权的正当行使造成极为消极的影响，并进而影响到在我国现行宪政体制下检察权的法律监督作用的发挥，造成国家检察权的误用甚至是滥用，从而消磨瓦解改革开放 30 多年来的司法改革成果。

当然我们也知道，国家检察权的合理配置关涉现行的宪政设计、权利对权力的制约以及权力运行的制衡等重大问题；其中，既不能脱离具体国情，也不能无视现实世情。因此，能否借鉴国际社会的先进经验和成功范式设计出独具中国特色的检察制度和权力运行机制，也是本课题研究的题中应有之义。

总体而言，本书的研究目的在于，通过透析中国现行检察制度存在的种种缺失和主要问题，探寻更为中道、更为理性的法治理念和科学的制度安排，进而探索在当代宪政纬度规范下的中国检察权

---

① 林钰雄：《检察官论》，台湾学林文化事业有限公司 1999 年版，第
14—19 页。

正当行使的路径依赖和学理支撑。借引许永俊博士的观点，具体就是寻找以下三个问题的答案：处于社会主义初级阶段的中国究竟需要什么样的检察制度？如何才能充分发挥检察权在现代社会中的作用？如何有效防止国家检察权的误用和滥用？[①] 的确，如果我们能够穿越检察权的丛林，正确回答了这三个问题，中国检察权之研究也就豁然了大半。

本书将中国检察权的理论问题作为研究对象，其研究内容及研究意义主要集中在以下几个方面：

首先，是对国家检察权的属性进行定位。因为我国检察权的国家权力配置有其特殊性，它既承担着内容繁杂的法律监督职责，又担纲着对职务领域里的犯罪侦查，并且要代表国家公意出庭支持公诉，同时，还具有剥夺公民的人身自由权等方面的司法审查权。这种权力载体的高度集中，已经大大超越了西方国家司法的三权分立体系。因此，本问题的研究，将在国家权力的制约与平衡上呈现出一个多棱镜的视角，并借以观察中国检察权"复合型"权力的宪法地位。

其次，是进一步论证检察制度与检察权的合理性、必然性与动态发展性。在坚持人民代表大会制度的前提下，要履行好法律监督职责，检察机关就不能简单地被视为政府的行政机关，也不能被看成是立法机关或者是审判机关，它是特立独行且具有存在价值的法律监督机关。其制度设计的目标，旨在卫护国家法律的统一实施，防止行政权、审判权的误用和滥用。同时，在行使国家公权的过程中，通过检察权的"缓冲"，可以使得行政权、审判权以及公安部门的侦查权在程序上有一个制衡的地带和不可克减的机制安排。

最后，正确认识世界各国检察制度与检察权发展过程中的各自必然性及强求世界各国不同宪政体制下检察权属性的认定同一的不科学性，进而论证我国检察权的现实合理性。中国检察权现实的合

---

① 参见许永俊：《多维视角下的检察权》，法律出版社 2007 年版，第 3 页。

理性与普适性，主要表现在宏观和微观两个方面。宏观上基于国家检察权的来源和职能的正当与正义性，而微观上则值得着重阐释其权能的实质正义性。一是职务犯罪侦查权。职务义务上对法律的不忠诚，导致国家公职人员在履行法定职务义务过程中实施滥用以及误用国家权力的行为，直接危害了一个国家正常的管理秩序，因此对其监督并施以法律惩戒是法律监督的内在要求。二是侦查监督权。侦查监督是指人民检察院依法对侦查机关刑事侦查活动及其程序是否合法进行的监督。在我国宪法许可的层面，有权行使侦查权的是公安机关和国家安全机关等，当然检察院也有自侦权（主要在职务犯罪领域）。不论是行政权还是司法权，侦查活动的合法性当然地要接受检察机关的法律监督。三是批准逮捕权。批准逮捕是指人民检察院对于公安机关、国家安全机关提请批准逮捕犯罪嫌疑人的请求进行审查，决定是否逮捕的活动。它是刑事强制措施中最严厉的一种，涉及公民的人身自由权限制问题，因此，对逮捕的使用进行必要监督的正当性是毋庸置疑的。四是公诉权。公诉是指享有公诉权的主体为了维护公共利益，代表国家对认为犯有罪行，应当追究刑事责任的人向法院提起公诉，请求人民法院依法判定有罪并对其判处刑罚的活动。公诉权配置于检察机关是世界上民主法治国家的通例，从公诉角度进行法律监督，其合理性是非常明了的。还有与基本人权密切关联的羁押监督权、行政处罚监督权、审判监督权与刑罚监督权等①。

二、研究现状

当代中国检察权及其检察制度的创设始于 20 世纪 50 年代初

---

① 参见徐荣生：《中国检察权及其权力配置》，载《国家检察官学院学报》2006 年第 1 期。

期，至今已有近 60 年的辉煌历程，作为国家法权的重要组成部分，检察权在国家的法治建设，维护社会和谐稳定，打击犯罪，保障人民的生命财产及其基本人权事项上，建树不可磨灭。但是，随着时代的变迁，民主法制的进步，我国检察权属性及其权力配置同样受到了来自国内和域外的双重挑战和改革上的压力。可以说，检察改革是司法改革中最为引人关注的热点话题之一，这不仅仅体现在实务部门，而且还引发了理论界的更多热议。

从当前研究的现状看，诸如，国家检察官学院石少侠教授发表的《论我国检察权的性质》①，对检察权的"行政权说"进行了质疑和否定；李征博士的论著《中国检察权的研究——以宪政为视角的分析》②，也对检察权的定位进行了规范，并立足于宪政基点对中国检察权的演进、中国检察权的宪法地位、中国检察权的性质、中国检察权的基础理论和中国检察权的重新构建作出富有深度的理论探索；张文志博士的《中国检察制度改革论纲》③，则重点关注检察制度的改革与完善；邓思清教授的《检察权研究》④，从科学配置国家权力，有效保证国家权力正确行使的角度出发，对检察权涉及的理论与伦理实践问题进行了深入研究，提出了一系列完

① 石少侠：《论我国检察权的性质——定位于法律监督权的检察权》，载《法治与社会》2005 年第 3 期。

② 李征：《中国检察权的研究——以宪政为视角的分析》，中国检察出版社 2007 年版。李博士在参考了大量文献资料的基础上，采用概念分析、历史分析和比较分析的方法，从宪政视角探讨了中国检察权的性质、定位及其权能架构，对正确理解检察架构以及检察机关是法律监督机关的这种宪政制度设计、确定检察改革方向具有一定的参考价值。

③ 张文志：《中国检察制度改革论纲》，法律出版社 2007 年版。该著为张博士后出站报告，他首先提出要改革完善法律监督制度和检察机关执法活动内部监督制约机制，接着提出要创新基础工作机制和深化检察人员管理体制改革。

④ 邓思清：《检察权研究》，北京大学出版社 2007 年版。

善我国检察权的立法建议；许永俊博士的《多维视角下的检察权》①，从多个维度对检察权进行分析研究，给人耳目一新的感觉。此外，具有代表性的研究还有从检察法律制度史学的视域对检察权研究的成果，刘方的《检察制度史纲要》认为，检察制度已"从一个朦胧的概念演变为一个庞大的法律体系，检察制度已经在当际世界各国法律制度中占有重要的席位"。② 中国人民大学何家弘教授主编的为纪念检察机关恢复三十周年之《检察制度比较研究》③，将研究的视野放在域外的检察制度上，对美英澳加法德意诸国的检察制度以及俄日韩的检察制度，甚至我国香港、澳门、台湾地区的检察制度进行介绍，从检察机构设置、人事制度、侦查职能、诉讼职能、监督职能等方面与中国特色的检察制度作了周至细密的比较。将检察制度研究集大成者的成果当属著名法学家、人民检察理论的奠基人王桂五教授主编的《中华人民共和国检察制度研究》④，对人民检察理论的探索和对检察制度的构建都产生了深刻的影响。与此同时，中国检察出版社还出版了王桂五著的《王桂五论检察》，曾宪义主编的《检察制度史略》，韩大元主编的《中国检察制度宪法基础研究》，洪浩著的《检察权论》，谢鹏程选编的《前苏联检察制度》，魏武著的《法德检察制度》，闵钐编的《中国检

---

① 许永俊：《多维视角下的检察权》，法律出版社 2007 年版。许博士对历史维度下的检察权、宪政维度下的检察权、司法共同体维度中的检察权、检察体制维度内的检察权进行了多维度多视角的探讨，颇具理论创新的勇气。

② 刘方：《检察制度史纲要》，法律出版社 2007 年版。该著囊括了人类社会检察制度历史起源和发展的基本过程，并依据检察制度的起源类型和变化对各国检察制度进行了合理划分与归类，揭示了中国当代检察制度的主要特色和内容。

③ 何家弘主编：《检察制度比较研究》，中国检察出版社 2008 年版。

④ 王桂五主编：《中华人民共和国检察制度研究》，中国检察出版社 2008 年版。

察史料选编》和列别金斯基与奥尔洛夫合编的《苏维埃检察制度》。这里主要翻阅了近两三年来的著述成果,还未列举浩繁的论文成果。因此,笔者只能将其相对有影响或是笔者需要阅读参考的文献进行概述、凝练,以作为说明本选题研究的现状,或可"一叶知秋"。

最高人民检察院邱学强副检察长发表在《中国法学》上的《论检察体制改革》、中国人民公安大学周欣教授发表在《法学杂志》上的《侦查权与检察权、审判权关系解析》、中国检察理论研究所谢鹏程教授发表在《法学》上的《论检察权的性质》、中国人民大学何家弘教授发表在《中国人民公安大学学报》上的《美国的犯罪侦查制度》等文章,都具有相当的影响力,对于该问题的研究具有一定的启示作用。当然,还有数十篇硕士与博士论文的研究也将其范围的拓展和研究的视野推向了一个新的维度,① 集中对其成果加以审视考量,对检察权的权力属性及国家权力配置的合理

---

① 在指涉检察权与基础制度的硕士、博士甚至博后论文中,确实存在不少上乘之作,如中国政法大学姚建国的硕士论文《宪政背景下中国检察权的属性定位》,山东大学曹国如的硕士论文《论检察权的正当性控制》,湖南师范大学龙小素的硕士论文《论检察权的定位与行使》,郑州大学周莉的硕士论文《检察权性质的法理分析》,苏州大学王卫的硕士论文《对完善我国现行检察官管理制度的思考》,四川大学衡静的硕士论文《检察机关民事起诉权的设置与限制》,湘潭大学邓晔的硕士论文《论我国民事诉讼中的检察权》,湘潭大学张莲英的硕士论文《检察机关提起民事公益诉讼问题探讨》,对外经济贸易大学许勋的硕士论文《论我国逮捕制度的完善》,延边大学金龙日的硕士论文《论依法独立行使检察权及其保障机制构想》,兰州大学安兵的硕士论文《刑事诉讼中的检察监督》以及中国政法大学金柄权的博士论文《中韩检察制度之比较研究》,中国政法大学金文彤的博士论文《中国检察官制度研究》等。当然,在专业杂志上发表的文章更是各呈异彩,如邱学强的《论检察体制改革》、李宗录的《论检察权与法律监督权的关系》、高庆年的《也论检察权的属性》、邱娜敏的《试论中国检察权的定位》等。

性和正当性加以探讨。以检察权的界定为例。大家都知道，检察权属于国家的一项重要权力，如何加以配置和确定其属性，是一国政权建设和民主法制建设的重要内容，故不应硬性套用某些西方民主社会的分权理论（如美国宪政的"三权分立"理论）。对于检察权的性质或属性的界定，我国法学理论界甚至包括实践层面均存在比较突出的争议，归纳起来大致存在以下几种主要观点：（1）行政权说。此说认为检察权就是行政权。（2）司法权说。即认为检察官与法官同质但不同职，在某种意义上具有等同性，检察官如同法官般执行司法领域内的重要功能。（3）行政权、司法权双重属性说。此说认为检察权和检察官兼具行政与司法的双重属性；且有时身份混同，甚至重叠同一，既是运动员，亦是裁判员。（4）法律监督权说。这种观点认为法律监督才是检察权最本质的特征，其司法属性和行政属性都只是检察权的局部特征，不能代表检察权的全部，更不能代表检察权的主导方向和未来的研究发展。

三、研究方法

　　本书在参考阅读了大量文献和资料的基础上，运用现代电子文献检索系统进行充分检索，主要采用了概念分析方法、历史分析方法、规范分析与功能分析方法等，并借助哲学、经济学、伦理学和历史学等多学科的交叉研究，使之能够在概念厘析上站得住脚，概念的外延与内涵均能够"圈定"一个合于理性的边界，便于同质同属性进行比较。比如，在采用比较研究方法的时候，着重研究中国及大陆法系国家与英美法系国家之间关于检察权的重大理论和实践活动，寻找法系制度的拐点和启示，总结其中的制度安排设计的原初智慧和经验，以完善我国的检察权理论现代转型和创新。

　　运用历史学理研究法学问题，特别是关涉国家政权建设的大是大非问题，历史的经验和借鉴以及启示都是必不可少的研究方法。

弗朗西斯·培根在《论读书》中说过：读诗使人豪放、数学使人缜密、历史使人明智。的确，能够揭示各国检察权及其制度设计安排的内涵外延考察，以极大的热情关怀自己的祖国与那些民主进步发达国家之国家检察权的发展动态趋向，探寻我国检察权的未来发展方向，常常使我们感到历史以及用历史方法研究当下问题的沉重与难能可贵。因为法治历史对中国有三个追问：一是别国在做什么的时候，而你中国在做什么？二是别国做了什么，而你中国又做了什么？三是别国为什么那样做，而你中国为什么却不那样做？回答了这三个问题，历史便豁然了大半①。

而运用功能分析的方法来研究检察权，同样面临着学理进路上的挑战。结构功能主义认为，任何一种社会结构的本质都在于它与社会的结构功能相联系，即在于这种功能满足社会需求的能力，因为功能不仅能够解释社会结构的本质现象，甚至还能够用来解释社会的变迁。② 依照结构主义—功能主义的一般原理，具体在某一社会组织系统功能的发挥是该社会基本政治经济与国家权力配置结构的外化表现，其功能或说职能从实然到应然层面的传示，同样在社会结构和设置的权力功能上也能见端倪。对于国家政权建设而言，某项制度的设计或要求该制度最大边际化地发挥它应有的功能作用，除了制度本身的合理性外，还需要与外部政策法规不能对抗抵触，从法域上讲就是要合法，是良好的制度且"国情相适宜"的设计，这样才能发挥功能的作用。实际上，我国国家检察权的配置从整体上来说还是较为科学合理的，在司法职能上它与公安、法院分工协作，具有不可动摇的司法公信力和拘束力。对检察权法律监

---

① 曾哲：《公民私有财产权的宪法保护研究》，中国法制出版社 2009 年版。

② 李征：《中国检察权的研究——以宪政为视角的分析》，中国检察出版社 2007 年版。

督的各项权能的研究，引入功能分析的方法考量我国检察权在宪政构架中的作用及功能缺失，是一个常新而较为沉重的话题。

此外，在研究方法上，笔者试图引入规范分析的方法。所谓规范分析无非就是要关乎两点：其一是在现行宪政和法律许可上的规范，其研究必须合于学界规范，包括学术道德良知和应负有的学术品位义务，不论是跨学科、交叉学科还是单一学科，必须规范这一点。其二是法律学科本身的规范，对国家政权建设及其法益精神，欠缺了应有的规范，那是对国家检察权的亵渎。因此，本书在对世界各主要国家有关检察权相关法律规范进行分析梳理的基础上，对我国现行检察权规定进行客观的评价分析，并尝试对我国检察权的规范体系提出进一步符合当代宪政理论和现实需要的路径。那么，本书将关注法治的内生性变量和规范，建基于中国本土、本民族的司法习惯和政权配置，并合理借鉴或移植西方的民主宪政思想与检察权建设理路，真正使得中国的问题中国化，反对将中国的问题西方化。否则，其结果终将是西方法律文明未能接纳好，连自己本土优秀的传统也舍弃了。伏尔泰曾说，没有时代精神的人要承受时代的种种不幸。笔者深以为然。

第一章　检察权之阐释

一、大陆法系检察权的历史渊源与发展

(一) 检察权释义

"检察权"三字的古意，此前少有人在法意上做过统合与考证。据东汉文字学家许慎考：检（jiǎn），居奄切，书署也。从木，金声。按徐错解："检，书函之盖也。"《段注》："书署，谓表署函书也。"察（chá），初八切，覆也。从宝，祭声。察，原初指屋檐向下覆盖。郑知同《商义》："乃屋宇下覆之名。""覆之义引申为自上审下，察义亦然。"按《段注》："从宝者，取覆而审之，从祭为声，亦取祭必详察之意。"权（quán），巨员切，黄华木。从木，劝声。一曰：反常。权本为权变反常之意。引《公羊传》说："权者，反于经（至当不变的道理）。"① 从这些烦琐的注疏里，我们不难发现其当代简单的释义。

在西方语系里，检察权又是作怎样表述的呢？《元照英美法词典》或可使得我们从东方古老而烦琐的汉语语境里解放出来。但我们也不能简单地解构为"检察＋权力＝检察权"。检察权，它是一个富有内涵和学科特色的权力名词，更是与国家政权建设、民主

---

① "检、察、权"三字引注东汉许慎：《说文解字》，九州出版社 2006 年版，第 484 页、第 589 页、第 459 页。

法治环境紧密关联在一起。在英美法域里，它是指 procurator - fis-cal，最早在苏格兰地区的财物检察官，或是地方检察官①，当他们充当特别代理人（procurator）后，持有国家委托的权力（powers）时，他们的权力与身份就混同合意为"检察权"（Procuratorial Power）。在早期还有表述为"Procurador Del Comun"，意即调查官，负责进行调查及执行行政命令的政府官员。总之，其表述各异，但主旨则非常相近或同一。

究竟何谓检察权？结合东方汉语的古意与西语原初表述的法意，检察权的语义概念甚为复杂，至少需要涵盖检察权的产生与发展、检察权的性质、检察权的基本内容、检察权行使的主体、检察权的效力、检察权与其他国家公权之间的关系。但最核心的表述则是"检察权作为检察官或检察机关依法所享有权力的总称，是国家的一项重要权力"。② 检察权的界定或定位，关乎检察改革方向和成果的巩固以及将来创新发展的成败。戴玉忠先生说，检察权定位问题，是一个宪法问题。对我国检察权的研究，是关系到宪法制度、司法体制改革、中国特色社会主义检察制度健全完善的重大理论课题。③ 笔者认为，检察权是指国家检察机关依法享有和运行的权力规范，其权力的核心在于检察权之"公诉权"和"法律监督权"，当然还包括其他权力形式。依照现行宪法和人民检察院组织

---

① English - Chinese Dictionary of Anglo - Amerrlcan Law. p. 1101. 词根"procurator"，在 17 世纪时被承认为郡法院的检察官"prosecutor"，直到 1907 年他们还是由郡长任命，但在 18 世纪和 19 世纪中已经逐步上升为总检察长（Lord Advocate）的官员。现在的地方检察官由总检察长任命，应具有出庭律师和事务律师资格，除在边远地区外，他们属于文职官员，且禁止其从事私人执业的律师活动，根本不能够享有这种权利。

② 邓思清：《检察权研究》，北京大学出版社 2007 年版，第 1 页。

③ 见戴玉忠为李征博士《中国检察权研究——以宪政分析的方法为视角》一书所作的序言。

法以及检察官法，其权力属性及其职能，权力运行范式与符合国情的社会定位，在全社会已经形成一种广泛共识，只是对问题分析的切入点不同，却又导致某些观点和期许不同。总之，检察权作为国家运行中一种重要的权力规范，它在程序上应该是正当的，在实体上则必须是正义的，在过程上是动态的。

（二）大陆法系之检察权的源起与发展

学界一般认为，"检察权诞生于欧洲中世纪的法国"。[①] 同时法国又是大陆法系最具代表性的国家，是大陆法系的"母法国"。故而，有必要对中世纪时期的欧洲社会和法国检察制度的起源作必要研究。

1. 法国法的历史渊源

法国第三帝国缔造者之一的甘必大（Gambetta）有一句至理名言以致后人无数次援引："All that is human must be retrograde if it does not advance."意即人类的一切，不进则退。[②] 的确，从人类发展的历史看，人类的一切文明及其成果，在历史长河的湍流中，水载之舟楫不进则退。人们通过长期的实践，"发现国家诉讼相对于个人诉讼和团体诉讼要进步和文明得多"[③]，由国家设置专门机关代表国家检控社会各种违法犯罪，以捍卫国家法律统一实施的权力——检察权这才应运而生。按照马克思列宁主义的观点，阶级、国家是随着私有制的出现而伴生的，而国家权力的配置与实施当然地是国家政权存在的基石。以大陆法系的法国为例，法兰克人是日

---

① 最高人民检察院研究室编：《检察制度参考资料》（第 3 编），1980年版，第 1 页。

② ［法］甘必大：《罗马帝国的衰亡》。

③ 此为法国著名法学家的观点，转引自《检察制度详考》。又见黄红梅：《从检察权的性质看检察权职权的完善》，苏州大学 2004 年硕士学位论文。

耳曼人的一支，大约在公元5—7世纪就有了很高的法律文化与文明，从墨洛温王朝时期的《萨克利法典》可见端倪。中古时期的西欧王权进一步衰弱，世袭的"采邑制"和"封土制"也加快了加洛林王朝的败亡。12世纪的法国，封君封臣关系是法国国家政权最基本的权力配置。在欧洲，中世纪亦经历了漫长的封建集权和割据纷争的时代，也正是这一特殊的封建政治制度环境，才促进了国家检察权制度从滥觞到发育稔熟。

何谓封建？据考证，"封建"二字与国家权力配置（含检察权、监督权的行使）有着极大的内生关联性。"封建"本为表述中国古代政制的汉字旧名，意谓"封土建国"、"封爵建藩"，① 后来与中世纪欧洲的史学术语（feudalism）对译为封土封臣、采邑领主制，演变为一个表述普世性历史阶段和社会形态的政治权力特征的新名词。

在西欧封建（封君封臣）政治较为发达的法国和英国，为确立这种封建规范的对主子权威忠诚与内心信仰色彩的关系，在程序上还须行臣服礼和宣誓效忠礼，行臣服礼仪式是欧洲封建权力等级规范重要的组成部分。② 封臣对封君效忠，效忠或忠诚义务同样需要监督和检察考量，于是，13—14世纪间带有监督君下封臣是否履行法定义务的类似检察专员官开始出现在宫廷的视野并日益受到封君的重视。他们代理国王或封君对领地封区里某些重要犯罪形式的起诉权。由于当时的国王或封君是国家的代表，"国王代理人"

---

① 参见冯天瑜：《"封建"考论》，武汉大学出版社2005年版，第1页、第9页。

② 参见吴于廑主编：《世界古代史》，高等教育出版社2006年版，第454—455页。臣服行礼时，为封臣者要脱帽、下跪、卸下所佩带的武器，把双手放《圣经》或其他圣物上宣誓效忠，说"尊敬的阁下，我是您的人了。从现在起，我将像一个封臣对封君那样真诚无欺地效忠于您，愿意承担……义务"云云。

或是"封君代理人"制度的出现，标志着检察权（诉讼权、法律监督权）开始从笼统的封建君权体系中分离出来，成为拱卫王室和皇权的一支重要的生力军。

不过，到了 14 世纪，"国王代理人"或"封君委托人"制度，尚未能以成文法典的形式肯认下来，而只是在封建封臣领地以一种较为固定的惯例加以推行，在司法惯例上基本形成的是"国王代理人"和"封君委托人"行使侵权追诉的制度惯例，不仅如此，这种特殊的"委托人"、"代理人"还负有监察地方百官的职权。① 到了 15 世纪，其权力进一步扩张，不仅仅囿于追诉权，甚至将地方法院审理判决也纳入了监察的范围。值得说明的是，这个时期法国法院组织存在着多重互不统属且体制各异的审判机关，主要有王室（封君）法院、领主（封臣）法院、城市法院、教会法院。从宗教视域观之，主要为宗教法院和世俗法院两类。无论是世俗法院之间还是世俗法院与宗教法院之间，都经历了一个画地为牢各司一方、后逐步为王室法院所统驭的痛苦的权力角逐过程。② 而事实上，处于封建割据时期的法兰西民族，既没有完整的司法审判组织，更谈不上审级位阶的划分。王室法院的管辖权也仅限于王室领地，其他大小封建领主对各自领地内的各类案件（民事、刑事、

---

① 腓力四世（1284—1314）时期的"国王代理人"或"封君委托人"，一方面代表国王监督地方官吏的言论和行为不损害国王的形象和利益；另一方面以国家公诉人的身份接受控告举报，对犯罪进行专门侦查，批准对被告的起诉并参与法院的审判活动，因此学界有论腓力四世的"国王代理人"制是现代司法语境下检察官制度的转型和封君制后的新开始。参见法学教材编辑部编：《外国法制史》，北京大学出版社 1987 年版，第 101 页。

② 参阅何勤华主编：《外国法制史》（第 3 版），法律出版社 2003 年版，第 231 页。法国王室法院的加强，应该始于 13 世纪设立的最高法院性质的巴黎高等法院，从而为国家司法权的统一迈出了坚实的一步，它规范了审级和分级庭审的案件范围，巴黎法院分三个院，第一、二院审理重大民事案件，第三院审理刑事案件。

行政）行使审判权。教会法院更以其强大的实力对峙世俗法院的权力与司法权威。

众所周知，法国法的渊源经历了由习惯法到罗马法再到王室立法的演变过程。法国作为大陆法系的主要渊源国家，不仅仅只是因为法国民事私法上的杰出贡献——《拿破仑大法典》——对人类法律规范与法律文明的贡献，其实与之相媲美的还有法国在刑事诉讼法和程序法上的贡献。13 世纪前的法国，在法律程序上主要采取"控诉式诉讼"，诉讼的发动由原告提起，国家不主动干预，在侵权性刑事案件中亦采取"不告不理"原则，争讼双方在法庭上即以非常平等的地位辩论，法庭根据辩论中的事实作出判决。在没有特别干预的情况下，只有一审判决。但在 1357 年以后，法国国王颁布法令，废除赎罪金制度（相当于清律中的"议罪银"制度），将犯罪视为"破坏国家安宁、破坏社会正义秩序的恶行，由国家检察机关代为诉讼，法院判处"予以制裁，同样也有"犯罪连株"之惩戒，对重罪绝不赦免。这个时期诉讼代理人主要采用"纠问式"。在这种诉讼语境下，案件无须原告，有检察官代表国家和公益主动追诉。在侦查和审判过程中为了证据，对被告并不排除采取刑讯逼供和有罪推论求证，且对关涉王室和大臣的案件一般采取秘密审判的方式。

由于建立在纠问式的司法机理上，形式主义的证据制度便开始形成，但该证据制度与现行证据规则存在天壤之别。在整个欧洲控诉式诉讼中，证据来源或所倚重的证据，是检察官在侦查环节得到"当事人誓言、神示证据、司法决斗"，此前的一些"法定证据"则成为了形式要件，可以说，法国人是重口供轻实证的，当事人的口供被推为"证据之王"，由是不难想象，控诉机关为了"口供之证"所施行的各种酷刑。① 封建制度下的法国审判所重"口供制度"与中华封建帝国司法审判所重的证据"画押制度"不谋而合，大有异曲同工之妙。所不同的是，中华帝国没有欧洲中世纪的"骑士精神"和基督教或其他宗教的深刻影响，对"神示证据"和"司法决斗"有所轻慢。

直到 1539 年，法国政府才颁布法规将刑事诉讼分为两部分，即起诉和审判，并且在此后取消了刑事诉讼中原告的角色，授权检察官决定某一特殊犯罪是否值得法律干预；这样才最终在法国确立公诉制度。

虽然在法律上确立了检察机关起诉的公诉制，但是纠问式的诉讼形式使得检察机关的作用发挥非常微弱。法官主动追查事实，依职权直接受理控告发动公诉非常常见。而且为了达到查明事实真相的诉讼结果，法官可以采取任何手段，包括秘密侦查、秘密审判、刑讯逼供等。这样的诉讼模式使得个人权利被牺牲殆尽，社会利益得不到有效保护。② 启蒙思想家孟德斯鸠、贝卡里亚等激烈地抨击刑讯逼供及程序上的不公平，尤其是对法官的专断行为，提出改革这种诉讼制度。因此，废除纠问制度的目的是为了避免法官因集追诉权、审判权为一身而带来的偏颇与专断。在后来的改制中，法国吸收了英国法中的当事人主义的制度，将公诉权从审判权中加以分离，在 1808 年的《法国刑事诉讼法典》中正式确立：发动公诉的职权，原则上由检察官行使。至此，检察机关被最终确认为刑事公诉权的主体机关。③ 客观地说，1789 年爆发的法国资产阶级大革命

---

① 参见何勤华主编：《外国法制史》（第 3 版），法律出版社 2003 年版，第 232 页。

② 宋英辉、郭成伟主编：《当代司法体制研究》，中国政法大学出版社 2002 年版，第 174 页。

③ 参见乔亦丹：《对中国检察权的定位》，郑州大学 2004 年硕士学位论文。

才得以粉碎中世纪遗留下来的形式主义法律制度和刑事诉讼的"纠问"程序，才开始系统而较为全面地创立反映资产阶级利益法典和比较完善的刑事法律体系，成为大陆法系渊源之国度。

革命导师列宁曾告诫苏俄共产党人，"为了解决社会科学问题，为了获得真正处理这个问题的本领，而不被一大堆细节或各种争执意见所迷惑，为了用科学眼光观察这个问题，最可靠、最必要、最重要的就是不要忘记基本的历史联系，考察每个问题都要看某种现象在历史上怎样产生，在发展中经历了哪些主要阶段，并根据它的这种发展去考察这一事务的现在是这样产的"。① 法国法律上建树的特色性，其来源应归结于法国一大批资产阶级启蒙学者的贡献。著名的学者有伏尔泰、孟德斯鸠、卢梭、孔多塞和以狄德罗为首的"百科全书派"。是他们高举理性的旗帜，以自然法理论为武器，同封建的专制法制和神学论相抗衡，用"人权平等、思想自由、博爱兼济"来对抗长久统御法国人民的"专制禁锢、自私偏执、等级特权"思想。孟德斯鸠在《论法的精神》一书中提出了"天赋人权"、"社会契约"、"人民主权"、"三权分立"等法治国家的思想，为法国资产阶级立国建制指明匡扶资产阶级大业的"法治国"图景。

2. 拿破仑对检察权立法的贡献与发展

法国的刑事检察权与刑法的相关立法，大致经历了资产阶级大革命时期的立法、1810 年的刑法典及其修改的立法和 20 世纪 90 年代（1994 年）的刑法典。该三个刑法典在世界刑法与司法权（含检察权与审判权）史上的定位与权能都占有十分突出的地位。

稍有法制历史知识的人都不会忘记，法国在资产阶级革命前，等级森严、僧侣、教会把持着社会资源和特权、王室代理人（检察官）与审判官（法官）专横擅断，侦查手段残忍、逼供盛行、

---

① 《列宁选集》（第 4 集），人民出版社 1990 年版，第 43 页。

刑事制度乱象是法国刑事法制的主要特征。因此，改革刑法的呼声日涨。在提出的社会群体中不仅有思想家和革命者，也包括一些大城市位居要职的检察官和法官。① 1799 年 11 月 9 日，法国"雾月政变"使得拿破仑执掌政权，君临天下。拿破仑所推崇的法治理念国家在第一帝国的土壤上结出令人敬畏的硕果：上台伊始，拿破仑即迅速起草宪法，经过公民投票表决，确立了拿破仑第一执政的宪法地位，同时也正式确立了检察院和检察官作为法官公权一个重要组成部分的权力架构及其属性的宪法定位。②据此，宪法最后为"共和国总统是司法机关独立的保障者"的演化提供了依据，同时，"司法官的地位由组织法规定"。③

其实，拿破仑是一个启蒙运动自然法学的忠诚信徒，如果说他制定《法国民法典》的目的在于创建一个全新法律秩序的法兰西（France）的话，那么，他继《法国民法典》之后，于 1806 年、1807 年、1808 年和 1810 年分别完成了《法国民事诉讼法典》、《法国商法典》、《法国刑事诉讼法典》和《法国刑法典》这四部大法典。上述五部法典与这一时期的法国宪法合称为"法国六

---

① 如法国大革命时期著名的法学家罗伯斯庇尔和马拉就是在这个事件中崭露头角。他们在法国科学院主办的刑法和审批问题论文竞赛中获奖。当时总检察长塞文（Servan）在 1776 年所作的《关于刑事司法》的演讲中就充分表达了这一改革的主题思想，包括贝卡里亚的名著《论犯罪与刑罚》。

② 于 1799 年 2 月 24 日生效的法国宪法，史称《共和国八年宪法》，又叫"共和八年霜月 22 日宪法"，共 7 章 95 条，名义上保留共和制，实际上实行独裁制。事实上，法国在此前于 1789 年 8 月发表了《人权和公民权的宣言》（简称《人权宣言》），又于 1791 年和 1793 年颁布了两部宪法。

③ 参见《世界宪法大全》，青岛出版社 1997 年版，第 890 页。"司法官"原文为"magistrat"，审判官为"Les magistrats du siege"，与"magistrate debout"（检察官）相对。

法",成为了一个相当完备的成文法体系。① 而后的法学家称其为"是一个以罗马法为蓝本,继承以往法国历代立法精华,以民法为基础,以宪法为根本法,以刑法为支架,以诉讼法为程序依托的有机整体"。它的出现,标志着近代意义上法国法律制度的构建与"霸主地位"的最终抵定和影响力的确立。

基于法国宪法的规制,法国刑事司法制度中分权原则得以进一步确立,同时满足了法院公平审判(court proceedings),保障自由人权和检察院有效行使追诉权以及控制犯罪(crime control)的需要。并且,检察权与审判权在行使职权的过程中,逐渐形成了相互监督和相互制约的机制,从而保障了刑事司法权行使的客观性、公正性以及程序上的正当性和实体上的正义性。

综上所述,法国的检察制度随着"法国六法"司法体制构建和法国大革命的影响得以广为传播,欧洲大陆的许多国家及法国的殖民地国家纷纷以法国的检察制度为范本,设立自己的检察制度,从而形成了以法国为代表的大陆法系的检察制度。因此,在大陆法系国家,检察权一般也被定性为"司法权"。其司法权的运用,遵循着"罪刑法定原则",但给予法官和检察官都有一定的"自由心证权"和"自由检察权",体现了一种与封建刑法的"罪刑擅断"间的折中主义倾向;再则,深受刑事古典学派客观主义的影响,定罪判刑或是起诉时所重视的是"犯罪行为",有行为就有责任,无行为即无责任;同时,还受边沁(Bentham)功利主义的影响,规定了残酷的刑罚量刑上的加重性,以巩固司法权威和资产阶级革命的成果。

3. 德国检察权的缘起与承继

"政治是衡量可能性的艺术",这是德国著名的哲学谚语;至

_____

① 参见何勤华主编:《外国法制史》(第3版),法律出版社2003年版,第233页。

于德国的法律与政治，自德意志统一以来就一直在考量着某种
"可能性"。在德国，直接关涉政治权力和司法权的历史法律文本
主要有三：一是《奥托特许权》，二是《金玺诏书》，三是《威斯
特伐利亚和约》。① 事实上，封建时期的德国，与检察权相关联的
刑法主要以《萨克森法典》和《加洛林法典》的刑罚部分为代表。
封建时期的刑罚侦查手段简单，程序便捷，处罚却残酷。其特点是
广泛适用死刑，实行威吓原则，以残酷阻却犯罪和宗教"变节"。
刑事诉讼分为侦查和审判两个阶段，实行纠问式"有罪推定"，为
了获取口供，侦查环节允许检察官严刑拷打，且案件不公开审理。
司法判决即分为有罪、无罪、存疑三种判决。这就给司法不公
（检察环节与审判环节）埋下了重要的隐患。

近代的德国法律依然留存着封建德国法的某些特征。诸如，德
国在近世法律规范呈分散性、法律渊源多样化及适法的属地性特
征；其次是基于对罗马法的国家理念的深刻认同，使之与法国法最
终不能耦合的历史文化原因在于各邦封建君主共同接受的是罗马法
的遗产，其法文化遗产自觉成为德国封建法的缘起；再次是邦法、
城市法组成的地方法成为德国封建存在的基石，相对成熟和完备的
地方法体系为统一后的德国法创制提供了基本法源和范式。因此，
从某种语义上讲，近代德国法进步、完备而享有盛誉是在地方法基
础上实现的。② 直到 1794 年颁布的具有法典性质的《普鲁士普通

---

① 此三个法律文件，在德国历史上有着重要影响：《奥托特许权》影响
了德王奥托一世与教皇及世俗领主的关系，使得王权日益式微；《金玺诏书》
确认的选侯制度成为妨碍德国司法权统一的重要因素，选侯不允许皇室强大
到成为民族的代表进而统一国家；《威斯特伐利亚和约》继续承认《金玺诏
书》及其他帝国的法律效力，加深了德意志分割的局面，扼杀了内部统一的
司法努力和进程。

② 参见何勤华主编：《外国法制史》（第3版），法律出版社2003年版，
第283页。

邦法》，将民法、商法、刑法、诉讼法等内容庞杂地混同在一起（融诸法于大典），代表着普鲁士邦国在国家统一中的特殊地位和司法上的声誉及影响力鹊起。

应该说，1871 年统一后的德意志才开始大规模的立法创制，搭上欧洲大陆立法创制的"末班车"，当然，后来居上是指他们的立法技术及其成就。关涉德国检察权与审判权及其司法立法，同样追循着德国国家政体和国体的变化及社会结构的转型，实际上德国法制的创设亦经过了"一波三折"，实然有令人惊羡的民商法、宪法、行政法成果，但前期的刑法典却也昭昭败绩。进入 19 世纪，引入检察官制度后，接受了资产阶级刑法的民主原则，确立法无明文规定不为罪，法不溯及既往。但是，法典特别保护最高统治者的利益，检察权的职能主要检察"人民的反抗"，对谋杀皇帝罪定为"首罪"，意味万恶之首，永不赦免。①

与此同时，国家检察权的职能还要对土地贵族和资产阶级私有财产权行使庇护权，严厉打击不法侵占他人财产权和不当得利者，其惩戒和判处的力度要远大于今日之中国刑法规制。德国刑法典还对"宗教罪"进行了规制。鉴于"马丁·路德"宗教纷争和改革的教训，国家检察权还必须对亵渎神灵、恚怒教会主教和宗教戒律者，或是故意滋扰宗教场所、妨碍他人从事宗教活动甚至是礼拜者，也将进行刑事追诉［判处 3 年监禁（德国刑法第 116 条）］。

鉴于检察职能越来越彰显，在德国刑法典中，还专门规定了职务犯罪，对职务犯罪的侦查权和控诉权是德国检察官制度的两把"匕首"，直指国家官吏违背职责，不积极履行职务忠诚义务的要害，包括为人请托，接受他人职务上的馈赠，行贿受贿，或是政府机关或司法官员误用滥用职权，徇情枉法，与职务上的忠诚义务相

---

① 参见高等院校法学教材参考资料：《外国法制史资料选编》，北京大学出版社 1982 年版，第 663—670 页。以下有些观点的引入亦基于该资料。

背离的均可能够成"职务罪"（德国刑法第 332、334、339 条）。①同样基于分权原则，检察机关不仅成为公诉的主体机关，依法对警察的侦查进行控制，而且还对法官的裁判进行监督，与法官一起担当客观公正发现事实真相和作出正确裁判的重任。②

4. 结语

从应然的层面而言，德国法与法国法同属大陆法系，均系在罗马法基础上建立起来的法律帝国，可谓是同祖同宗。特别在检察权及其属性地位与作用上，两国应该是极为相似的，是联系最为密切的。但实际上并非如此，德国法与法国法之间是存在重大差异的，细分起来在实然的层面集中在如下几点③：一是检察权属于公法范畴，在这个领域里德国法比之法国法更具有强大的保守性和"封建领主式的"法精神惰性；法国在刑法和根本法上则是受资产阶级革命的冲击，一直试图引领西法成文法伦理和法精神的潮流。二是在立法技术和立法思想潮流上，德国法似乎后来居上，直接取代了法国许多新式的法律成果，诸如在检察权与法院的制衡申诉抗辩等过程中，德国更为实然性地完成了"潘德克顿"法学的理性转型。诚如何勤华教授所言，"如果说近代法国以其国民性、开创性和历史的进步性独占鳌头的话，那么，德国法以其透彻的

---

① 1872 年 1 月 1 日颁行全国的德国刑法，由总则加两编组成，计 370 条。刑法典把罪分为三类，重罪、轻罪和违警罪。第一编为"刑例"，第二编为"罪及刑"，列举了各类犯罪及处罚。规定了刑罚的种类有死刑、无期、有期、苦役、拘留、罚金和剥夺公民权利等。

② 宋英辉、郭成伟主编：《当代司法体制研究》，中国政法大学出版社 2002 年版，第 174 页；何家弘主编：《中外司法体制研究》，中国检察出版社 2004 年版，第 78 页。

③ 参见《德国概况》和克劳斯·斯特恩的《德国法导论》，在该著述中对法国法和德国法均有一定的介绍。德国法曾经令法国法汗颜，大有后来居上之势。

学理性和高度的法律技术及其严密的思维著称于世"。① 事实上，法国国家检察权的安排与德国国家检察权的制度设计的精妙之处也就在于此。

二、普通法系国家检察权的
缘起与对后世的影响

以英美为代表的普通法系国家，在西欧政治与法律制度上率先建构了国家检察权制度，而检察权则直接缘起于王室的陪审制度之惯例，大、小"陪审团"的创识与分工，便成为后世因袭的模式。美国法是在英属北美13州殖民地法律制度文明的土壤上孕育成长的，与英国的政治经济法律哲学存有不可割裂的近亲"血缘"关系，但美国在民主法律制度上的创新和对后世的宪政影响却更具普世的意义。

（一）英国国家检察权的缘起与影响

一般而言，所谓普通法系（Common legal system）是指以英国普通法为基础建立起来的世界性的法律体系。因为美国是英国在北美建立的13个殖民地，与英国有着特殊的法律历史渊源，从一开始立国就深深打上英国法的烙印，故又称英美法系——它主要是指该法系和法律制度的学理渊源。② 显然，英国是普通法的发祥地和法文化的中心，它许多的重要原则和制度均是来自于英国的法律传统和法律文化习惯。其表见在法的结构体例、表达形式、概念术

---

① 参见何勤华主编：《外国法制史》（第3版），法律出版社2003年版，第323页。

② Ren'e David and Johan E. C. Brierlry：Major legal systems in the world today 1978. p. 369.

语、分类方法乃至法思想法观念和功能。英国的检察制度和国家检察权的配置直接起源于英国刑法制度的设计和国家公权职能的安排。早在 1879 年，英国国会通过《犯罪检举法》，规定设立公诉管理处，其官员由内政大臣任命，隶属于国家总检察长。公诉管理处一方面可对重大刑事案件的当事人提起公诉；另一方面则作为警察机关的法律顾问，指导全国警察机关的刑事起诉活动。适此，便造就了英国检察制度的原初定型。总体而言，英国在欧洲的检察官制度发展比较缓慢，由于英国刑事诉讼长期处于法律允许公民自诉而实际上多交由警方控诉的状态，检察机关的作用不够突出。直至19 世纪末，在英国行使刑事诉讼权的仍有四种主体：即警察，大陪审团，检察官和公民（当事人）个人。与检察权密切关联的是英国的陪审制度（jury system），而陪审团制度在 1166 年时就被确立下来，随即便形成某种司法惯例。它规定当刑事案件发生后，必须由熟悉情况的 12 名陪审员向居间中立的法庭提起控告，并证明所犯事实，这就是历史上的所称谓的"起诉陪审团"，也就是所谓"大陪审团"①。大陪审团部分充当了国家检察官的部分权能和职责，而 1352 年后创设的同样是 12 人的"小陪审团"，则又部分承担了法官的权能。从此，在英国司法制度史上便出现了大小"陪审团"的司法设计与制度安排，即大陪审团行使检察权并负责公诉，决断是否对犯罪嫌疑人提起控诉；而小陪审团则专司对受理案件的审理，决断其是否有罪。此一大一小的陪审团同时并存了几百年，构成了大英帝国法律制度史上一道独特的风景线，令后世观瞻效仿，特别是对美国法的孕育成熟，乃至整个人类社会宪政制度都

---

① 陪审团制度最早从法兰克移植入英国。在 1166 年正式形成制度，承担部分检察官的职能，具有公诉权力和一般控告权利，于 1352 年爱德华三世下令禁止起诉陪审团参与审判，要求另设 12 人的陪审团参与审判，这就是"小陪审团"。

有积极的影响。

站在古老民主宪政的纬度以观英国陪审制度的历史迁延或变迁，总是与国家检察权的权力配置联袂在一起。陪审制度在英国历史上是民主宪政进步的象征，曾经被广泛采用或推行，在刑事法庭庭审程序和后来民事法庭庭审程序均被广泛使用过。大约在1933年英国颁行《司法管理法》后，法律明文规定当事人在民事审判中有权请求陪审团参与，且参与案件的性质或范围是有限制的，民事案件的权限仅限于"欺诈、诽谤、诬告、非法拘禁罪等或其他人格权益侵害"的行为。但时间发展到了20世纪90年代，在英国有关陪审制和检察权行使的判例中，我们可以清楚地看到"如果法院认为陪审团参与审理会拖延有关文件、账目的检查或者对有关证据的地方性协调的话，可以决定不设陪审团"① 程序。也就是说，在非涉刑事犯罪案件中，国家检察权的权力行使则相当稚弱。在刑事审判中，只有皇家刑事法院在审理"可起诉罪"时才召集陪审团。这个庭审中陪审团的主要责任就是对案件事实部分进行认定或裁决，准确地讲，行使的是带有侦查权性质的某种裁决权。特别是近代社会的工业化以后，几乎所有陪审团在法定程序上必须对检察公诉部门提起的被告是否有罪或无罪进行裁决，相当于我国公安部门的预审和检察院的批复与公诉部门的联袂，主题上同样不关涉"量刑"，重在追诉刑事责任和违法犯意。如果被裁决无罪则须当庭释放，反之，则由主审法官及合议庭决定量刑。值得指出的是，在民事侵权案件中，陪审团须得决定侵权责任和赔偿额度，一般采取的是民主形式的"多数决"方式，甚至有些案件要求"一致决"甚至必须"一致决"。如果没能够作出"一致决"或"多数决"，法官将采取解散该陪审团另行组团的变更方式。对于陪审团作出的裁决法律规定一般不允许上诉。这

---

① See, D. G. Crachnell England Legal System Textbook, p. 218.

就是介于在检察权与审判权之间的"陪审团及其权能"的特殊权能属性。

无论怎么说，陪审制度的创识与传世，在国家检察学界是被公认的保障公民个人民主政治权利及其财产权免遭非法侵害的利器与"篱笆"（fencing），也是英美普通法系司法上推崇古老的民主宪政之法治遗风，在国家检察权与审判权之间架构的保障社会公平正义的"过滤器"，其功厥伟，当然，其过也不能忽视。从社会动态发展而言，一项法律制度没有"一劳永逸的好"，也没有一成不变的法。1880 年以后，英国检察官虽然起诉案件，但范围仍然较窄，检察权不仅局限于部分公诉职能，同时还受到警察、陪审团和治安法官的分割和限制。① 20 世纪 80 年代以后，基于国际刑事司法发展潮流的推动，英国的刑事司法制度开始出现重大变革。有国家检察权参与进来的"对抗制"（adversary system）② 已经完全成熟并广泛运行于公法和私法领域，堪舆大陆法系之检察权比肩。1985年 5 月，英国颁布了《犯罪起诉法》。该法规定，刑事诉讼必须由警方移送给皇家检察机关审查，以商定是否起诉。确定了国家检察机关对诉与不诉绝对的话语权。2002 年，英国内政部长、大法官和总检察长三大部门，就英国司法改革问题向议会提交了刑事司法白皮书《所有人的正义》（Justice For All），阐明了英国政府应如

---

① 参见［美］琼·雅各比：《美国检察官研究》，周叶谦等译，中国检察出版社 1990 年版，第 347 页。

② "对控制"，又称"辩论制"，最初只是在民事私法领域，后来发展到公法领域，即民事诉讼和刑事诉讼中被告律师与原告律师在法庭上都要以语言对抗行使辩护权的，辩护中各自提出自己的证据，盘问对方证人，并在此基础上归结自己的辩护意见和观点。法官主持开庭与大陆法系国家不同，大陆法系国家的法国在庭审中则采用"纠问制"（Inquisitory system），法国以中立积极主义的形式和心态主持，检察官则是持取"入罪主义"的心态参与原告诉讼。——笔者注

何改进刑事司法体制的战略性计划，英国的检察权制度也发生了一定变化，增强了对司法审判的监督与制约。① 例如，过去检控方无权对法官的法律裁定提出上诉。白皮书提议，赋予检察官上诉权。一旦法官的决定会产生终止指控的效力时，检察官有权提出上诉，而且可以提出上诉的案件范围适用于在皇家法院审判的所有案件要件。② 当然，如果法国认为陪审团的裁决存在着重大错误时，法律赋予了可以直接撤销或改判的权力。

　　总体而言，英国传统的检察权仍局限在公诉权的范围内，当然也承担着相当刑事案件部分的侦查任务。具体而言，在其权能的运行中主要涵盖在以下诸方面：第一是侦查权。在英国，为了保持检察官和法官职务义务的品位，将绝大多数刑事案件都交由司法警察负责侦查，国家情报部门和安全部门主要针对危害国家安全案件负责侦查督办；国家检察机关只对少数重大刑事案件进行侦查检讯。英国检察机关直接行使侦查权的范围主要是政府各部门提交起诉的案件及检察官认为需要由自己提起公诉的重大案件等。第二是提起和支持公诉权。第三是刑事上诉权。英国对刑事审判实行三审终审制，除法律有特别规定外，一般对一审判决起诉方不得上诉。但是对刑事法院的二审判决，检察官有权以法律上的适用错误为由向高等法院提出上诉。经上诉法院同意，总检察长对刑事法院的不当判决有权上诉。但检察官不具有在再审程序中的监督职权。第四是参与民事诉讼活动的职权。在英国，大多数民事诉讼是由个人或法人作为告发人经总检察长允许而以其名义提起，只有少量民事诉讼由总检察长提起。第五是参与行政诉讼的职权。英国检察机关介入行

---

① 参见张培田：《检察制度本源刍探》，载《中国刑事法杂志》2000 年第 5 期。

② 参见最高人民检察院研究室编译：《所有人的正义——英国司法改革报告》，中国检察出版社 2003 年版。

政诉讼的职权范围比法国、德国的职权范围要小，大多数的行政诉讼案件由利害关系人直接提起，英国检察机关只是为保护国家及公共利益时，才能提起行政诉讼，其范围受到具体限定。第六是总检察长还就有关法律问题向政府各部门提供意见，对慈善事业或机关行使普遍监督权，任命各级检察长的职权等。① 特别是在英国有宪法法院和国家审计法院的背景下，对国家审计内部权的保障及法律程序上的前置介入，对于保护国有资财和公民财产权起到很好的"防火墙"功能。随着国家检察权职权范围的扩张，当下已经发展到成为具有重大对民事、行政法律诉讼中一方的代理人，甚至直接代表政府进行诉讼的权力。

有学者认为，在大不列颠群岛，根据地域的不同，在司法权配置上同样存在地方差异。由于历史原因，普通法系是在日耳曼法之习惯法基础上发展起来的，同时在诸如"契约、动产、商法、遗嘱法、侵权法"等方面又借鉴了罗马法的原则制度及许多概念术语。在刑事法领域，苏格兰地区的司法制度不同于英国爱尔兰和英格兰地区。在苏格兰，检察机关的主要职责是对所有发生在苏格兰的刑事犯罪案件提起诉讼，出庭支持公诉并对严重欺诈案件、警察违法犯罪案件和死因不明的突然死亡案件进行侦查，同时还要负责苏格兰法律草案的起草和向政府部门提供法律咨询以及对一些涉及政府和公众利益的事务进行监督和司法管理。②

虽然，英国其检察权力制度源远流长，但完全作为政府之独立部门的时间并不是很长，1986 年设立的国家检察机关实行的是上下垂直领导，在中央设立总检察长（这点与我国相类似），在英格

---

① 参见王运生、严军兴：《英国刑事司法与替代刑制度》，中国法制出版社 1999 年版，第 18 页。

② 参见李征：《中国检察权研究——以宪政为视角的分析》，中国检察出版社 2007 年版，第 15—17 页。

兰和威尔士下设了 42 个郡检察院①，检察院系统自成体系，统一行使公诉权，不必对地方政府负责，包括检察权行使运作的设置与经费由中央负责，与地方政府无涉。如果将地方检察院的财政给付放在地方政府财政的预算之中，势必严重影响司法实体上的公正性，因为财政权仰赖于地方而非中央。

此外，英国的检察官权力与法官权力相比，法官似乎对案件的终极裁定和既判力要高出许多，对法律的发展也显得更举足轻重。由于普通法系以判例法为主要法律渊源，而判例法正是法官在长期的审判实践中逐步创制的。意即当某一项判决著文既已作出，不仅仅对时案具有不可置否的拘束力，亦会对后世的类似案件产生相关语义的公信力或法律效力。也就是说，法官的判决文本在客观上具有"立法"语义的意义。因此，在普通法系里，学术上有一种说法称为"法官造法"。而检察官在其权力运作上则没有这么幸运，他们既不能对判例法进行重申和整理，也不能制定法的解释和法的适用。加上在其法律体系上并不十分严格地划分公法和私法，或者说并不按照法律规范所保护的是公共利益还是私人利益。在英国司法系统内，由于没有严格区分公法与私法，故而，英国的行政法长期得不到应有的重视，更不存在独立的行政法院。② 在英美法系国家，英国的检察院是最单纯的刑事公诉机关，而不像中国的检察机关具有法律监督权和刑事诉讼中的双重地位等多项职务权能（powers and functions）。

（二）美国国家检察权的承传与发展

众所周知，美国的前身是英国属地即在北美地区建立的 13 个

---

① 参阅李粤贵：《中英检察制度考察》，载《南风窗》2003 年第 22 期。
② 参见何勤华主编：《外国法制史》（第 3 版），法律出版社 2003 年版，第 185—186 页。

殖民地，因而美国法一开始就被打上英国法的烙印，而且在法律文化的根基深处承继着。就国家检察权而言，美国现代检察权制度的建立可追溯到其建国之初，1776 年到 19 世纪中叶，是美国法的形成时期，当然也是美国检察官制度重要的形成与发展期。1776 年 7 月 4 日，费城通过了北美《独立宣言》①，独立后的美国，在法意识上正式开始了自己独立的创制和探索。1777 年，制定了美全联邦性的《联邦条例》，1781 年制定了《联邦组织法》，1787 年制定了《美利坚合众国宪法》，很多州自行禁止援用英国判例，并自己相继出台"成文法"。值得指出的是，在这个时期的组织法和宪法对国家检察权均有较为明确的规范。② 美国宪法确定了立法行政和司法权三权分立及其互相制衡的"祖制"，一直被美国引以为豪的是贡献给世人的"制约与平衡原则"、"联邦和州的分权原则"、"对军队的文职控制原则"以及民主法制原则。美国宪法第 3 条规定的司法权属于最高法院和国会随时设立的下级法院。最高法院和下级法院及司法检察院的检察官"如行为端正，得继续任职，并应在规定的时间得到服务报酬，此项报酬在他们规定的任职期间不得减少"。这是在宪法文本中明令规定对国家公权执行者（检察官、法官、警察）的权利予以保护。关于司法权行使范围和检察权必须染指的对象，其实在宪法及其解释的相

---

① 1776 年 7 月 4 日，费城召开的第二次大陆会议通过了《独立宣言》，标志着美国从此成为自由独立的合众国，7 月 4 日也便成了美国国庆节。《独立宣言》成为法国资产阶级革命时期所发表的《人权宣言》范本，马克思誉之为"第一个人权宣言"。

② 1787 年制宪，有序言和本文 7 条，共计 7000 余字符。该宪法第 1 条规定立法权联邦国会行使，国会由参议院和众议院组成；第 2 条规定行政权属于总统；第 3 条规定司法权属于最高法院及国会随时制定与设立的下级法院，上述三条占全宪法的 80%（见美国制宪说明《世界宪法大全》第 1613 页）。

关资料中也有说明：即检察官须得介入的案件为"由于宪法、合众国法律和根据合众国权利已经缔约的条约而产生的一切法律的衡平法的案件；涉及大使、其他使节和领事的一切案件；合众国为当事人一方的诉说人的诉讼；不同州公民之间的诉讼；同州之间对不同州让与土地或其他不动产的所有权之诉讼；一州或公民同外国或外国公民或法人之间的诉讼"①。

此外，指涉"大使及其他使节和领事或一州为一方当事人的一切案件，最高法院具有第一管辖权"。程序上还是须有检察官的参与及陪审团的加盟，并对事实部分作出裁决。除弹劾案外，一切犯罪由陪审团审判；此种审判应在犯罪发生的州内举行；但如犯罪不发生在任何一州之内，审判应在国会以法律规定的一个或几个地点举行。② 基于宪法上的刚性规定，在美国的刑事诉讼法中，对检察官和检察权的参与行使也作出了相应的法律规制。

1780 年，美国联邦国会第一次会议通过了司法法案，授权华盛顿总统任命一名总检察长及若干名检察官。此时的总检察长只是内阁的首席法律官员和顾问，协助总统解决涉及联邦法律问题的大小事件（case）。在检察权制度建立初期，大部分的检察职能并没有被检察官行使，而是"由选举产生的司法行政官与验尸官行使，起诉犯罪行为在当时被认为是一个社区的法律实施活动的一部分。大陪审团也只不过是一些公民组成的小组，其主要目的是限制在实施法律时的过火行为和向社区提供法律咨询，以便保持它所期望保持的执法水准"。③ 直到 19 世纪 30 年代，检察权中的重要职权公诉权等从国家警察手中转移到检察官手中，美国的现代检察权制度

---

① 《世界宪法大全》，青岛出版社 1997 年版，第 1618 页。

② 参见美国《宪法》第 3 条第 2 款。

③ 参见［美］琼·雅各比：《美国检察官研究》，周叶谦等译，中国检察出版社 1990 年版，第 347 页。

才基本形成。

事实上，美国的检察权以公诉权为中心内容，其权力性质属于行政权，是行政权在司法系统的集中反映。美国采取联邦与地方分立的检察权制度，联邦检察机关与地方检察机关之间没有隶属关系，但两套系统中检察权的内容基本一致。具体而言，美国检察机关的职权主要包括：

——侦查权与侦查指挥权。美国建国以来，其刑事侦查权慢慢从英国影响的司法路径上分梳出来，由警察和检察官分享，但整个侦查行为由检察长统一指挥。

——刑事起诉权和出庭支持国家公诉权。在美国，刑事公诉权并不由检察官独享，更不是检察官专擅的法场，而是分别由大陪审团、检察官和检察官的委托人分散行使（美国在权力体系内始终灌输着一种制衡或者说衡平原则）。美国联邦《宪法修正案》第5条规定："无论任何人，除非根据大陪审团的报告或起诉书，公民不受死罪或其他重罪的审判，但发生在陆、海军中或发生在战时或出现公共危险时服役的民兵中的案件除外。"① 重大刑事案件必须由依法组成的陪审团决定是否批准检察官的公诉书，在一定程度上制约了检察官的起诉权。设立大陪审团分割起诉权的缘由在于美国有着浓重的刑事司法自治理念，深厚的个人权利至上意识以及人性恶的哲学基础，导致对国家权力的怀疑与不信任。因此，陪审团制度作为一项基本的宪法原则和诉讼法原则加以明示而深深根植在整个诉讼程序正义中。在他们看来，首先是要保障程序上的正当性，才能最终导致诉讼实体救济的正义。权力一旦过于集中，定然会产

---

① 美国宪法第五条修正案，除了上述规制外，与检察官及其权力行使有关规定还有："任何人不得因同一犯罪行为而两次遭受生命或身体的危害；不得在任何刑事案件中被迫自证其罪；不经正当法律程序，不得被剥夺生命、自由或财产。不给予公平补偿，私有财产不得充作公用。"

生腐败。衡平检察官的权力也是美国民主宪政在司法权行使上的一大特色和亮点。① 司法权力的不受约束，同样会产生腐败，其腐败对司法公正的危害更甚，对国民法治信念的打击更大，伤害更深。

——辩诉交易权。检察官在刑事诉讼活动中，可以代表国家同辩方律师进行谈判，以期用罪行相对较轻的指控换取被告人对所犯罪行的承认。如果控辩双方达成一致意见，则由主审法官不经开庭而以控辩双方确认的事实直接裁判。在美国，80%以上的案件通过辩诉交易结案。

——刑事上诉权。一些州的法律规定，在刑事案件中，包括检察官在内的控告方不具有上诉权，另一些州的法律只规定了很有限的上诉权。根据美国宪法所确认的"一事不再理"原则，美国联邦和州的法律与判例均不允许检察官对无罪和罪轻判决提起上诉。这主要是基于美国宪政思想是用"权利制约权力"。公共权力是强者，而公民私权则是弱化的。适当限制公权的扩张乃是防范检察权滥用的不可或缺的手段，这一点，在美国《宪法修正案》第6—10条中均有基本人权保护与救济的法益。基本人权保护集中体现的是"人民主权"原则，通过上述几条修正案，意味着美国国家逐渐"世俗化"的过程，按照马克思的评价："政治国家返回实在世界。"② 以宪法的形式表明了人民主权观念的美国建国的价值导向，旨在美国的现代化及人权保护是美国法律的最高追求。当然，必须指出的是，人民主权和保障在西方国家建构中是以个体为基础的，这在一定程度上决定了西方宪法的虚伪性和狭隘性。一旦革命完成

---

① 参见李征：《中国检察官研究——以宪政为视角的分析》，中国检察出版社2007年版，第18—19页。美国检察机关的8种权力的归绎借鉴，主要源自李征的著作成果，特此说明。

② 《马克思恩格斯全集》（第1卷），人民出版社1956年版，第283页。

后，资产阶级就会从根本上背叛人民主权原则和人权保护的真实内涵①。具体表现为美国检察官与美国联邦最高法院在 1951 年所诉的"丹尼斯诉合众国案"，本案最后的裁决，法官断然否决了"人民拥有革命的权利"。

——刑事判决执行监督权。在美国，联邦和州一级检察机关分别设置了专门机构和官员，用来监督执行刑罚活动；美国联邦和保留死刑的州的检察官，对执行死刑具有监督权。这点与中国检察权的监督职能具有相通之处，中国检察机关有权对刑事判决、裁定的执行情况进行监督，有权对执法机构进行监督，提出纠正或整改。

——参与民事诉讼的职权。美国检察机关对一切"涉及合众国利益"的民事案件有干预权，按照美国有关法律的规定，检察机关参加民事诉讼的职权范围十分广泛。

——参与行政诉讼的职权。美国检察机关具有参与行政诉讼的广泛权力，美国联邦总检察长有权决定他认为涉及联邦利益的任何行政诉讼案，美国的检察官有权商定并参与他认为涉及社会公益的任何行政区域诉讼案。中国检察机关在这一权属上还具有"抗诉权"，对于明显误用或滥用法律者，检察机关可以直接行使抗诉权，以维护法律的公正严明。

——法律咨询权。在联邦政府中，联邦检察长本身便是政府的内阁成员，他承担着为政府及各部提供法律咨询及起草法律草案等相关职能。这一点与中国最高检察机关相比还存在差异，作为法律上的咨询权，并不等同于中国最高人民检察院行使的"司法解释权"，该项权能不仅美国或缺，英国同样也没有。中国最高人民检察院能够对有关法律问题进行司法解释，是宪法赋予的权

---

① 参见韩大元主编：《外国宪法》，中国人民大学出版社 2000 年版，第394 页。

力，因为美国宪法及其修正案中无此项规定，检察权在其司法层面与审判权比较，几乎毫无优势可言，似乎司法权独立中的审判权拥有更为丰厚的资源和更为广泛的权能——这是值得我们认真研究的。

（三）结语

综上所述，无论是英国国家检察权还是美国国家检察权，它们在历史的承继与发展上具有十分明显的相通之处，对英美普通法系的后世影响无疑是巨大的，特别是在权利对权力的制约规制上，或将国家检察权的重点加诸于人的基本权利保障上，或彰显于"人民主权原则"上，甚至是分权与制衡等重大原则上，在欧美的宪政发展史上都占有重要一席，产生了深远的影响。美国著名政治学者罗伯特·A.达尔曾说，美国宪法"对于美国政治制度的特点，形式的特殊性，实质和程序，从而使其区别于其他政治制度所起到的作用，比起任何其他单个因素都要大得多"。[①] 实际上，美国宪法设立的三种权力间的制衡关系及其政府权力有限性的观念一直影响至今，并视为民主宪政不渝的规训。在司法权力系统内的检察权与法官权力制衡分权的精巧的设计不仅仅是为了建立高效的政府，更多的则是为了从理论和实践的维度加大控制政府滥用公权——强迫政府控制住自己，管住政府的手脚，谨防翻越法律许可的边界而肆意扩张摘取国民私权甘美的甜果。

因此，检察权作为国家宪法权力的横向划分而且必须受制衡和约束，是为了有效防止国家权力集中到任何一个群体手里，以杜绝任何形式的政府集权。洛克站在"好政府"（good government）的立场上，曾经鲜明指出："谁认为绝对权力能够纯洁人们的气质和

---

① 转引自李道揆:《美国政府和美国政治》，中国社会科学出版社1990年版，第2页。

纠正人性的劣根性，只要读一下当代或其他任何时代的历史，就会相信适得其反。……因此，无论国家采取什么样的形式，统治者应该以正式公布和被接受的法律，而不是以临时的命令和未定的决议来进行统治。"① 国家检察权的设立和分权及制衡，在宪法文本或是其他宪法性文件中，对其严格规范，本身就是一种良性宪政。解构英美国家检察权的历史与发展现状，其实就是加深对普通法系国家分权制衡理念的再认识和再理解，当下世界各国都面临着"腐败"对国家权力层面的侵蚀，从中获取一些有益的启示，这一直是笔者所期许的。

三、苏联社会主义国家检察权的流变

（一）十月革命前的俄国检察权

据考，俄罗斯人（Russian）属于东斯拉夫人的一支，主要分布在第列伯河流域至里海沿岸地区。1861 年的俄彼得大帝改革，才使得俄国废除农奴制逐步走上资本主义发展道路，不过，俄国始终是带有封建色彩的资产阶级君主制国家，在国家立国立法的层面，或多或少带有封建的君主制色彩。在十月革命前的俄国，统称为俄罗斯，其国家检察官制度和相关法律是经过漫长的历史发展起来的。

任何一种权利事项和国家的权力配置都需要一定的法律基础和制度作为行使职权的支撑。欠缺这个支撑，权力也会运行不畅。俄罗斯检察权制度的发展与其法律的设置完善几乎是同步的。同样也是经历了三个时期，所不同的则是每一时期的称谓和行使检察权职

---

① ［英］洛克：《政府论》（下篇），商务印书馆 1964 年版，第 56 页、第 84 页。

能的范围及官职不同罢了。

——古罗斯时期。据说,俄国最早的成文法是《罗斯法律》,稍后又创设《罗斯法典》(《罗斯真理》)①,但它并不包括当时社会的全部法律,主要规制的是社会等级、财产权保护、犯罪与刑罚、民事法律纠纷诉讼等司法原则。检察官作为封君高级"顾问"和专司王族贵胄的"法律人",处于一种十分"有为又优位"的诉辩位置,将个人的才智与封建王权结合是当时封君封臣下的检察官所追求的一种恰当人格价值和信念。

——中央集权制的形成时期。笔者研究发现,世界上几乎所有的文明国度在完成统一的过程中,其法律的统一亦是同步前趋的,犹如人之两腿,忽前忽后。诸如相伴俄罗斯统一的 1497 年的"大公律书",1550 年的"沙皇律书"与 1649 年的《会典》(又称《阿列克赛·米海伊罗法典》)②,基本确立了国家司法权能主要是为了维护已有的农奴制改革成果,通过法律程序来保障沙皇、教会以及贵族的人身和财产权。其间检察官的职能间或成为他们权利的辩护人和卫道者(defend traditional moral principles)。因为对冒犯或是侵权的违法在死刑上扩展,刑事追诉需要检察权的大量介入,诉讼程序向纠问主义转变,标志着检察官制度及其职能与法院审判被纳入到"罪刑法定主义"和"非经过审判不得入罪"基本司法传统文化思潮。

---

① 《罗斯法典》又称《罗斯真理》,是在习惯法和立法的基础上汇编而成。约在 1016—1072 年出现流变,法律计 25 条,主要是血亲复仇以及各种违法的惩戒赔偿之规定,体现的是俄国封建特权的原则。详情请参见何勤华主编:《外国法制史》(第 3 版),法律出版社 2003 年版,第 372—373 页。

② 1648 年在莫斯科召开了"国民会议",审议了该法典草案,次年正式发布。《会典》分 25 章,计 967 条。内容分为国家管理篇、诉讼篇、物权篇、刑法篇四大部分。加强了农奴制度,确立了军功份地财产权,强化了对沙皇、教会以及贵族的贵胄人身及财产的法律保护。

——俄罗斯帝国时期。古老的俄罗斯帝国曾经也是煌煌沄沄的法律帝国。1716 年创制的《军事条例》，首次设立了军事检察官；1720 年的《海上条例》，主要管制海上贸易和海防要务。此后创设的法律还有 1729 年的《票据体例》、1782 年的《整饬体例》、1830 年的《俄罗斯帝国法令全集》和《俄罗斯帝国法律全书》[①]。在上述这些法律文本中最能代表立法成就且与检察权关联最密切的是《俄罗斯帝国法律全书》，该《全书》分为国家根本法，规定了国家的义务、收入、财产以及身份法和刑法等。从法的内容上看，其法甚为全面，特别是对国家检察权及检察官制度都有专门规范。在本质上体现了封建帝国时代世俗法与教会法的统一，"等级贵族—教士—城民—农民及农奴"。作为国家专政机器的法院与检察院，在这个时期并非真正是维护国民正义公平的柱石，充其量还是皇权与王权的"看门神"，尽管当时对此两大权力并行运作的称谓不同，但直属于专制权力的沙皇及其元老院，并且这种状况一直延续到半个世纪后的十月革命爆发。可见，检察权具有一般监督权的特征早于沙皇时代就存在了。实际上，苏俄后来的发展，包括在列宁、斯大林时代，都是将监督权与追诉犯罪结合起来，形成苏俄法制建设史上另一种新的检察制度。[②]

（二）苏联及其解体后的检察权

1917 年的俄国十月革命，宣告俄罗斯进入了一个社会主义新的法治历史时期，沿袭或承继很久的法律制度随之也发生了根本性的变化。

---

① 1833 年的《俄罗斯帝国法律全书》，是按照法律部门编排，共分 15 卷，4.5 万条。到 1917 年十月革命爆发前已经扩展到 10 万条（款）。

② 参见王桂五主编：《中华人民共和国检察制度研究》，中国检察出版社 2008 年版，第 12 页。

苏俄的社会主义新法创制与其国家检察官制度是一致的。第二次全俄苏维埃代表大会就通过了两个重要法令——《告工人、士兵与农民书》① 和《土地法令》。随后，国内战争结束，列宁新经济政策取得初步成效。在 1922 年苏俄又颁布了民法典、刑法典、土地法典和刑事诉讼法典等。此一系列法典的颁行意味着社会主义法律体系及其体系下的司法检察制度的形成和进一步完善。在 1918 年的国家宪法中就决定设立国家检察机关，由于战争延阻，其职能兼行的一般监督和司法监督并不成功，组织体系实行上下垂直领导也不能真正到位，因此，在起草检察条例草案过程中，起初在苏俄还存有较大的争议，最终在拥有决定权的全俄中央执行委员会上通过了一项原则：检察机关实行双重领导，一方面隶属于俄中央，另一方面隶属于各省执行委员会。对此，列宁深感不安，他在病榻上写就《论"双重"领导和法制》，这是所见最早的国家领袖对国家检察权所作的理论探讨和国家权力属性及其配置上的安排。列宁在该文中尖锐地指出："这是事关国家法制是否能够统一实行的问题，反对派的意见实际上就是地方主义和分裂主义在作祟。"对于国家检察机关必须实行垂直领导，实际上是对国家检察权的一种隶属保障。自此，新型的兼有"一般监督权和实行垂直领导的国家检察权制度"在文本意义上诞生，很快在实践上，依照苏俄的模式和路径，其他几个加盟共和国也相继创设了专门的检察院和法院。

不过，值得说明的是，1923 年苏联成立后，创设了联盟检察院及其系统，即苏联最高法院院长和检察院检察长及其助手，在联

---

① 1917 年 11 月 8 日，苏俄发表《告工人、士兵与农民书》，宣告的是全部国家政权归工兵农代表苏维埃所有，保证地主、皇族与教会寺院的土地移交农会，军队实行民主化，建立工人监督生产制度，检察官监督司法权运行制度等。

盟检察机关中各个加盟检察机关没有相互统属或上下隶属的关系，而是典型的平行协作单位，与美国联邦和各州并立存在的两套检察系统类似。然而，到了 1936 年，国际时局的变化，导致国家权力的配置发生新的调整，苏联斯大林时代主动撤销了最高检察署，建立相对独立的苏联检察院。从后来解密的档案和国家检察机关文献得知，在《苏联检察条例》曾经专门规范为达到法制的统一趋势，苏联检察院对各加盟共和国检察院的工作必须履行一般的监督指导职责和义务。① 从宪政建设上，加大社会主义民主的进程。1936 年 7 月，斯大林主持下的苏联共和体制，出现了过去未能在理论上很好解决的问题，国民私有财产权是否与公有制财产权同等保护，国家检察机关侦查追诉的重点难道只是放在侵占国有及公有财产的"人民公敌"身上，而忽略私有财产及其他权利被侵占而无动于衷吗？检察权作为一般性的监督和履行职务义务，能否完成宪法赋予的权力重任呢？当各加盟共和国检察机关从该共和国司法系统中分离或独立出来，直属于苏联检察长，我们看到了苏联社会主义民主宪政下的司法朝前迈进了实质性一步。

"宪法是一种先于政府的东西，而政府权力只是宪法的产物。

---

① 参见王桂五主编：《中华人民共和国检察制度研究》，中国检察出版社 2008 年版，第 13 页。笔者研究发现，1936 年《苏联检察条例》的文本及其付诸实施，首先是基于 1918 年的苏俄宪法和 1936 年的苏联宪法。在 1918 年的宪法中就设计了国家其权力架构、性质，规定了社会主义劳动与分配原则及民主宪政的指导思想；1936 年宪法是在斯大林的主持下创制的，继续确定和进一步明确了苏联共产党是"一切社会团体及国家机关之领导核心"（第 126 条）。"凡是侵占和侵犯社会主义公有财产者，即为人民公敌"。这表明社会主义的国家检察权始终是隶属于共产党的领导之下的，同时加大了检察机关对社会主义公有财产权的保护力度和事发后的追诉侦查处罚力度，将之视为人民之公敌，人人得而诛之。从该宪法中，不难发现公有制财产权优先私有财产权的保护。社会主义国家初始之检察权的保护原则或刑事追诉侧重是有选择权的。——笔者注

一国的宪法不是其政府的决议，而是建立其政府的人民的决议。"①
诚如潘恩所说，1936 年底通过的苏联宪法进一步确立了检察机关
在政府和国家结构中的宪法地位、作用、职权和组织原则，至此，
在"人民决议"声中的一种以高度统一高度集中、带有明显社会
主义国家特点的检察权制度告已完成，能够标示画上句号的是
1955 年和 1979 年苏联颁行的《苏联检察监督条例》和《苏联检察
院组织法》。这两部法律对苏联检察院的体制和权能进行了规定，
在宪法许可的边界内作了一些修订或补充，因为是根本大法，在苏
联同样处于上位法的优势位置。

《苏联检察监督条例》主要是苏联最高检察院对检察官系统内
部职权的说明与职务上的规范要求，作为检察官的职务品位和履行
职务义务的忠诚等等。除了负责监督或督办重大涉案司法程序上的
正当性外，还须关注国家的民生、安全与财产保障，以及在涉诉中
实体的正义性。苏联检察机关的最本质职权就是将一般的监督权和
司法权两者结合在一起。而《苏联检察院组织法》则规范各检察
院在组织程序上的正当性和规范性。② 在苏联解体前，其检察机关
自成独立系统，对司法部门而言，它不需附属于法院，对外更不受
政府节制，各级检察机关独立行使其检察权，不受任何地方政府干
涉，只唯总检察长"马首是瞻"。

苏联解体后检察权的行使、扩张或萎缩，一切都与解体后所产
生的相关法律媾和呈正相关系，1985 年戈尔巴乔夫出任苏共中央
总书记，开始所谓的"新思维改革"，由于社会主义制度体制和法

---

① ［美］托马期·潘恩：《潘恩选集》，转引自尹晋华主编：《法律的真
谛》，中国检察出版社 2006 年版，第 135 页。
② 《苏联检察院组织法》规定：苏联总检察长由苏联最高苏维埃任命；
各共和国、边区、省、自治共和国的检察长由苏联总检察长任命；依次往下
任命，各级检察长一律受总检察长任命和指挥。

律规制与新政观念冲突上的深层原因，致使原苏联乃至东欧局势日益紧张，最终归于社会主义大国全面解体而开始了俄罗斯历史上另一个全新的时代。

法学家公丕祥教授曾说，法制现代化是一个历史变革的概念。从广义上讲，法制现代化的进程乃是从传统法制向现代法制的历史更替过程。其实质乃是从人治型的价值规范体系向法治型的价值规范体系转变。① 1993 年的《俄罗斯联邦宪法》，就是从传统的社会主义法制向现代法制的更替和转变。该宪法对公民权利与自由、联邦宪政制度、司法权力、地方自治等较之以前均作了重大修订。特别是第 7 章对"司法权力"的规范，宣布了司法"独立于政党或其他党派"的原则，这就突破了社会主义国家司法观念上的禁区，司法权由宪法法院、最高法院、其他联邦法院、最高仲裁法院和联邦总检察长行使。总检察长负责一切法律的监督之职责。新宪法反映了俄罗斯联邦进行的政治经济改革所持取的法律价值和指导思想，也标志着其由"古老的"社会主义人治型价值观向规范的法治型价值及司法体系的嬗变。

---

① 公丕祥：《中国法制现代化的进程》，山东人民出版社 2005 年版。

第二章 中华国家检察权的源流与发展

——以御史制为研究起点

一、中国古代御史制度的起源与流变

（一）中华帝国古代检察权——监察御史制度的形成

站在古代东方法系的维度以观，中华帝国古代是否存有检察法及其制度？对于这个看似简单实则不易的问题，在 20 世纪三四十年代南京国民政府时期一些重点国立大学的法学家们就一直争辩着，历时长达 20 余年的争辩，最终还是没有一个公认的统一的说法，其原因是多方面的，而其最主要的原因当然是基于"他们纠缠于狭义检察制度的概念不可自拔"①。用当代的西方国家检察权观点和理论来观照检察性质，将立法、司法、行政权分而处之，由是国家检察权仅是单一的国家公诉权，即对犯罪分子或者是犯罪嫌疑人的追诉。当然，这样一种较为单纯的片面地解构国家检察权，无疑不能令人信服，更不可能达到某种学理上的通识与契合。事实上，国民政府时期的法学就有两大阵营分野，一支是英美法系国家，另一支为法德大陆法系国家，但这两支却在法律意识形态上兵

---

① 参见王桂五主编：《中华人民共和国检察制度研究》，中国检察出版社 2008 年版，第 27 页。

合一处，以对峙前苏联社会主义的法律观点和制度，资产阶级的法渊源与社会主义的法渊源的分野。高等院校的法律研究，特别是公法研究就会出现令人费解的结果了。因此，通过近 80 年的研究，公法领域里的国家检察权，仍然还是没有一个十分定型的观念或系统化的理论。

从某种意义上说，前苏联国家检察制度的发展，给我们提供了更丰富、更广阔的分析参照标准，特别是列宁国家主义之理论贡献，使得我国在建国后出现了"打扫房子再请客"的"一边倒"向苏俄的现象，在法律制度借鉴和移植上，几乎完全克隆了前苏联社会主义"老大哥"的国家权力设置和法律制度上的安排。在国家理论沿袭上几乎完全照搬照抄了列宁国家理论及其模式。诸如国家检察权的司法监督权和司法程序上的侦查权、代表国家支持公诉的公诉权等。那么，后来的学者也就大胆地质疑，撇开苏俄国家元素的影响，如果我们从广义检察制度着眼，视检察制度为法律监督制度的话，就可以肯定中国古代有检察制度。而且，从时间上看，广义上的检察制度，最早形成于我国古代春秋战国时期。广义的国家检察权其实早在古代封建社会就已开始运作，只是各个时期的称谓不同罢了。

问题是对于中国这样一个善于集权的封建国度，要想准确断言其具体实施带有现行检察权色彩的王权朝代甚至年月，那是不可取的，即便是史书有载，也不能全信。因为任何一项制度的创设及其成长，必须经过相当长的时间，我们进行研究一般只能依据现存的资料和来自心中的理性结合，判断为最初大致集中于封建王朝的御史制度形式，后则分属于御史台和给事中这两个组织形式，"在高度中央集权的政治制度专权下，在中国历史上从春秋战国时代开始，御史台为中心的监察权力系统发生了多种向度的变化，期间称谓，管辖权或多或少在不同的朝代也就有不同称谓和权能上的区别，大目标却是始终不变的——维护封建王朝的统治和君权以及对国民权利的限制和反抗意识到监视打击。由于这两个机关的共同性质，使给事中归入御史台，至清朝时最终合并为一，从而实现了法律监督权的统一行使。因为在这个过程中，御史台起着主导作用，所以我们可以把中国古代检察制度按照史学界惯用的说法，称之为御史制。"①

（二）检察——监察御史制的流变

考"御史"之名义，早在西周官职中即已出现，最初其职权只是侍奉在君王左右掌管文书档案和记事的史官，并不掌管多少实权，但史官向为王室所重，需要在青史上留下美名就得笼络史官给予美化，于是乎宫廷史官大多成了近臣宠臣。战国时，韩、赵、魏、齐、秦都设御史，其主要职能仍然是记事，但已经兼有了监察的职务。《史记·滑稽列传》中记载淳于髡曰："执法在旁，御史在后"，而不敢放量饮酒。《睡虎地秦墓竹简·尉杂》："岁雠辟律于御史。"是说廷尉每年都要到御史那里去核对法律，以防删改。将御史与法律纠对复核关联在一起，大致在秦统一六国以前。

秦朝一统天下的历史功绩自不必赘言，但秦始皇统一六国后所制定的中央集权统治的基本模式是御史监察宫廷内外官吏，促进国家法令上下贯彻实行的御史制度。皇帝之下设三公（丞相 、太尉、御史大夫）九卿。御史大夫相当于副丞相，其助手为御史中丞，中丞的职权是掌管朝廷的图籍秘书，记事，处理直达君王的奏章，在殿中察举违法官吏。除中央机构外，御史大夫还领导着分察地方三十六郡的监御史。监御史的职责是监理诸郡，察纠地方违法事宜，其监察违法犯罪的主题就是，一曰违逆王意，二曰贪腐舞弊。

人们总是记得"萧规曹随"政制承传的佳话，却不识"汉承

---

① 参见王桂五主编：《中华人民共和国检察制度研究》，中国检察出版社 2008 年版，第 26 页。

秦制"的高明，西汉王朝建立后，对中央集权比之秦朝拥有更多继承上的创新。中央仍设御史大夫，相当于副丞相，但职权重心已逐渐向监察纠举方面转移。御史大夫"典正法典，总领百官，上下相监"。① 御史大夫的属辖有御史中丞→侍御史→治书御史等。在地方上，汉高祖废除了秦时的监察御史，改由丞相随时派出的"丞相史"监察各郡县。汉武帝时，划全国为十三部（州），各派刺史一人为固定监察官，直属御史中丞统领。各部刺史根据汉武帝手订的六条问事，对所属郡国进行监督。西汉末年，刺史的权力日益扩张，以至拥有罢黜和选任地方官吏的大权。在古代同样遵循着这样一条定律，任何权力都有向外扩张的天性，不受约束就会产生腐败，就是握有专门监察他人的人，也逃脱不了这样一个宿命。

西汉的灭亡似乎没有能够给东汉的统治者带来多少教训，东汉立朝伊始，司监察之御史制便走上了专门化的道路。原来的"三公"（丞相、太尉、御史大夫）改称为"大司徒、大司马、大司空"。御史大夫改为大司空，分行丞相职务，实际上只负责水土营造和工程项目，而它原来的监察职务则由其属官御史中丞另建"御史台"来行使。从此，监察官有了自己的专门公署。以御史中丞为长官的御史台地位由此不断提高。当时御史台与地位显要的尚书台、谒者台并称"三台"。御史台虽然名义上仍归九卿之一的少府管辖，但实际上是由皇帝撑腰，独立行使监察纠举职权，少府不敢过问，甚至还要对少府保密。在地方，监临地方的刺史，至东汉末大多数改称"州牧"，渐渐蜕掉了监察官的性质，成为握有地方

---

① 《汉书·朱博传》。

行政、军事、司法等大权的地方官员①。

魏晋南北朝时期，御史台的隶属关系发生了重要变化。御史台名义上不再隶属少府，而由皇帝直接领导。御史台的地位和威信达到了空前的高涨。御史号称"天子耳目"的美誉，御史中丞相职无不察，专道而行，威势显赫，震肃百僚。魏以后，开创了御史"风闻弹奏"的先例。而且为促使御史尽职，规定百官如有重罪，而中丞失科，则免其官职。所以，御史中丞及其属僚宁可风闻弹奏无辜，也不肯因谨慎被黜。晋以后，各朝御史台组织日益庞大，但多因事设置，职权不统一，监察效果不佳。在地方，魏晋之后，日益行政化的州牧、刺史被固定为地方行政长官。原来的监察地方之权收归御史台，改由不定期的巡御史担任，从此不再设固定地方的监察官。对于监察职能上赋予的"风闻弹事"恶例之开，启动后世诸如明朝时期的锦衣卫，民国时期的中统、军统之特务纠举监察的先河，其恶甚殊。

隋唐时期，封建皇权下的御史监察制度得到了进一步的发展。唐初的"贞观之治"和"开元盛世"与中央御史监察制度也是分不开的。正是基于其严密的系统监察纠举职能，使得唐初的管理水平和官吏活动始终围绕着"水能载舟，亦能覆舟"这个原初的民本主义思想主题。在唐中央设御史台（亦称宪台），御史大夫为台长（亦称大司宪）。武则天时曾改御史台为左右肃政台，左台知百司，监军旅；右台察州县，省风俗。不久二台合并，复称御史台。内部以三院分职：台院，为御史台本部，设侍御史六人，掌纠弹中央百官，参加司法机关大理寺审判和推鞠皇帝交付的重大案件；殿

---

① 参见王桂五主编：《中华人民共和国检察制度研究》，中国检察出版社2008年版，第25—29页。王认为，这个监察御史制度内部有一条发展线索，演变围绕着中央集权的专制方式而进行，总体上，监察御史权只能是当做中国早期检察权的雏形，并非完全意义上的理解或解读。

院，设殿中侍御史九人，掌殿廷供奉之仪，每逢朝班，纠察离班和出言不肃者，皇帝巡幸，则往来门旗之内，检校仪物亏失；察院，依全国十道监察区设监察御史十人（后来，道增至十五人，监察御史也增至十五人），掌察地方官吏及民情，亦仿效汉刺史以六条问事。官吏的勤俭任事能力与强大的国家监察系统使得诸多官吏在法律法规面前不敢"越雷池半步"。诸如《户婚律》中规定的几出几不出①，对男子的家庭社会责任的要求似乎不亚于当下法律的规范，特别对于官员的拘束，更不可随便在外面包养情人或"二奶"。要纳妾，也必须经过正当合于规范的程序。

考宋史，宋代官职很大程度上沿袭唐制。表面上，皇帝开始亲自选任御史（唐时可由宰相推荐），提高了御史官的品位，增加了员额，权限范围也有所扩大，似乎御史台的地位大大加强了。但实际上，由于宋代兼官之风盛行，他官兼御史，御史兼他官，所以，实际上御史的监督职能受到了削弱。元代，御史的专职得到复原，且职权有所加强。在中央废止三院制，实行两院制——殿中司和监察院。在地方，划分全国为二十二道监察区，各设由察院派出的监察御史常驻地方，称为"肃政廉访使"。为了加强对各道肃政廉访使的领导，在河南和陕西二地特设了两个"行御史台"。行御史台是中央御史台的派出机关，其组织系统与中央御史台相同，也有御史大夫和御史中丞等长官，其职责在于统制各道宪司。至明朝，洪武十二年，御史台改为"都察院"，设左右都御史为长官，左右副

---

① 见《唐律·户婚律》。这个问题值得进一步指出，针对现代官员包"二奶"、"三奶"现象，我们的立法值得从传统中汲取合理的养分和法益精神。而且以情人身份出现在官员身边的"二奶"、"三奶"，往往是促使官员迅速腐化堕落的催化剂，或是催生腐败的温床。据中纪委披露，自陈绍基被抓后，仅广东具有一定职别的官员就携款而逃往国外者达千余人，而来不及变卖房产的房量总值多达 800 亿元。这是何等的惊人，而这正好说明了我们平时监察制度的缺失。

都御史，左右金都御史为副贰。在地方，按照当时的行政区划（十三道布政司）设十三道监察御史（明末改为十五道）共一百一十人。地方监察官人数如此众多，这是前所未有的。此外，还不定期地派遣御史巡按地方，称之为巡按御史。明代御史台（都察院）的职权范围规定得很详细，作用超越了前代。至此，需要叙及御史制中另一个重要组织——给事中。许多人不把给事中列入御史制，其实，就它们共同具有的法律监督性质和给事中发展的归宿看，给事中是御史制度不可分割的组成部分。

事实上，给事中一职，初见于秦，只是加官，没有正员。至晋设定正员，但所任大都是名儒贵戚，其职务是"趋伏左右，以备顾问"。至梁时，给事中具有了"封驳"职能。一直到隋朝，给事中的组织机构和职权才渐渐确定，并由从前的中书省划入门下省。从此至清初，这一隶属系统基本上没有改变。到了唐代，给事中的职权变得空前发达。《旧唐书·职官志》、《新唐书·百官志》以及白居易的《长庆集》都有比较翔实的记载。唐给事中的诸种职权中，最为重要的是"封驳诏敕奏抄"①，这一点也是历来研究给事中的学者最为注意的。所谓封驳在唐代与后代略有不同。后代对诏敕只能封还，不能驳正，而唐代因有"涂归"之说，故既可封，亦可驳。所以锡田《论军国机要朝廷大体疏》中说："臣又读唐书，见给事中得以封驳诏书，封谓封还诏书而不行，驳谓驳正诏书之所失。"

值得指出的是，宋代给事中在制度上有两个重要变迁。第一，给事中分治六房："给事中四人，分治六房，掌读中外出纳，及判后省之事。若政令有失当，除授非其人，则论奏而驳正之。凡章奏日录目以进，考其稽违而纠治之。"② 第二，南宋之后，设门下省，

---

① 《新唐书·百官志》。
② 《宋史·职官志》。

给事中渐渐趋向于独立。明代，给事中承袭唐宋旧制，仍以掌封驳为主。明朝开设了"六科"制度，即在吏、户、礼、兵、刑、工六部各设给事中一人，谓六科给事。① 但因为给事中权力过广，总有不少与都察院职权相互重叠之处，造成了明代给事中与都察院职权互相对峙的局面。例如，"赵兴邦在兵科，以至红旗督战，敢干预兵事机宜，侵扰国政"②。大概是放纵给事中使之与都察院并行，反不如都察院内部统一、组织严明来得效果更好，所以，至清朝便把六科给事中归并于都察院统领。事实上，清朝前期的中央集权的"竞合并购"还是产生了十分明显的积极作用，乾隆盛世的开创不是没有政治制度上的创新功绩。当然，满清王朝是一个功绩与误败同样彰显的王朝，在监察御史制度上，它接受了历代统治的经验，使监察机关在组织形式上发展到了新的高度。清雍正三年，六科给事中并入都察院。因为清都察院下设十五道监察御史，分察地方，所以都察院内给事中上察中央各科，道监察御史下察地方，合称"科道"制，形成了直属皇帝领导的、集中统一的法律监督体系。清末改制后，新成立的外交部、农工商部、民政部，所处理的事务及其上谕和颁文都不上报都察院，都察院所具有的监督审判的职能也移给了新设立的检察厅。③ 最终，随着整个清王朝的灭亡，都察院也就退出历史舞台了。

传统的御史监察制度可谓博大精深，伴随了中国封建社会和中央集权的全部历程，当然给几千年的封建社会的稳定及对百僚的法

---

① 《明史·职官志》载：掌稽察六部百官之事，凡制敕宣行，大事复奏，小事署而颁之。有失封还执奏，凡内外所上奏疏下，分类抄出，参署付部，驳正违误。明朝高度重视给事中，目的在于：一是钳制六部权限，防止部委行政权力过大；二是防止都察权力过大，给事中和御史之间可以互相纠弹，从而便于皇帝从中操纵。

② 《历代职官表》。

③ 参见曾宪义：《中国法制史》，北京大学出版社2004年版。

律监督产生了重大的积极影响，同时，笔者也以为给封建社会的保守滞后和官员的创新精神带来了十分消极的影响。动辄得咎、无为而治、不求有功、但求无过，几乎成为仕人举子涉身官场的文化心态，因此，中国所谓最精良的仕人举子（读书人）尚且如是，何况那些历来逆来顺受目不识丁的国民。在这样的背景下，我们也只能遥叹泱泱几千年的中华法律文化了。

（三）中国监察御史的权能演进

1. 对皇权的监督

御史制一般监督的对象可分为两个方面：上对皇帝，下对官吏。对皇帝进行法律监督的主要形式是封驳和言谏。封驳权属给事中。"封"，指封还诏书，"制敕不便于时者，得封奏之"或"涂窜而奏，谓之涂归"（唐）；"有失，封还执奏"（明、清）。给事中审查待发的诏书制，发现其中不当之处，可以原封不动地退回给皇帝（唐朝时还可以直接批改，然后退回），敕请皇帝改拟后再颁行。"驳"，指驳正奏疏，"凡百司奏钞，待中审定，则先读而署之，以驳正违失"（唐）；"分治六房，掌读中外出纳，及判省内之事，若政令有失当，除授非其人，则论奏而驳正之"，"凡内外所上奏疏下，分类抄出，参署付部，驳正违误"（宋、明、清）。给事中监督中央和地方上报下发的文件，若发现失误，可直接批驳改正。我们知道，皇帝的诏令制敕是封建时代重要的法律渊源之一，而各机关大臣的奏章一经皇帝批阅发行，许多也就成了重要的法律文件。可以说，除了具有比较稳定性质的法律形式——律令之外，皇帝的诏书和经过批复的章疏就是指导封建国家政治生活的主要立法文件。因此，对诏书和奏疏的这种审查正是一种对立法文件的监督。那么，封驳的依据是什么呢？所谓诏书之"不便"、"失当"和奏钞之"违误"是指什么而言呢？

第一是指违反基本的、稳定的法律渊源——律令。马克思说：

"法律应该是社会共同的，由一定的物质生产方式所产生的利益和需要的表现，而不是单个人的恣意横行。"① 不论封建统治怎样专制，事实上，治理国家，制定法律，并不全凭个人的一时喜怒好恶，总还要受一定的社会生活条件和整个阶级利益的约束，只是程度不同而已，前车殷鉴，使中国一些头脑清醒的君王都意识到统一遵行一种比较固定的法律秩序的重要性，此乃国家的政本，"安民立政，莫此为先"②。在此前提下，便"不可轻出诏令"③。唐大理寺卿戴胄论述固定律令和皇帝诏的关系时说："法者，国家所以布大信于天下；言者，当时喜怒所发耳。"④ 监御史李乾佑说："法者，陛下所与天下共也，非陛下独有也。"⑤ 历史记载中有不少法官、监察官、谏官引用律令促使皇帝收回成命的事例。总的精神是促使诏书与律令保持一致。由此可以断定，在国家政治生活比较正常的情况下，给事中判断诏书"不便"、"不当"的首要根据是指基本法律。接下来，大臣的章疏不能与基本法相抵触就更不在话下了。历代律书中便于工作含有许多对奏章文字失禁进行处罚的规定，如《唐律·职制律》："诸上书，若奏事误犯宗庙讳者，杖十八；误及写文书犯者，答五十；即为名字触犯者，处三年。"《明律》规定得更厉害："凡奸邪进谗言，左使杀人者，斩。""假以上书，巧言令色，希图进用者，杖一百。"在明朝，奏章中文字略有疑嫌者，便以触犯皇帝罪，断然处决。应该说，上述做法都是维护皇权的重要法律手段，也是给事中审查章奏的主要内容之一。给事中审查的依据还有前代君王的诏书或前朝治

---

① 《马克思恩格斯全集》（第6卷），第292页。

② 《唐大诏全集》。

③ 《旧唐书·刑法志》。

④ 《贞观政要》。

⑤ 《资治通鉴》卷192。

国的惯例。

第二是指依据政治局势的要求。这一点与依据成文法进行监督并不矛盾。说到底，法律也不是包罗万象、僵死不变的。当某项制度、措施与政治经济形势明显不适应而一时又无法从成文法中找到相应的驳正根据时，统治者也不应拘泥章法，放纵失误。审查法律性文件，这是后世的美国最高法院、苏联检察院和法国宪法法院都具有的职能。就以主动方式进行审查来讲，给事中的封驳与苏联检察院和法国法院相同；就其审查立法文件于未颁行之前这一点来讲，给事中的封驳权则与法国宪法法院更加相像。

对皇权进行监督约束的另一种方式是言谏。谏官，自春秋至清，皆有常设，其中以唐代言谏制度完备有效而为后人称道。把言谏归入御史制，一是因为自宋以后，专职谏官开始向御史台归拢；至明代，谏官并入给事中；至清代，给事中及其谏官尽归于都察院。可以说，自宋始，台谏便合一了。二是因为各朝代的御史职能中，都有言谏一项。唐代李善感为监察御史，永淳年造宫室，李上疏极谏，时人喜谓"凤鸣朝阳"。宋制，御史入台，满旬而无章疏者，谓之"辱台"，未尽职责，要受责罚。所以，刘挚被任命为监察特御史，尚未陛对，便上书言事，被认为称职。傅尧俞为御史谏官四年，所上疏呈 160 余章，多能忌讳，名重朝廷，凛然天下。

中国历史上，对于皇权进行一定形式的约束，促使其按照反映统治阶级整体利益的法律和原则行事，确实收到了一定的效果。如唐初的"贞观之治"，许多学者都认为与唐太宗虚怀纳谏大有关系，即使专制残忍的武则天，也还努力挣了个"纳谏知人"的美名。但由于封建专制制度的本质决定了皇权居于一切制度法律之上，虽有具体的好的制度，但能否真正遵守，还要依赖皇帝个人的修养、好恶而定。历史记载中，御史、谏官因言事而触犯龙颜，结果被罢黜甚至杀头的大有人在。值得赞叹的是，即使在这种情况下，仍有不少御史和言官忠于职守，坚持原则诤谏，宁死不悔。虽然，以今人眼光看来，其悲剧意义在于他们是为维护封建专制统治而尽忠。但他们坚持信仰，为社稷国家而不惜以身殉职的精神风范，是值得后人景仰和学习的。

2. 对百官的监督

有人看到御史的主要职能是纠察百官，监理州郡，其中还有诸如参与吏部荐举、巡仓、巡粮、检查会计等类事务，就断定御史制的性质是一种"行政监察"。其实，这个结论是不妥的。原因是只知其一，不知其二。换句话说，是把古代的情况当成现代的情况了。须知在中国封建时代，法网严密，苛条滋繁，很多今天看来属于行政性质的事务，在古代都入了刑法典。因此，不是由各主管上级而是由专门的统一机关根据法律进行的检察监督，发现违法行为又无直接处置权，而是要向主管刑罚的机关或向皇帝奏报。这样性质和形式的检察显然不是行政的考察，而是法律监督。御史台的这类检察大致有如下几类：

其一，监督官吏选任，汉、隋的六条中都有考察各级官吏举荐人才情况的内容。汉六条察"二千石选署不平，苟阿所爱，蔽贤宠顽"；隋六条察"德行孝悌，茂才异行，隐而不贡"。从唐朝开始，中央由吏部专司官吏选任考核，御史或给事中都有参与。至清朝，凡京师内官吏荐举，由本衙门填注考语事绩，造册密送吏部，然后，吏部、都察院吏科京畿道会考，最后奏请皇帝批准。御史或给事中参与官吏选任的职能与吏部显然不同，他们并不负责具体业务的考核，而只是依照法律对此过程进行监督，其目的是防止用人不当，更深的意义在于防止各级官吏与吏部举荐之机结党作弊，排斥异己或提携奸党。监督官吏选任时所依据的律条是很多的。如《唐律职制律》："贡举非其人，及应贡举而不贡举者，一人徒一年，二人加一等。"《大明律》有许多条文防范臣下结党和内外官相交结，其中严禁大臣私人荐引，"若大臣专擅选及者，斩"，"若大臣亲戚，非奉特旨，不许除授官职"，违者亦斩。可见，发现和揭发荐举过程中的违法弊端，是御史监督的基本内容之一。

其二，考察官吏。历代御史都对中央和地方各级官吏的工作情况拥有检查权，其中包括许多督巡工作，如巡仓、巡关、巡粮、河道航运、盐运等。其中，对官吏贪污受贿一类事迹的纠举，毫无疑问是法律监督的范围。除此之外，还有大量以现代眼光看来是属行政事务的失职和无能等行为，对这类行为的纠察属于什么性质呢？前面说过，这在古代大都属违法行为，所以，这类事情的纠举也应当属法律监督的性质。如唐六条监督御史：察户口流散，籍账隐没，赋役不均。《唐律·户婚》就规定，不仅百姓脱漏户口，逃避赋役要处以徒刑，州县长官也依所辖地区漏户口和逃避赋役的多少而处以刑罚。唐、宋、明、清的御史都有巡察京师和地方粮仓的职能，而这些朝代的律令中，对于仓库管理就有极严格的法律标准，不符合标准的就要处以刑罚。如《唐律》中规定，"官有牲畜如养疗不得法以致死者，官马驮运物货超出规定数量者，调习官马不得法者，有人从仓库出，主管官吏未搜检者，仓库被盗者，以库中官物私借人者，因管理不善而损坏者，擅自开启官物封印者"①，等等，均要科刑。御史考察纠举的事项见于律条的还有：国家机关人员编制过限，里正应课农桑而不课，边境置放烽燧违反规定数目或方式，官吏应值不值，应宿不宿，当番不到，等等。甚至当御史讯问管内民情、生产与灾荒情况，该地方官如答不上来或答得不完全，也要处以刑罚。这些律条规定，皆为御史监督的依据。

综上所述，由于中国封建制度的本质决定了御史制度旨在维护封建社会稳定，当然在整个制度的变迁或者改革中，围绕的主题是封建王朝的最高利益，自然在整个御史系统中便存有诸多的历史局限，我们不能因为这些局限而否定其历史价值。欧洲也好，东方法

---

① 参见《唐律·监察》。

系国家也罢，御史制度几乎与国家的权力监察一样不能停止。中国如果从秦汉开始，到现在已经两千余年，其制度的完备性、规范性和时代特点的鲜明性等，都是任何国家所不能比拟的；特别是御史所肩负的法律监督权。诚如顾炎武所说："内外上下，一事之小，一罪之微，皆有法而待之。"① 也就是说，近代西方法律思想的引进和司法观念的转变，使得御史权化为更近似于当下国家的原初检察权。当然，如何理解历史语义下产生的官职概念及其官职职能，都是与一定的历史条件相伴生的，某种孤立的官职功能是不可存在的，即便是存在也不可能有长久的生命力。中国古代的御史制度就是很好的说明。东方法系国家长久的帝王法制思想，成就了中国古代监察体系在不同的朝代呈现不同的色彩。

二、中华近代检察权的产生与发展

（一）晚清王朝时期的检察权创识

法律的目的是对受法律支配的一切人公正地运用法律，借以保护和救济无辜者。② 近代以降可谓是社会流变转型最为激烈、思想交锋汇通最为大开大合，梁启超称为"天崩地解"的时期。从魏源的《海国图志》到林则徐的禁烟折，从左宗棠、李鸿章的海防塞防疏再到康有为、梁启超的公车上书，无不彰显封建士子对民族前途要求变法的终极关怀。而事实是，封建集权达到顶峰的时期，即意味着没有了发展的空间。对于一个王朝来说，没有了发展空间，那就意味着要走向灭亡。应该说，晚清时期的灭亡气息并没有吞噬有识之士对一个王朝灭亡前的出路的寻找，特别是与王朝政权息息

---

① 参见顾炎武：《日知录》。
② ［英］洛克：《政府论》。

相关的监察御史制度。

从学理上说，近世中国检察权制度的出现，完完全全是在传统的御史监察制度上移植欧美和日本人的监察思想和检察权制度，并使之杂糅而成的产物。1905 年，满清派出的五大臣出使欧洲，考察政治改革的目标之一就是欲变修法律，使得法律能够与时宜，与时变。① 应该说，晚清法制观念的转变，沈家本功不可没。在古老的东方法系大胆融入西方法系的元素，并始终保有自己的特色。中国近代检察权虽然借鉴了三权分立规制下的检察权的内核，但终究未能西化，此时的检察权只能享有收集证据权、监督判决执行权、公诉权与上诉权，似乎完全是为法律的公正和"保护救济无辜者"而创设的。

（二）民国政府检察权与革命根据地的检察权

1911 年结束了两千多年的封建帝制，开创了一个相对带有鲜明民主气息的新时代。中华民国的草创，在政治和法律建树上其实并没有多少值得称道的。孙中山先生极力推行的"五权宪法"，也未能从根本上解决民国政府的权力配置问题，很多的制度设计也就是新瓶装老酒，换汤不换药。民国时期的检察权基本上沿袭着满清晚期的检察权。笔者以为，虽然 1915 年和 1916 年北洋军阀先后颁布《裁撤各级检察厅并改订检察长名称令》和《各省高等法院检察官办事权限暂行条例》，南京政府也曾多次修订《刑事诉讼法》、

---

① 1906 年，晚清政府颁布了《大理院审判编制法》，规定各检察长一人，专司刑事案件的公诉、监察监督和判决执行，这是我国历史上在法律文本第一次出现"检察"一词及其特有职能。1909 年颁行的《法院编制法》，规定大理院为最高审判机关，大理院下设的各审判衙门分别设置初级监察厅、地方检察厅、高等检察厅和总检察厅，并明确了国家检察权的范围内容。参见李征：《中国检察权研究——以宪政为视角的分析》，中国检察出版社 2007 年版，第 48 页。

《法院组织法》，但由于政府法治理念和对法律价值的偏误，整个检察权的设置实际上也形同虚设，根本不可能想象诚如洛克所期待的法治状况——"公正地运用法律，借以保护和救济无辜者"。检察机关也只能成为某种政治需要的装饰品，甚至恶化为国民党法西斯统治和对共产党人屠戮的合法化工具。

如果理性地加以分析，民国政府时期与晚清的检察权并无二致，最多也只是称谓上的变化，犹如鲁迅笔下的阿Q一样，或多或少戴上了日本、德国检察权及英美法系国家检察权的帽子或手链，看上去更具有近代民主法治的韵味而已——包括实行和指挥侦查、提起公诉、协助自诉、监督刑事判决等。

在蒋介石所主政的南京国民政府的白色恐怖围剿中，中国共产党领导下的革命根据地政权所设定的检察权主要是指土地革命时期的检察权，而其政权配置也是极为特殊的历史时期的产物，根本谈不上权力结构甚至立法的民主合法程序，在战时军事特色十分凸显的背景下，根据地红色政权之检察权的建树可见一斑。南昌起义失败后，中国革命进入到土地革命时期，1931年的《鄂豫皖区苏维埃临时组织大纲》就规定在革命法庭内设立"国家公诉员"，次年，又颁布了《中华苏维埃共和国裁判部暂行组织及裁判条例》①，明确设立正副检察官若干名，实施管理所有刑事案件的预审、提请公诉、出庭支持公诉以及行使抗诉权，基本上具备了现代国家检察权的雏形和基本功能。在当时的历史条件下，在一定程度上也只能作出如此的政制安排，以适应革命根据地发展壮大的需要。

---

① 其实，20世纪30年代初期的革命根据地的法律，主要是服务于政治和政权斗争的需要而设立。现在看起来是幼稚简单、极不成熟的，在当时却起到了稳定根据地、巩固政权建设的重大作用。特别是《中华苏维埃共和国中央苏维埃组织法》已经作有文本上的细密安排。根据地最高检察院设有检察长1人，副检察长1人，检察官若干人。参见李征：《中国检察权研究——以宪政为视角的分析》，中国检察出版社2007年版。

　　当然，1937 年"七七事变"爆发后，抗日民族统一战线形成，根据第二次国共合作的精神，原根据地的法院、检察院在名义上隶属于国民政府最高法院之管辖，但实际上却与南京重庆国民政府几乎无任何联系，只向边区参议会和边区政府负责，抗战时期的高等法院和地方法院主要掌管审判和司法行政。①　边区的检察机关此时与法院实行"合署制度"，在高等法院内设置检察处，并专门配设有检察长和检察员。如山东根据地出现了人民检察委员会，晋察冀根据地检察官则由地方行政长官兼任。据考，《晋察冀边区法院组织条例》就曾经明确规定："各级法院设首席检察官一人，检察官若干人，并得以各该管辖区之地方行政长官兼任首席检察官，而县级司法处设检察官一人由县长兼理之。"②

　　与晋察冀边区并不太相同的是陕甘宁边区的检察制度，其权能主要是实行司法监督。依据《陕甘宁边区高等法院组织条例》的规定，其检察机关和检察长的职能权力主要涵盖以下几个方面：（1）执行检察任务；（2）指挥并监督检察员之工作；（3）处理检察员之一切事务；（4）分配督查检察案件进行；（5）决定案件之裁定或公诉。检察员的职责是：（1）关于案件之侦查；（2）关于案件之裁定；（3）关于证据之搜集；（4）提起公诉，撰拟公诉书；（5）为诉讼当事人，或公益代表人；（6）协助担当自诉；（7）监督判决之执行；（8）执行职务时，如有必要，得咨请当地军警帮助。这当中，隐约可见国民政府检察权能内容的影响。其他根据地检察官的职能也大致相同。③

---

　　①　参见王桂五主编：《中华人民共和国检察制度研究》，中国检察出版社 2008 年版，第 37 页。

　　②　参见《晋察冀边区法院组织条例》，载中央党史研究室编：《中共党史资料汇编》第 11 辑，第 17 条。

　　③　参见王桂五主编：《中华人民共和国检察制度研究》，中国检察出版社 2008 年版，第 38 页。

综上所述，处于新民主主义革命时期的检察制度，带有鲜明的战时色彩，一切都是为了打击敌人、保护根据地政权而作出的安排，经过战争洗礼的检察官为日后新中国人民检察制度的建立和发展，建立了不可磨灭的功绩。当然，如果用我们今天较为成熟的宪政眼光来看处于残酷战争中的检察权的制度设计和配置，则不难发现其过于淡薄的法治观念和欠缺对检察官职权的深刻理解与把握，将国家法律的监督权归置在司法审判权下，无异于行走中用左腿羁绊右腿。另外，除动荡不安的战争因素外，中国传统法律文化对现代法治理念的生疏感、排斥感，也是中国检察制度不能健康发育成长的主要原因。

三、新中国检察权的承传与创新

近几年来，无论是在理论界还是实务界，已经开始大胆地对新中国成立以来的国家检察权进行反思和检讨，并进而发出司法改革的呼声。由于我国在检察权的制度设计和权力配置上几乎完全援用了前苏联社会主义国家的一整套机制，但半个多世纪里并没有随着与苏联关系的破裂而淡出，反而在潜意识甚至立法理念中还总是残存着那种高度集权的"大社会主义"趋向，过多地强调国家的权力而忽视国家的义务，或者说将公民的权利与国家公权未能放在平等的视野下，缺失了应有的司法人本主义关怀，因此，司法改革已成为一个热门话题。随着理论研究的不断深入，学者最初开始我国检察机关的定位和检察权的正当性进行反思，作为实务部门的工作者，笔者思考这个问题也是由来已久，并期冀对推动我国检察权更趋于合乎法治理性和契合中国国情的司法改革略尽绵薄之力。

（一）检察权属性的观点争鸣

客观地说，传统的中国检察权系统理论并不多见，但有些渗透在骨子里的检察意识却又挥之不去。我们讨论中国的检察体制，探讨检察机关的职能以及检察机关的改革，首要的问题就是对检察权的性质给出一个科学的解释。目前学界对这个问题已经作了初步的探讨，但是意见颇多分歧，归纳起来，大致有以下四种较有代表性的主要观点。

一是行政权说。认为检察权就是行政权。这一观点最初由苏联社会主义的大检察权分疏而来，在国家行政权力至上的理论下，一切公共行政权力和国家的专政机器也要通过苏联布尔什维克手中的行政权来控制。这在列宁的国家理论中也不难发现其渊源。首先，检察机关的组织体制和行动原则具有行政特性。检察机关组织与活动的一项基本原则是"检察一体制"。检察机关上下形成一个整体，具体体现为"阶层式建构"和上级的"指令权"，上级检察官对下级检察官有指挥监督的"指令权"，而下级则有服从义务，这是典型的行政关系；职务转移制，上级有权亲自处理属于下属检察官承办的案件和事项，同时上级检察官有权将下属检察官承办的案件和事项转交其他下属检察官承办；官员代换制，参与诉讼的检察官即使中途替换，对案件在诉讼法上的效力并无影响；首长代理制，在德国、俄罗斯等国，各级检察机关所属检察官在对外行使职权时，系检察首长的代理人。其次，立法、行政、司法的三权分立与制衡，是西方政制的基本结构。在这一构造中，检察权不属于立法权，也不属于具有依法裁判功能并受宪法独立性保障的司法权，检察官是政府在诉讼中的"代言人"，是代表第二权（行政）对第三权实施监督制衡的机关。

二是司法权说。认为检察官与法官同质但不同职，具有等同性，检察官如同法官般执行司法领域内的重要功能。① 理由是检察权与审判权的"接近度"及检察官与法官的"近似性"，检察官具有法律守护人的地位，对检察官及法官而言，事实的查明与法律的判断，应依同一目标行事，这是二者可以相提并论的有力论证。尤其明显的例证是检察官在侦查终结后，依据侦查结果作出的是否对犯罪嫌疑人提起公诉的决定，与法官的裁判决定极为相近。甚至有学者指出，检察官与法官的密切契合，犹如相互牵动的钟表齿轮一般，所谓独立的司法仅在检察官作为司法官并有相应保障的前提下，才有可能，才能防范行政不当干预刑事司法。而事实上，随着西方法治理念的渗入，检察权与司法权在具体司法运转过程中，人们才会发现其中的不同权力心态和运行差别，就是在很多专业的法律人的潜意识里，一般也会认为检察权本质上就是司法权。只有在认真地解构宪政思想和检察权应然性本身之后，才能发现将检察权简单地归置于司法权的不当之处，这也是"文革"中为何"公检法司"在机关设置和办事职能上"合为一家"的原因之一。

三是法律监督说。认为法律监督才是检察权的本质特点，司法属性和行政属性都只是检察权兼具的特性之一。② 在主流社会主义

① 龙宗智：《论检察权的性质与检察机关的改革》，载《法学》1999年10期；陈卫东：《我国检察权的反思与重构——以公诉权为核心的分析》，载《法学研究》2002年第2期。陈卫东认为我国检察权属性的争论主要存在于四个方面：行政权说、司法权说、行政与司法双重属性说、法律监督权说。而笔者以为学者们所提出的四种说法都有其存在的合理性和历史的传承性，新中国成立60多年来，其实上述四种检察权的属性，事实上有哪一种我们没有适用和使用过呢，不仅是我国，前苏联，包括现在的朝鲜、古巴等社会主义体制的国家，检察权的属性，也是随着国体和政体而定性的。——笔者注

② 谢鹏程：《论检察权的性质》，载《法学》2000年第2期。在该文中，谢认为法律监督权是检察权的局部权力特征，并不是检察权最本质的特征和权力属性。

国家中，这种观点一直居于主导地位，社会主义国家的检察权不仅仅拥有西方资本主义国家的各项法律监督权，而且还要拥有监督行政执法和审判活动的权能，使得法律监督的权能更加突出，更能代表司法监督威信。我国直到现在仍然还是走的同前苏联当年走过的同一条路子，当然值得检讨和反思的内容自然也不少。

四是行政司法双重属性说。其实，从这种观念的承传到当下对此观念的扬弃，可以看出当时苏联社会主义国家检察权的无奈，也能够看出新中国成立后别无他法的选择困境。不同阶级本质和政权组织形式的国家，检察机关的性质也不尽相同，这是当时我国司法理论界所反复强调的。大胆承认检察官兼具司法与行政的双重属性，而且该属性是为社会主义初级阶段（改革开放以来）最为彰显的地方。检察权与行政权不分彼此，相互渗透，特别是在地方行政组织和办事程序上，更多的是地方党政"一把手"掌控着检察院"一把手"的任免，将检察权变相化为行政权遇到阻却麻烦之争端的解决的利器。再则，检察机关上上下下的组织管辖关系，无不说明行政权的特点，标识着行政权的特征；从另一个维度看，检察院直接组织干警实施的自侦行为，除了来自上级的意图外，工作起来也是一套行政性质的作为。诸如突出行政行为实效（破案）也具有行政行为的性质。当然，检察官的起诉活动，以捍卫法律尊严为目的，以打击犯罪为目标，检察官的活动具有较强的独立性，特别是在公诉中独立性原则使得其不做地方行政权的附庸，而能够独立彰显法律的正义，因此在这个层面，检察权则显得更具司法权的特征和权力属性。

其实，直到现在，我国社会主义的检察权特征不仅仅在司法实践中未能很好地厘清，就是在公法学界同样也未能真正统一。当然，学术上争鸣无疑是好事，但缘于宪政体制上的障碍我们却不得不廓清，检察机关的行政权与司法监督权身份混同甚至重叠，必然导致检察权威信和社会公信力的下降。

（二）对检察权权力属性的认识

按照列宁关于法律监督的学说建立起来的国家检察权是人民代表大会的政体所决定的，长期以来对我国学者产生了极强的心理影响。一般认为，社会主义国家的检察制度是按照列宁关于法律监督的学说建立的。列宁在《论"双重"领导和法则》一文中指出："检察长的唯一职权和必须做的事情只是一件：监视整个共和国对法制有真正一致的了解，不管任何地方的差别，不受任何地方的影响。"① 这一论点成为社会主义国家确定检察机关性质的理论基础和定格基调；同样，我国检察机关的性质也是建基于此的。

在过去，理论的指导一般比附或攀缘于革命导师的个别语录法条般的至上或神圣，很少从源头上进行全面考察和思考，更不敢轻易产生怀疑和否定，因此就出现了指导实践上的众多谬误。实际上，只有不断批评和批判的学术才是可能给社会带来希望的文明进步的学术，同样，法律也是如出一辙。法律监督权由检察机关行使是社会主义法制建设的客观要求。这种观点认为，检察机关是法律的"守护神"，社会主义法制含义中"护法"就是对法律实施监督，把法律监督包括在司法之中。从严格意义上说，司法权是一种国家权力，其本身起的监督作用和对司法者适用法律实施监督是不同的概念，把两者混同起来是不够科学严谨的。把法律监督权从司法权中分离出来，和执法中的法律监督合在一起，成为一种独立的国家权力，这是社会主义法制文明发展的进步。②

根据人民检察院组织法和刑事诉讼法的规定，我国检察机关是

---

① 《列宁全集》，人民出版社 1975 年版。
② 孙谦、刘立宪：《检察理论研究综述》，中国检察出版 2000 年版，第 3 页。

一个权力广泛的机关，它不像西方国家的检察机关那样仅仅是个公诉机关，而是集侦查权、公诉权和监督权于一身的具有中国特色的检察机关。检察机关在新中国成立后直至改革开放，自侦案件的范围不是在扩大，而是逐渐萎缩、淡出直至隐忍不显，完全是怨尤于体制因素。而改革开放后的这30多年来，检察机关又从幕后走到台前，其职能权力呈不断扩大化趋势，从而又在客观上牵扯了检察机关过多的精力，影响到检察机关集中力量对司法机关和司法工作人员的监督，造成积弊甚多。检察机关是"国家的法律监督机关"这一含混不清的定性，致使检察机关实际职责的行使难符其名。有的学者认为应该改变检察机关的性质，将检察机关定性于公诉机关，建议修改宪法和人民检察院组织法；有的学者认为应加大检察机关的司法监督职权，检察机关放弃一般法律监督职能，集中更多力量对司法活动进行监督，有利于防止和约束司法链条利益上的腐败。① 司法公正是社会正义最后的底线，如果因为司法腐败而导致司法非公正，那将面临着整个国家机器、特别是专政机器的毁坏，其后果将不堪设想。因此，对于检察权自身权力滥用的防范与职务规范，就当从检察机关本身抓起。

虽然在应然层面，有人主张我国检察机关应是单纯的公诉机关，持这种意见的学者认为，检察机关的职权主要是代表国家行使公诉职能，这样的定性能与西方国家检察机关的性质相衔接。西方国家受三权分立政体的影响，无论是大陆还是英美法系的检察机关，都没有独立的宪法地位，最终均隶属于国家的司法行政机关或

---

① 关于重新定位检察权问题，国内确有不少公法学者鼓与呼，刑法学者主张检察机关应以"国家公诉权"为核心，宪法学者主张检察机关应以"司法监督权"为重点，还有的学者则持中庸调和的观念，主张司法监督权与行政权统合，而兼具公诉等。

与司法行政机关一体化，属于公诉机关的性质。① 而实际上，在我国将检察权或是检察机关定位为单一的公诉权力机关，这显然是个陷阱和司法实践的误区，因为，在中国共产党领导下的宪政体制中，宪法赋予检察院的权力是其他国家机关或是社团组织所无法取代和僭越的。因此，对现行的国家检察权就应该这样理解：我国是人民民主专政的社会主义国家，与之相适应，实行人民代表大会这一根本政治制度。国家的一切权力属于人民，人民通过自己选出的人大代表行使国家权力。在人民代表大会制度框架下，我国设立了行政机关、审判机关、检察机关和军事机关，分别行使国家职能中的行政权、审判权、检察权和军事权。这些机关彼此分立，但都渊源于国家权力机关，并各自向国家权力机关负责。在这种国家权力结构中，检察机关作为向人民代表大会负责的一个独立的国家机关，专门行使检察权，是专门履行法律监督职能的唯一机关。笔者认为，我国检察机关是维护社会主义法制的人民民主专政的工具之一。在我国，为保证宪法和法律的实施，除了检察机关专门实施的普遍法律监督外，还存在各级权力机关的法律监督，行政机关的行政权力运行监督以及人民群众、舆论传媒等不同的角度和侧面所进行的监督，构成我国较为完整的权力运行监督体系，较好地保障了宪法和法律的实施，其中，人民检察院的监督具有最为重要的地位和作用。应该说，国家检察权之法律监督权，随着时代和科学技术的进步，应该还有更多的监督内涵和手段创新空间。

---

① 孙谦、刘立宪：《检察理论研究综述》，中国检察出版社2000年版，第18页。

第三章　我国检察权的结构与特征

——以制度主义为视角

一、关于制度主义的概说

埃德蒙·伯克勋爵曾说,骑士时代已经过去了,随之而来的是诡辩者、经济学家和计算机的时代。①换句话说,冷兵器专政的时代过去了,剩下来的就是制度统治的时代。"制度"一词,于是成为使用频度最高的话语之一。无论在西方语系还是东方汉语文化语系,制度逐渐渗透到社会生活的方方面面,由此产生了制度经济学、制度政治学、制度军事学等等,"制度"成为一种令人最难以把握与敬畏的文化之一,同时也就成为长期争议的话语;而具体到理论方面,则又成为一个很难清晰地界定的概念。古往今来,"没有规矩,不成方圆"。这里所说的规矩,可能就是人们原初理解的某种制度。当然,制度本身是一种长期孕育和沉淀的文化积累、思想积累、经验积累。它应该是理性的经验而不断被修正或调整的过程。基于这一点,我们可以将某种"规矩"理解成是一种制度也不是没有依据的。制度概念与制度功能既是社会主义的,也是资本主义的。任何文明性质和特征的社会都可以拥有"制度"、设计"制度"和创新"制度";反之,如果没有制度,或者说社会本身

---

① 〔美〕萨缪尔森、诺德豪斯:《经济学》,中国发展出版社 1997 年版,第 2 页。

就制度缺失，那就正好说明该社会还处于蛮荒粗俗甚至毫无文明可言的社会生活状态或模式之中。当然，制度的善恶，无疑是社会进步与文明的标杆，而不论国民持取怎样的政治信仰和主义，甚至在宗教的国度也不能例外。当然，对"制度"规范性理解不能完全拘束于法律体系中"制度"的含义，它本身应该是人与人交往产生的合作、竞争、互助联合而形成的规范和行为模式。马克思主义认为的"交往的形式"或"共同活动方式"，可以表现为政治体系或政治经济中正式的程序、规则、惯例和规范，或是文化层面里显现的明示的法律法规、规章、组织等以及默示的道德认同感、习俗、约定，或者价值观共同遵从等都可以称之为制度。于是，在现代制度主义视角下，理解正式或非正式的制度形式，运用人类现存的规则、程序、规范或是道德、认知、习俗、惯例的方法，来探讨我国检察权的结构与特征，对更好地理解和行使我国的检察权，应该有着非常重要的意义。

（一）检察权中的制度主义

"制度主义"一词，最早起源于西方经济学"现代主流经济学的新综合"流派，从庸俗经济学到古典经济学，从新古典经济学派到后凯尔斯主流经济学，古往今来，无不对现行社会制度和经济制度本身进行制度研究。供给学派、理性预期学派同样抱着对"制度"的极大好感和热情，也在属于自己的学派领地加入制度经济的元素。制度的规范规制和引导作用，不仅在经济学研究领域开始发挥重大作用，同时在法制领域、政治生活的规范功能方面也日益发挥着重要的作用。

韩非子曾说，"国无常强，无常弱，奉法者强，则国强，奉法者弱，则国弱"，"故以法治国，举措而已。法不阿贵，绳不挠曲。法之所加，智者弗能辞，勇者弗敢争，刑过不避大臣，赏善不遗匹夫。故矫上之失，诘下之邪，治乱决谬，绌羡齐非，一民之轨，莫如法"。① 韩非子所说的法制虽然不同于现代法制，然而他对制度功能的分析十分精当，值得借鉴。制度属于上层建筑的范畴。其生成于社会，又作用于社会。制度对社会各方面具有强大的协调整合作用。举措合理，法制健全，可以兴业、富民、强国。老子说："圣人无常心，以百姓为心。"② 所以，进行制度设计，不可只从某个系统的利益出发，必须反对"部门主义"和"地方主义"，超越所有子系统的局限，高瞻远瞩，综观全局，兼顾方方面面，以人为本，以约束和调节社会子系统之间的关系，这才是制度主义的法治初衷。

一般而言，制度的构成主要有正式制约（例如法律）、非正式制约（例如习俗、宗教等）以及它们的实施，这三者共同界定了社会的激励机制结构。制度安排旨在提供一种使其成员的合作获得一些在结构外不可能获得的追加收入，或提供一种能影响法律或产权变迁的机制，以改变个人或团体可以合法竞争的方式。同时，制度告诉人们，哪些可以做，哪些不可以做。它为人们的行为提供了激励机制、机会机制、约束机制甚至惩戒机制，个人的选择是在这只既有形又无形的手的指引下完成的，长期的社会状态显示和社会绩效积累，就是个人行为汇合而成的制度结果。如果从国家检察权和国家检察机关的制度视角来看，检察权运行中的制度要素同样来自两个方面，即正式制约和非正式制约。正式制约要素主要是源自法律对检察权运行的规范，并首先是来自宪法权力的规范和宪政理念的引导。任何公权都应该受到人民权利的制约，即权利对权力的制约原则、民主法治原则、人权保障原则等。比如，在检察权的非

---

① 《韩非子·有度》，载《诸子百家名句赏析》，吉林摄影出版社 2003 年版，第 160 页。

② 《老子》第 49 章，载《诸子百家名言赏析》，吉林摄影出版社 2003 年版，第 51 页。

正式制约形式中的宗教心态与宗教文化的尊重问题，因为宗教信仰自由是宪法赋予的，检察权的行使必须要充分尊重其宪法保护的地位，同时还要很好地认知其宗教的特点、宗教信仰的自由底线以及相关的法律保护规范等，这些除了本身的宗教语义规范外，还有对社会基本习俗和民族风尚的肯认和尊崇，同时也是民族政策与民族管理制度所必须依归的。

再则，诸如检察权之批捕权的正当行使，对特定对象人身自由的限制，也是具有明显的制度主义色彩的。人身自由权利不仅具有极高的宪法地位，而且也有着严格的规范要求。检察权在实际行使过程中，无疑会经常面临各种类型的刑事犯罪，虽然犯罪嫌疑人作为公民也享有宪法赋予其的人身权利，但是，他们的行为对他人的自由权利、生命权利、财产权利或轻或重的侵犯和伤害，换句话说就是，这些犯罪嫌疑人为了追逐膨胀的自我无限制的所谓权利，但却超越了法律制度许可的自由边界，于是他们将会失去自由，其人身权利将要受到强制措施的规制。

从上述两个方面即习俗的非正式制度和法律的正式制度规范的分析我们不难发现，用制度主义的学理规范来研究国家检察权的法律结构、法律框架和程序规则等，对认识和推动我国检察权的文明进程，是具有积极意义的。

（二）制度主义与检察权

近代中国法律的现代化自兴起伊始，就伴随食洋不化、照搬照抄的批评之声，这是一个难以避免而又痛苦漫长的过程，因为一种制度文化的兴起，需要一定的时间积累和思想沉淀，任何国家、任何民族如果在制度文化的兴废上冒进，急功近利，那只会适得其反。对制度主义而言，必须注意到自身的特点，重视该种制度得以实现其功能的历史、文化、经济和社会诸方面的前提和条件。[①]

至于检察权的法律监督职能，虽然人们可以有不同的观察和认知视角，但制度主义却为我们提供了一个十分有用的研究视角和途径。我们知道，检察机关是具有公共权力和公共资源的职能部门，行使法律规定的检察权天经地义，但是，根据宪法和人民检察院组织法的具体规定，人民检察院是国家的法律监督机关，人民检察院的法律监督，却并非一般意义上所指的司法监督，它有别于人民代表大会及其常设机构在立法意义上的法律监督，而是一种常态化和制度化的实体监督权，主要是运用国家政权的强制力，查处违法案件，同破坏政策、法令、社会规范制度、善良风俗习惯、损害人民利益的严重违法行为作斗争，防止公共部门及公职人员滥用职权、以权谋私、蜕化变质等腐败现象的发生。其监督主要有以下三个特征：一是对公共部门及公职人员实行法纪监督；二是对监督结果负责，主要通过追究违法犯罪行为的责任来体现；三是检察机关的监督是一种强制性的监督，这一强制性决定了其在监督效力上具有一定权威性的特征，这一权威来自国家意志，来自法律许可，这是其他监督主体所不具备的。[②] 司法监督主要有两种方式：一是检察机关对公共部门、公职人员的直接监督，即可以直接立案侦查职务犯罪案件；二是通过对行政诉讼的监督，间接地规范公共权力特别是行政权的行使，因此，这个方面的制约力量和约束功能十分明显。

检察机关所监督打击的犯罪行为，例如腐败案件的自侦查处，根据制度主义的观点，它实际上是公共部门、公职人员和那些参与腐败交易的人在追求个体利益最大化的自利动机驱使下，经过经

---

① 萧功秦：《危机中的变革：清末现代化进程中的激进与保守》，上海三联书店 1999 年版。

② 李琪、陈奇星：《中国公共行政管理学》，上海人民出版社 2003 年版，第 329 页。

济学增量的成本和收益的计算后所作出的一种合乎理性的选择，而制度通过影响个人对成本和收益的计算最终影响着个人的行为与意志选择。改革开放30多年来，中国社会已经进入矛盾愈发深刻的转型期，特别是信仰与主义的迷失期，导致在国家公职人员中间出现了"条条块块"的窝案腐败，层次越来越高，职权越来越重，而且这种现象屡禁不止，愈演愈烈，诸如黄松有案、郑少东案、陈绍基案、王华元案、许宗衡案等。① 在这种情况下，反腐败如果仅仅着眼于案件的查处和单纯强调思想教育与自律显然是不够的，只有通过持续的制度创新，改变人们行为的激励机制，减少腐败得以发生的机会并强化对权力行使的约束机制，才能有效地遏制腐败。

所以，在制度主义视角下，理解正式或非正式的制度形式，运用规则、程序、规范或是道德、认知、习俗、惯例的方法，利用制度经济学中成本收益的价值原理，结合我国自身的实际状况，来探讨我国检察权的结构与特征，从制度上寻求一个可支撑更科学的监督平台、创新更适合的制度、建立更令人不得不遵从的制度约束机制，这样或可对我国检察权的规范行使，发挥对全体国民法律监督的权能有着更深远的意义，因为我们确实有少部分检察机关，总是在有选择地行使着人民所赋予的检察权，对同样是来自国家公权部门和地方政府部门的举报信息，要么是故意失聪，要么是被迫色盲，很少有"立竿见影"的查处举措。究其原因，当然一方面是程序制度的制约，但另一方面却也不能排除检察机关在"作为上"是否存在着某种选择。

---

① 这次广东窝案的发生，将陈积多年的政法系统的腐败大曝于天下。陈绍基、王华元有"岭南二虎"之称，一个是政法委书记，一个官至纪委书记。而郑少东当时则是公安厅厅长，一省之内的广东如此，官场上私欲横流，这不正是说明了检察权之制度主义的缺失吗？

二、关于检察权权能的核心问题解读

（一）法律监督权——检察权的核心权力

1. 法律监督权的含义

检察，本身就包括了监督法律实施的职能，世界各国的检察机关都或多或少地享有法律监督的权力。在大陆法系的法国，检察机关有较大的司法监督权，最高检察长的主要职责不仅是对国家的法律执行进行监督，而且也包括了对法院司法审判活动进行监督。总检察长有权撤销违法的司法文件、裁定和判决，也有权参加诉讼；检察官主持刑罚的执行程序并对其有一定的监督责任；检察官也可参加有关法院内部活动及程序问题的法官会议，参与讨论，并有权发表意见；检察官有权审核初级法院审理的案件；还有权对法官进行考核，发现问题即计入考核簿，报告司法部长。除此之外，还可以对司法救助制度的营运进行监督，监督户政官员，对私立教育机构、公立医疗机构进行监督，对新闻、杂志等媒体刊物也有监督权。[1] 似乎检察机关的法律监督权无处不在！

在德国，与法律监督相对应的法律术语有两种：一种是"Rechtwache"，可见于"对侦查程序的法律监督"（Rechtwache der Er-

---

① 宋英辉、陈永生：《英美法系与大陆法系国家检察机关之比较》，载《检察论丛》（第一卷），法律出版社 2000 年版，第 547 页。

·75·

mittlung），特指对警察的控制。① 另一种是"Rechtaufsicht"，特指对公法上的法人（如学校、地方行政联合体）的行政行为的合法性控制。② 基本内涵是权力上的控制和对行政合法性的检验，所表现的是一种对权力运行的限制和监督。任何权力或权利行使都需要制度的规范和约束，在有制度的情况下，更需要有关机构的监督，特别是公权，总是有扩张和肆意擅权的危险，每一起利用了公权谋取私利的案例，无不合乎这一逻辑。

"强化法律监督，维护公平正义"是我国检察权行使永恒的主题，也是检察官必须尊奉的时代主旋律。"法律监督"与"公平正义"二位一体，从更深的层次上揭示了检察权行使的原则，也使检察权在比较研究的视野上找到了对理论开释的对接点。③ 前文分析已经指出，我国检察权兼有行政权和司法权两种属性，但又不完全等同于这两种权力。在我国现行的宪政体制下，检察权可以被定位于一种与行政权和审判权平行地位的权力。虽然检察机关被定性为司法机关，但不能就此完全认定检察权是司法权，或者检察权是司法权的另一种表述。

要对检察权的性质进行定位，首先要用科学发展观来检视

---

① "作为一个法律监督者，检察机关就司法警察移送之案件有审查权，对调查未尽之处，可命司法警察补足证据或自行调查，对于检察官自行侦查之案件，亦得命令司法警察协助收集，司法警察有听命指挥之义务。司法警察欲行使强制调查作为时，须向检察官声请许可，取得相关票证后，始得为之。司法警察逮捕嫌疑犯后，必须先解送检察官讯问处理，除法令另有规定外，不得径行将嫌疑人或被告予以释放或命具保。对嫌疑人或被告之羁押，亦必须经由检察官向法院声请为之，不能由司法警察径向法院声请羁押。"台湾地区"法务部检察司"编辑：《检察改革白皮书》，"法务部"1999 年版，第 174—175 页。

② Gabler Wirtschaftslexikon, 16. Auglage 2004.

③ 甄贞等：《21 世纪中国检察制度研究》，法律出版社 2008 年版，第 27 页。

"法律监督"的概念。"法律监督"是中国法制史上创制的一个术语，如何理解"法律监督"并不难，而困难的则是如何对法律进行监督。笔者认为，有两种含义值得把握，一是监督法律，二是用法律来监督。两者的结合才是法律监督的完整意思表示。同时，法律监督的过程是动态的，法律监督的思想和理论发展也一定是"扬弃"的。

事实上，我国有不少公法学者认为，法律监督权应独立于三权之外，即第四权。他们认为，从我国法律本土资源来分析，在民主体制下权力与权力之间制约平衡，不一定靠"三权分立"，分立的情况要具体问题具体分析，要根据各国自身本土法律制度资源情况。我国古代的御史制度就是个很好的例证和实践。据此，检察权应独立于立法、行政、司法权之外，即第四权——法律监督权。但也有学者从宪法赋予法律监督的含义来思考和开示，宪法将法律监督权能赋予检察机关，检察机关就有了至高无上的神圣地位，担心检察机关自己玩游戏，自己定规矩，于是极力主张要把法律监督权从检察权中剥离出去（持取这种观点的人大多是来自实务界的专家）。对于这些观点，我们可以从我国现行宪政体制角度下以检察机关的职能设定为切入点来进行讨论。

根据《宪法》第 129 条的规定，中华人民共和国人民检察院是国家的法律监督机关。我国人民检察院由人民代表大会选举产生并对人民代表大会负责，接受其监督，保证人民代表大会通过的各项法律和决议的贯彻实施。从权力设置来看，人民检察院依照法律规定独立行使检察权，不受行政机关、社会团体和个人的干涉；①从机构设置来看，检察机关和人民代表大会是上下层关系，与行政机关和审判机关是平行的关系，相互之间不存在交叉和重叠的关

---

① 《人民检察院组织法》第 10 条规定：人民检察院依照法律规定独立行使检察权，不受行政机关、社会团体和个人的干涉。

系；从法律层面上看，在办理刑事案件时，人民检察院应与人民法院和公安机关分工负责，互相配合，互相制约，以保证法律准确有效地实施。从这点上看，可以得到主要的证据证明，检察权更主要的是法律程序正义的监督权。

然而在检察实践中，检察权的法律监督的性质定位又面临着挑战。根据列宁的法律监督理论和前苏联的立法和司法实践，从一般意义上来讲，作为国家的法律监督机关，必须具备两种职能：一是对国家机关及其工作人员的决议、命令是否合法进行的"一般监督"；二是对案件的侦查、羁押、逮捕是否合法进行监督及其提起公诉和监督审判的"司法监督"或"诉讼监督"。①我国的检察机关被定性为国家的法律监督机关，在实践过程中，往往只限于负担第二种职能，只限于行使对刑事案件的追诉权，实际上已经沦落为一个单纯的刑事案件的追诉机关。检察机关的宪法地位不得不受到动摇和质疑：它更像是一种行政权吗？与之类似的质疑与挑战源源不断地见诸报端媒体。如果检察权不真正有效地开展法律监督，将无法匹配上宪法所赋予的法律价值，那么它将立于弹丸之地，行走在方寸之间，根本无法行使它那张力广袤而又正义无边的法律监督权。

2. 法律监督权的内容

要完善我国的法律监督权，首先就要准确理解其含义，只有了解了法律监督权的内容，才能更好地去构建法律监督权。根据宪法和宪法性法律的规定，笔者认为，法律监督权的内容可以概括为以下几个方面：

第一，法律监督权是保障每一个法律主体守法的权力。宪法规定：一切国家机关和武装力量、各政党和各社会团体、各企业事业组织都必须遵守宪法和法律。在我国社会主义法治条件下，没有任

---

① 许永俊：《多维视角下的检察权》，法律出版社 2007 年版，第 76 页。

何人、任何组织有超越法律的特权。但在实际生活中，人们往往对法律的认识理解不同，各地方的物质、文化生活发展水平不同，导致各方利益不平衡而影响法律的严格实施。同时，由于主客观的原因，也存在着大量的违法的可能性，如果没有严格的法律监督，这种违法的可能就会变为现实。现实中大量的违法和腐败现象就是源于此。因此，通过法律监督，防止各种违法的可能性发生，是维护法律权威、保障法律正常实施的必须条件。更值得一提的是，在法治国家，公权有着更突出的法制意义，法律监督不仅要对每个法律主体进行监督，更要对国家公职人员予以特别关注。

第二，法律监督权是保障国家社会生活每一个领域完整统一实施法律的权力。法律监督不仅要保障每个法律主体都要守法，而且还要保障在每个社会生活领域内，法律的实施都是统一的和完整完善的，每个领域都是严格守法。这就要严格贯彻"有法可依，有法必依，执法必严，违法必究"的社会主义法治原则。

第三，法律监督权是一种追究性的法律权力。一切违反宪法和法律的行为都应当承担相应的法律责任，这是宪法和法律权威的基本体现。法律监督当然包括了法律追究，如果只有法律监督而无法律追究，那么法律监督也就失去了存在的意义；同样，如果只有法律追究而无法律监督，那么法律追究的合法性将丧失。人民检察院拥有并行使公诉权，追究违法主体，维护宪法与法律的权威，保障宪法和法律的实施。

以上三点关于法律监督权内容的简略阐释说明，法治国家控制社会的工具是法律，法律是显性的道德，而道德则是隐藏的法律。无论是显性的还是隐藏的，我国检察机关享有的检察权的核心权力，无疑还是法律监督权，它被赋予的使命应该是很神圣的。虽然，从其当前表现得不尽如人意的情况来看，我们需要耐心来对其进行充分的修补和完善，也许制度主义的功能力量恰恰就表现在这里。

3. 完善法律监督权的思考

针对我国在检察法律监督权的立法和实践方面存在的若干缺陷和不足，我们亟须通过完善立法，确立检察机关法律监督的权威地位，使检察机关真正发挥维护法律正确、有效、统一实施的应有作用。那么，究竟怎样才能完善法律监督权并使之成为一种行之有效的制度建设呢？笔者在多年的检察实践中作过如下思考：

其一，进一步完善宪法的规定，正确界定和阐释检察机关的宪法地位。应在宪法中进一步明确检察机关的法律监督工作接受全国人大及其常委会的领导和监督，不受权力机关以外的任何机关、团体和个人的干涉。依法行使以法律监督权为核心的检察权，并主动对人民代表大会及其常委会负责，受其监督。

其二，制定专门的法律监督法，修改完善人民检察院组织法和三大诉讼法，明确检察机关法律监督的具体职权。多年来，法律监督工作没有在全国范围内受到足够的重视，没有发挥出应有的作用，检察机关法律监督无方、无力、无效，我国有关分散、无系统的法律监督立法脱离不了干系。这就要求我们尽快制定出一部较为完善的法律监督法，从法律监督的实施目的、实施主体、监督对象、监督程序、法律监督方法、法律责任及其追究方式等方面进行详细的规定，使之工作流程明确化、具体化。与此同时，根据宪法和监督法有关检察机关的权力定位及宪法授权，相应地修改完善人民检察院组织法和刑事诉讼法、民事诉讼法、行政诉讼法，使法律监督在整个诉讼活动过程中更具有可操作性。

其三，对检察机关实行垂直领导体制，保障其顺利、统一行使法律监督权。检察机关开展法律监督的最终目的，就是保障国家法律的正确统一实施。但现实状况是，检察机关的活动往往会在很大程度上受到地方党委和政府权力的影响（因为检察机关在地方上吃的是地方粮票，拿的是地方财政的钱，用的是地方党委决定的人），如果说独立行使检察权可以无视地方行政长官的意愿，那不是唯物主义，只是程度和操作的技巧不同罢了。我们可以通过设定一种垂直领导体制——"检察一体化"，最高人民检察院在全国人大及其常委会的领导下，对全国范围内的法律实施活动实行监督；地方各级人民检察院在最高人民检察院的领导下，对各自辖区内的法律实施活动实行监督；最高人民检察院直接对全国人大及其常委会负责，下级人民检察院对上级人民检察院负责，不受地方任何机关、团体和个人的非法干涉。①

其四，建立独立的检察财政体系，从经济源头上保证检察权的独立公正行使。当前，我国检察机关的财政都主要依赖于地方政府，这就容易受到来自地方政府的干预。这极不利于检察权的独立行使，更不用提有效发挥法律监督权的作用了。我们可以建立独立统一的检察财政体系，由中央财政统一拨款到最高人民检察院，再由最高人民检察院根据各级检察院的实际情况来配置实施统一检察财政体制。在这方面，中国古代的御史制度和御史官吏的财政配置体系值得参考。

其五，建立有效的监督制约机制，保障检察权的公正行使。检察机关作为国家的公权力行使机构，也作为法律监督机关，除了国家权力机关的监督外，目前没有其他明确规定如何监督检察机关的检察权，从而为某些检察机关可能滥用权力提供了便利。要防止检察权被滥用，确保法律监督权的公正行使，最有效的方法是对检察权行使的监督和制约，例如，强化国家权力机关对检察机关的监督，强化检察系统内部的监督和制约，以及加强新闻媒体和社会等的民主监督。

---

① 张智辉、谢鹏程主编：《中国检察》（第三卷），中国检察出版社2003年版，第424页。

（二）检察权的基本职能

1. 国家公诉权

（1）公诉权理论释义。公诉权的概念，起源于法国法的"action publique"，德国刑法学因受民事诉讼中诉讼权理论的影响，创立刑罚权"Strafklagerecht"的理论体系。由于法律文化传统的影响、对犯罪现象及其危害的认识不同，大陆法系国家对公诉权的含义也有着不同的认识。

在法国，公诉也称为"为适用刑罚之公诉"（《法国刑事诉讼法典》第1条），其目的是通过对犯罪行为人适用刑罚或保安处分，制裁给社会秩序造成混乱的行为，是一种具有公共利益性质的诉讼活动。公诉权是指代表社会提请法院追究被告人刑事责任的权利。社会通过其有资格的代表，也就是检察机关的司法官来进行公诉，在刑事诉讼中，检察机关是诉讼一方当事人，且始终是主要一方当事人。作为刑事诉讼的原告，检察机关是社会的代表，以社会的名义进行诉讼活动，其行使的是属于社会的诉权。[①] 在德国，公诉权有广义、狭义之分。狭义的公诉权仅指专属检察权行使的权力，侧重于提起公诉、发起审判的意义归属。广义的公诉权指国家公诉机关为承担控诉犯罪之公权力而具备的宽泛的职权。这个意义上的公诉权，则包含了公诉机关对犯罪活动进行侦查的权力以及在此基础上对案件作出是否提起公诉的处理的权力。[②] 另外，还包括提起公诉、支持公诉、在法庭上举证质证、质疑罪、求证刑等活动。

[①] ［法］卡斯东·斯特法尼、乔治·勒瓦索、贝尔纳·布洛克：《法国刑事诉讼法精义》（上），罗结珍译，中国政法大学出版社1999年版，第131—132页。

[②] 杨诚、单民：《中外刑事公诉制度》，法律出版社2000年版，第188—189页。

在我国，对于公诉权的概念，目前我国理论界观点纷呈，但总体上是大同小异，可归结出以下一些带有共性的特征：

第一，都认为公诉权是一种国家权力，是检察机关的法定职权。

第二，公诉权分为广义的公诉权和狭义的公诉权。广义的公诉权除了包括狭义的公诉权以外，还包括侦查权。私力救济在现代表现出来的不可能性和国家介入刑事冲突的优越性，使其逐渐向国家介入刑事冲突转化。公诉权产生和存在的正当性基础是犯罪侵犯了国家与社会的法益，国家委任检察官代表对其进行追诉。由国家专设的检察官对犯罪进行追诉，避免了私力救济模式下由单个社会个体按照各自方式来处理冲突的情形发生，使得整个社会按照统一的法律标准和方式来追究犯罪成为可能，① 能够有效实现国家的刑罚权和维护社会整体秩序以及保障公民权利。"公诉权系基于国家对犯罪行为的刑罚权而产生的诉讼上的刑罚请求权。"② 公诉权是国家实现刑罚权的重要手段。正义不仅应得到实现，而且要以人们看得见的方式加以实现。

第三，公诉权的犯罪追诉性。启动并监督对犯罪嫌疑人进行定罪并予以处罚的司法程序，追究被告人刑事责任，并借此以遏制犯罪为使命，其最终目标是维护公共利益。

第四，公诉权是一种司法请求权，包含程序性请求权和实体性请求权两个方面。程序性请求权指检察机关有权就刑事案件向法院提起诉讼，要求法院审理，从而开启刑事诉讼程序；实体性请求权指检察机关有权就公诉案件要求法院给出实体裁决方案和理由。公

---

① 王新环：《公诉权原论》，中国人民公安大学出版社 2006 年版，第 51 页。

② 卞建林：《刑事起诉制度的理论与实践》，法律出版社 1992 年版，第 124—126 页。

诉权本身不具备最终判定性和处罚性，其行使是为刑罚权的实现准备条件，它所包含的实体性要求只有通过审判才能最终实现，其实质是求刑权的一种具体表现形式。①

从以上特点可以看出，我国学术界虽然已经对公诉权的概念形成了较为统一的认识，但理性地看，目前这种认识在理论上还是比较浅层粗厄的，稍作审视便会发现很多疏漏和不足。

众所周知，公诉权是一种对犯罪的追诉权，公诉权是检察机关

---

① 在指涉此论的探求中，其中比较具有代表性的有以下一些观点：（1）公诉权即代表国家提请法院追究被告人刑事责任的权力，它有三种含义：第一，公诉权是一种国家权力，是公诉机关具有专属性的法定职责；第二，公诉权是一种司法请求权，它本身不具备最终判定性和处罚性，而是国家刑罚权实现的准备和条件，它的实体性要求只有通过审判才能最终实现；第三，公诉权是一种犯罪追诉权，以追究被告人刑事责任，遏制犯罪，恢复被破坏了的法律秩序为使命。（徐静村：《刑事诉讼法学》（上），法律出版社1997年版，第220页）（2）公诉权是国家赋予检察机关代表国家提起公诉，追究犯罪的专有权力，是检察权的重要组成部分。检察机关通过审查决定起诉、提起公诉和支持公诉来行使公诉权。公诉权不仅具有国家追诉的性质，也具有法律监督的性质。（张穹：《人民检察院刑事诉讼理论与实务》，法律出版社1997年版，第14—15页）（3）公诉权是国家主动对犯罪进行追诉的一种刑罚请求权。具体内容包括：国家公诉机关对被怀疑有犯罪行为的嫌疑人进行审查，对于不需要或不应提起公诉的犯罪嫌疑人决定不起诉，认为犯罪嫌疑人符合一定条件且有必要进入审判程序时，决定向法院提起公诉。（赵永红：《公诉权制约研究》，载《中央政法管理干部学院学报》1999年第4期）（4）公诉权是指国家主动对犯罪分子进行追诉的权力，即国家在刑事诉讼中行使的诉权。它是国家以法律形式赋予公诉机关代表国家并依照法律规定所行使的诉权。（杨诚、单民：《中外刑事公诉制度》，法律出版社2000年版，第188—189页）（5）公诉权是法定的专门机关代表国家主动追诉犯罪，请求审判机关对犯罪嫌疑人予以定罪并处以刑罚的一种诉讼权力。其实质是在特定的犯罪案件中，国家垄断行使对犯罪行为的控告权。这种权力不具有实体处分的性质，仅仅是一种请求权。（徐鹤喃：《公诉权的理论解构》，载《政法论坛》2002年第6期）

代表国家或政府对违反法律的行为提起控诉并在审判中出庭支持其主张的权力，包括刑事公诉权、民事公诉权和行政公诉权。根据法律规定，检察机关的公诉权包括决定（不）起诉权、提起公诉权、支持公诉权、抗诉权。目前，我国为了推进公诉改革，增加公诉权的公正性和透明度，更好地维护当事人的合法权益，建立起符合现代诉讼制度和司法实践的公诉制度，全国检察系统正在推行主诉检察官办案责任制、不起诉公开听证制度、庭前证据开示制度等一系列制度。

公诉权的属性主要是在刑事诉讼程序中体现和反映出来的，我国法律对刑事公诉权方面的规定比较完善，有些学者认为公诉权是纯粹的刑事诉权，笔者认为，这是不确切的。虽然刑事公诉权一直是检察权的一项最基本的权力，但不能就把公诉权等同于刑事公诉权。从目前的法律规定来看，检察机关只有对刑事案件提起公诉的权力。纵观世界上检察权的发展趋势，随着社会生活的复杂化，经济生活的全球化，权利概念由"个人本位"向"社会本位"转化，国家为了保证能在激烈的全球竞争中立于不败之地，维护社会的整体利益，对社会、民事、经济及其他事务的干预就有了理论基础和实践必要。检察机关成为公益代表人的最佳人选，开始代表国家广泛地干预涉及国家、社会利益和公民重大权益的民事、经济、行政及其他社会事务。[①] 随着我国法制建设的发展和不断完善，也应当增加检察机关对涉及国家利益或者公众利益的民事案件和行政案件提起公诉的权力。如国有资产流失的诉讼、环境污染公害的诉讼、破坏社会主义经济秩序的诉讼、保护弱势群体特别是农民工合法权益的诉讼等。

（2）对完善我国公诉权的构想。公诉，是检察权最为人们所

---

① 宋英辉、郭成伟主编：《当代司法体制研究》，中国政法大学出版社2002年版，第184页。

敬畏的公权运行形态，也是维护法律尊严打击犯罪不可或缺的法定程序。在和谐司法与以人为本的司法主题下，我们应当在检察职能权力范围内，积极作一些创新性尝试和构想，笔者以为应该先从两个方面尝试：

一是适度扩大酌定不起诉的范围。日本自明治时代即开始确立"微罪不检举"的起诉裁量制度，并在之后确定了起诉便宜主义原则。通过我国《刑事诉讼法》第141条和第142条第2款的规定①我们可以得知，我国对犯罪行为的追诉，采用了在坚持起诉法定主义原则的前提下，实行一定程度的起诉便宜主义。近年来，我国的刑事犯罪虽呈高发态势，但除部分对公民权利及社会公益造成了严重损害的恶性刑事案件外，绝大部分仍属较为轻微的刑事案件。为了防止刑罚过于滥用，导致司法资源的过度浪费，以及带来的各种监管问题，扩大酌定不起诉的范围，就显得尤为重要而且势在必行。

二是增设暂缓起诉制度。所谓暂缓起诉，是指检察机关对犯罪嫌疑人暂时不予起诉，要求其在一定期限内履行一定义务，如果犯罪嫌疑人在规定期限内履行了规定的义务，检察机关就不再对其起诉，诉讼程序随之终止；如果犯罪嫌疑人在规定期限内不履行规定的义务，检察机关就要对其进行起诉，请求法院追究其刑事责任。② 暂缓起诉作为一种介于起诉与不起诉之间的缓冲程序，在日本、德国等国家已有明文规定，在我国尚无制度可循，但在地方司

---

① 《刑事诉讼法》第141条规定："人民检察院认为犯罪嫌疑人的犯罪事实已经查清，证据确实、充分，依法应当追究刑事责任的，应当作出起诉决定，按照审判管辖的规定，向人民法院提起公诉。"第142条第2款规定："对于犯罪情节轻微，依照刑法规定不需要判刑或者免除刑罚的，人民检察院可以作出不起诉决定。"

② 毛建平、段明学：《暂缓起诉若干问题研究》，载《人民检察》2004年第6期。

法实践中已有尝试并取得了良好的社会效果。鉴于目前我国的司法体制尚待完善、检察工作人员的总体素质偏低等情况，为充分发挥暂缓起诉的积极作用，在我国确立暂缓起诉制度的前提下，将其限定在未成年人犯罪案件处理的范围内较为妥当。将暂缓起诉限定在未成年人犯罪案件中，主要是基于两个方面：一方面，此类案件本身具有一定的特殊性，在暂缓起诉期间可以通过家庭、学校、社区等多渠道对其进行考察、监管，不至于缓而不管；另一方面，鉴于目前我国司法体制尚未完善等客观因素，将其限定在较小的适用范围内，可避免裁量权的滥用以及外部因素干预司法独立。

综上所述，对国家公诉权问题的思考和改革构想，在进一步完善适度扩大酌定不起诉的范围和增设暂缓起诉制度的基础上，还有必要做好两个方面的努力：第一是改革公诉审查制度。法院收到起诉意见书后，应通知被告人，并对案件是否符合起诉在实体和程序两方面进行全面审查。对于不符合起诉的案件，审查法官有权利予以驳回。若被告人对起诉没有异议，提出不审查公诉的申请，审查法官可以对公诉不进行审查，只做一些必要的程序性准备工作，然后将案件移交庭审法官即可。在这里，我们可以构想一个独立于审判庭等机构的司法审查庭，对公诉和被害人不服检察机关不起诉的申请进行审查。第二是完善对撤回起诉的司法审查。法院在审查检察机关撤诉时，应主动听取被害人、被告人对撤诉的意见并审查这种意愿是否处于自愿。若案件已开庭审理，法院在必要时可以让公诉人、被告人、被害人就是否撤诉进行辩论，最后作出是否准许撤诉的裁定。

2. 公务犯罪侦查权

新中国的检察机关在创设之初，就由 1954 年的宪法赋予了检察机关侦查权，但对具体的侦查范围没有明确的规定。1963 年，公安部、最高人民检察院和最高人民法院制定了一个受理普通刑事案件的职责范围的施行规定，粗略地划分了公安机关和检察机关侦查管辖的范围。1979 年颁布的《刑事诉讼法（试行）》，规定了检察机关侦查管辖的案件，主要是国家机关和企业、事业单位人员实施的职务犯罪案件。1996 年刑事诉讼法修改了检察机关直接立案侦查的案件范围，限定在为从事公务的人员实施的与职权有关的犯罪。这样，检察机关侦查的案件全部属于公务人员的犯罪案件，因此，检察机关的侦查权也就可以称为"公务犯罪侦查权"。

对于公务犯罪概念的界定，由于研究者的着眼点和侧重点不同，职务犯罪的概念并不统一。有的观点认为，公务犯罪是"国家工作人员和其他在社会团体、企业、事业单位中依照法律、法规或者组织章程等从事公务的人员，在履行职责过程中，利用职务上的便利条件，或者滥用职权，或者不正确履行职权所实施的违背职责要求的依照刑法规定应受刑罚处罚的行为的总称"。① 也有学者认为，公务犯罪是"具有一定职务身份的人故意或者过失地实施了与其职务之间具有必然联系的、侵犯了国家管理公务的职能和声誉，致使国家和人民利益遭受重大损失的各种犯罪的总称"。② 在本书中，笔者的观点为：公务犯罪指的是相对狭义的一种含义，公务犯罪侦查也针对狭义而理解的侦查，主要包括人民检察院依据刑事诉讼法的规定，对自行立案侦查的国家工作人员利用职务之便实施的贪污贿赂、挪用公款等职务犯罪的侦查活动，以及对国家机关工作人员涉嫌渎职侵权等犯罪的侦查活动。根据对我国现有检察机关侦查权案件范围的规定和公务犯罪的含义理解，公务犯罪侦查权可以这样解释：即公务犯罪侦查权是指检察机关在办理从事公务的人员实施的与其职权有关的犯罪过程中，为了查明事实、收集证

---

① 何秉松主编：《职务犯罪的预防与惩治》，中国方正出版社 1999 年版，第 4—5 页。

② 裘树祥主编：《职务犯罪侦查》，中国检察出版社 2002 年版，第 1 页。

据、查获犯罪嫌疑人，依照法律规定或授权，采取法定的侦查措施和方法所行使的一种司法调查权。

公务犯罪侦查权，一直是法学家和检察实务工作者关注的焦点。我国现存的侦查权制度，已经发挥了巨大历史作用，但随着我国深入开展廉政风暴反腐败斗争的需要，职务犯罪侦查权本身所具有的内在缺陷，影响和制约着侦查效能的充分发挥，为了适应它的未来使命，加强侦查权力的法治化规范化建设，又需要进行深刻的变革。"一个法律制度尽管具备了这样一种精心制定的包容性规则体系和吸纳挑战机制，它还必须面对更为激烈的社会现实的挑战"。① 对职务犯罪侦查权进行改革，可以走制度改革的道路。没有制度化作为保障，再轰轰烈烈的权力模式改革，都有可能半途而废，改革成果难有保障。邓小平说过，只有制度才靠得住。进行侦查权的法治化改革和建设，需要统一侦查法治、改革侦查法律规范、完善侦查程序等方面，全力以赴，做好制度设计上的变革准备。

3. 逮捕权

逮捕权是检察权系统中的一个重要的子权力，而检察机关的逮捕权是指在刑事诉讼中批准或者决定逮捕犯罪嫌疑人的权力，即对公安机关侦查案件的批准逮捕权和对检察机关自侦案件以及在审查起诉阶段案件的决定逮捕权。逮捕犯罪嫌疑人是一项最为严厉的刑事强制措施，各个国家都设立相应的制度防止逮捕权的滥用。我国《宪法》第37条第2款规定："任何公民，非经人民检察院批准或者人民法院决定，并由公安机关执行，不受逮捕。"《刑事诉讼法》第66条规定："公安机关要求逮捕犯罪嫌疑人的时候，应当写出提请批准逮捕书，连同案卷材料、证据，一并移送同级人民检察院审查批准。"根据法律规定，逮捕权是人民检察院的一项重要的权

---

① ［日］千叶正士：《法律多元：从日本法律文化迈向一般理论》，强世功等译，中国政法大学出版社1997年版，第51页。

力事项。从长期实践情况来看，检察机关行使批准、决定逮捕权较好地达到了监督、制约侦查的效果，也符合检察机关作为法律监督机关的性质。通过行使逮捕权这一重要途径，检察机关可以发现公安机关立案不当及侦查活动中的违法行为，履行立案监督与侦查监督的重要职责。

但同时我们也知道，检察机关在刑事诉讼中不仅享有批捕权，同时还要承担着支持控诉的职能，新刑事诉讼法庭审方式的改革，又加大了检察机关的举证力度，再加上与侦查机关存在的法定相互配合关系，使得检察机关往往将批准逮捕作为收集证据、侦破案件的快捷途径。在这种情况下，被法律预设为法律监督机关的检察机关在批捕的过程中本应秉持的中立地位遭到破坏，导致原有制度设计时所希望达致的权力制约权力的目标难以很好地实现，因而逮捕的权力依然有被滥用之虞，公民正当的权利也面临遭致权力侵害的风险。因此，在我国也有学者主张应当由法院行使审查批捕权，但这种观点也有明显的弊端，那就是容易造成批捕权与审判权合二为一，最终会产生未审先判的恶果。因为我国毕竟不同于西方国家，其逮捕权由法院行使，并且拥有分工更为细密的法院，虽然同属法院，在司法系统中却细分为治安法官和审判法官，批捕权由治安法官行使，审判权则由审判法官行使，实际上逮捕权和审判权也是分离的。而若适用在我国，由于我国没有实行治安法官和审判法官相互分离的制度，把逮捕权交给法院行使，实际上必然导致批捕权与审判权合二为一，导致运动员与裁判员身份混同，最后危害司法的公正和权威。

当然，理性地考量中国大司法的现实，最切合实际的做法当是将批捕权继续交给检察院行使，在将逮捕权继续交给检察机关行使的同时，在制度上可以作如下设计：第一，加强犯罪嫌疑人及其辩护人的防御性权利，同时，赋予其合理的申诉救济权，使检察机关的批准逮捕决定具有可救济性。"无救济则无权利"，我国现行逮捕制度中存在被逮捕人权益容易受到侵犯的情形，比如超期羁押问题产生的部分原因，就是因为被逮捕人没有相应的救济手段，这与救济途径的缺失存在很大的关系。在刑事诉讼法再修改时，应当允许犯罪嫌疑人及其辩护人通过诉讼途径，请求法院审查检察机关逮捕权行使情况。第二，赋予犯罪嫌疑人辩解权，使得检察院不单单依据公安机关报送的书面材料就决定是否批捕，同时，应当加强律师在审查批捕阶段的介入力度和诉讼权利，并且使得律师的诉讼权利得到真正落实。公正的程序应当是一个参与的程序，通过犯罪嫌疑人对自身案件的参与，可以使得检察院在批捕时能够做到兼听则明。① 第三，加强国家赔偿力度，从而有效制约检察官为胜诉而滥用批捕权可能侵犯犯罪嫌疑人人身权利的行为。

总而言之，在中国，简单地主张将批捕权交给检察院或是法院行使，并不能触及问题的真正症结。笔者认为，根据现行的整个司法体制，无论由检察院行使批捕权还是由法院行使批捕权都会产生相同的弊端，而这主要是因为在原初的制度设计和权力配置上，我国的法律并不能保证检察院或法院扮演好双重角色。在这种情况下我们所能做的，只能是在体制的框架下做些力所能及的修改和完善，即便是难以有更多的突破，但也不失为一种解决问题的过渡性方案。

4. 诉讼监督权

诉讼监督包括刑事、民事、行政三大诉讼监督，是法律监督最重要的内容之一。诉讼监督权也是建立在这三大诉讼活动上所实施的监督权，具体包括刑事诉讼监督权、民事诉讼监督权和行政诉讼监督权。

根据现有法律的规定，我国的检察权在刑事诉讼监督权方面，主要表现为下列权力：（1）立案、撤案监督权。根据《刑事诉讼

---

① ［美］亨利·罗伯特：《议事规则》，王宏昌译，商务印书馆1995年版。

法》第 87 条的规定，人民检察院认为公安机关对应当立案侦查的案件不立案侦查的，或者被害人认为公安机关对应当立案侦查的案件而不立案侦查的，向人民检察院提出的，人民检察院应当要求公安机关说明不立案理由；认为不立案理由不能成立的，应当通知公安机关立案，公安机关接到通知后应当立案。检察机关既然拥有侦查指挥权，当然就应全面了解掌握侦查机关的立案、撤案情况。因此，侦查机关应把全部发案、破案和立案、撤案情况向检察机关通报，检察机关也可主动了解咨询。（2）侦查活动监督权。根据法律规定，检察机关若发现侦查机关的侦查活动存在违法情形的，例如失当的逮捕以及搜查、扣押、冻结等人身强制措施和侦查措施限制或剥夺公民的人身自由和财产权，对公民的合法权益造成侵害的，应当通知侦查机关纠正，同样，侦查机关采取逮捕和搜查、扣押、冻结等侦查措施都应由检察机关审批，拘留须长达 30 日的也应由检察机关审批。（3）审判监督权。刑事审判监督权包括两个方面：一是人民检察院发现人民法院审理案件违反法律规定的诉讼程序，有权向人民法院提出纠正意见；二是发现人民法院的判决、裁定确有错误的，依法提出抗诉。（4）执行监督权。刑事诉讼法虽然也明确规定了人民检察院对执行死刑的临场监督，对暂予监外执行的监督，对减刑、假释的监督的具体程序和措施，但由于现行法律关于检察机关在执行监督工作中对违法行为监督手段的规定过于空泛，加之当前公检法之间还没有建立起快速高效的信息流通渠道，导致监督无力。因此，需要通过立法完善相关诉讼程序，并赋予检察机关必要的监督手段。

在民事诉讼监督权、行政诉讼监督权方面，检察机关有权在提起和参与诉讼的同时，对包括法院认定事实和适用法律及受理、立案、审理、调解、判决、裁定、决定、执行等各个环节在内的整个诉讼的实体和程序进行全方位监督。

5. 公益诉讼权

对于公益诉讼的定义，我国现行法律中并无具体规定，迄今为止，学术界对此也没有明确统一的学理界说。我国诉讼法律规定了共同诉讼、代表诉讼和代理诉讼等类型，但并没有从诉讼的效果或诉讼的目的上来划分出公益诉讼和非公益诉讼。笔者认为，所谓公益诉讼，是在公共利益原则保护下，指特定的国家机关和相关的组织、个人，根据法律的授权，对违反法律法规而侵犯国家利益、公众利益和社会利益的行为，向法院提起诉讼，由法院依法追究其法律责任的活动。理解公益诉讼权，主要把握以下几个方面的内容①：

——公益诉讼是与私益诉讼相对而言的。私益诉讼是因保护公民、法人的合法民事权益而引发的诉讼，而公益诉讼则是因保障公共利益而引发的诉讼。前者是保护个人所有权利的诉讼，仅特定人才可提起；后者是保护社会公共利益的诉讼，除法律有特别规定外，凡国家机关、集体和个人均可提起。

——公益诉讼包括公益公诉和公益私诉。公益诉讼不等于公诉，私益诉讼也不等同于私诉，公益诉讼既可以由国家授权的检察机关和行政机关代表国家提起公诉，又可以由利害关系人以国家授权机关的名义或以个人的名义提起公诉或私诉。公诉是指国家检察机关或行政机关代表国家对违法行为人提起的诉讼，以追究其必须由法院依法确定的法律责任；私诉是指由受害人或利害关系人就他人的加害或违法行为向法院提起诉讼，以消除妨碍或者获得赔偿。

——公益诉讼应当包括公益民事诉讼和公益行政诉讼。公益民事诉讼是指特定的国家机关和相关的组织、个人，根据法律的授权，对违反法律法规侵犯国家利益、公众利益和社会利益的民事行

①　黄滨、卞飞：《赋予中国检察机关公益诉讼权初探——也谈当前检察制度改革的方向》，载《法制建设》2003 年第 9 期。

为，向法院提起民事诉讼，由法院依法审理并作出判决的活动；公益行政诉讼则是指特定的国家机关和相关的组织、个人，根据法律的授权，对有关行政主体违反法律法规侵犯国家利益、公众利益和社会利益的行政行为，向法院提起行政诉讼，由法院依法审理并作出判决的活动。

公益诉讼制度是保护国家利益、社会公共利益极为有效的司法救济途径，这已为世界许多国家的实践所检验，也在某种程度上成为人类防范不法侵害的共同经验。因为在实践中，危害公益的行为往往因为受害主体的广泛性，使得特定个体不愿意积极防卫和寻求救济（任何防卫和救济都同样需要成本），在侵权行为客观存在而权利救济主体缺失的情况下，作为国家利益和公共利益的天然代表者，检察机关也就同时具备了提起诉讼的必要性和可能性。换句话说，检察权对那些危害公益的行为进行有力的纠偏和干预，并依法保护国家、集体的合法权利，这既是国家检察权对国民应当履行的义务，也是一种基于法律监督职责而应当独享的权力。

（三）检察权的实现方式

1. 调查权

检察机关基于在一定范围内进行调查，以寻找案件真相的需要，法律乃赋予检察机关以调查权，因此，调查权是检察权的一个重要组成部分。当然，即便检察机关拥有调查权，也不得超出法律为其设定的藩篱。调查权的行使，应该在法律规定的范围内来发挥其正义之臂的力量。由于我国宪法和人民检察院组织法都明确规定了我国检察机关是法律监督机关，检察机关的内在要求和外在表现都是为了保障统一的法律的实施和运行，所以，检察机关的调查权范围也要在保障法律统一实施的需要范围内行使。

在我国，检察机关的调查权有三种：案件受理权、直接调查权和间接调查权。案件受理权，指的是依法接受国家机关、社会团体、个人的检举、举报、控告、申诉以及从其他机关依法移送的案件或者案件线索的权力。直接调查权指的是根据国家机关、社会团体、个人的检举、举报、控告、申诉以及了解到的事实情况，认为可能有违法行为发生而采取的自行调查的权力。间接调查权指的是由于检察机关处理刑事案件的人力、财力、物力的有限性以及侦查工作的复杂性和专门性，检察机关不能直接进行调查的，将部分刑事案件的侦查交由其他侦查机关来进行的权力，比如在监狱内犯罪的案件由监狱负责侦查，军队内部发生的案件由军队负责侦查等。

直接调查权与间接调查权，在法制健全的国家是有法律明确界分并予以明文规定的。总体上是由司法资源的具体配置、该国该时期的案件状况等因素决定的，但也并非完全绝对，这种区分也可以具有一定的相对性。犯罪的侦查权由专门侦查机关或是由检察机关来行使，可以根据实际情况来调整，不是一成不变、固定化的。其中，侦查权到底如何分配，这当然还要通过法律加以具体而明确的规范，以防止两者在具体行使侦查权时产生冲突。

我国宪法和人民检察院组织法都明确规定，人民检察院独立行使检察权，但除了刑事诉讼法规定人民检察院有权对职务犯罪进行侦查之外，其他法律没有规定检察机关的调查权。检察机关会在调查某些审判机关在审判活动中的违法审判行为时，由于审判机关的不予合作，不提供相应的证据材料时，检察机关往往陷入尴尬的境地，难以举起正义之矛，刺破妨碍司法公正的面纱。另外，随着社会的快速发展和科学技术的日益发达，在实践中，犯罪的智能化越来越明显，科技含量越来越高，由于检察机关侦查手段或是技术手段的落后等不利因素而往往不能顺利查办案件。

如何保障检察权的有效行使，法律的完善是根本方法。法律可以从三个方面来完善：一是赋予检察机关对特定事项的一般调查权。检察机关可以根据法定职责行使属于检察机关职权范围内的事项，有权自主进行一般性调查。二是赋予检察机关专门性侦查手段的权力。可以拥有对犯罪嫌疑人采取刑事强制措施和适用技侦手段规定调查对象接受调查的手段的权力。三是规定调查对象接受调查的义务。调查对象不得推脱，应与检察机关合作，配合调查，如实提供相应资料。①

2. 调取案卷、证据权

根据《人民检察院刑事诉讼规则》第186条的规定："检察人员可以凭人民检察院的证明文件，向有关的单位和个人调取能够证实犯罪嫌疑人有罪或者无罪的证据材料，并且根据需要拍照、录像、复印和复制。对于涉及国家秘密的证据，应当严格保守秘密。"该规定表明，检察机关有调取证据的权力。

检察机关在诉讼中的运行程序上看，存在有关诉讼法法律关系不顺的问题。② 其中，检察机关在调取案卷进行取证方面存在的困难尤为突出。首先是调取原审案卷材料难。在调卷问题上，虽然国家档案局、最高人民检察院和最高人民法院原来已作出较为明确具体的规定，允许三家为办案而相互调卷，但现行最高人民法院和最高人民检察院两家就此问题解释不一致，结果法院往往以有文件规定不准调卷只准阅卷为由而予以拒绝。解决问题的办法是，目前只能寄希望于法院出台无正当理由不得拒绝检察机关调取案卷材料的规定。

其次是调取证据难。虽然有法律规定了检察机关有一定的调取证据材料的权力，但现实中，仍会有调取证据的困难。民事诉讼法

---

① 张智辉：《论检察机关的调查权》，载《国家检察官学院学报》2006年第1期，第65—67页。

② 参见邓晔：《论我国民事诉讼中的检察权》，湘潭大学2003年硕士学位论文。

规定了检察院可以就四类案件提起抗诉①，但是要提起抗诉，且不说要参加法庭的审判活动才能了解具体情况，至少检察机关也要获得相应证据才行，然而民事诉讼法中未明确规定检察机关的调取证据职责及相应的强制措施，从而造成了实践中的取证难，这不可避免地影响了检察机关在民事案件抗诉上的应有作为。

3. 核实证据权

查明证据是否确实、充分，这是审查起诉中的关键内容。现代刑事诉讼是建立在"证据裁判主义"的基础之上，因此，检察机关提起公诉，须以必要证据的掌握为基本前提，否则不但没有获得对提起诉讼的确认，而且会缺乏诉讼进行的条件。我国刑事诉讼法第42条规定了证据的概念，即证据是指"证明案件真实情况的一切事实"，也明确了刑事诉讼中的7种证据种类，并且在后面紧跟着加以明确限定："以上证据，必须经过查证属实，才能作为定案的根据"，这就强调了收集到的证据须经核实后才能作为定案的根据。行文到这里，不得不说，刑事诉讼法的证据定义是有矛盾之处的。既然证据都是真实的事实，不属实的东西都不是证据，还有什么必要去查证属实呢？② 笔者认为，对我国刑事诉讼法中"证据"一词使用不当之处加以修改，把该法第42条第2款和第3款中的"证据"改为"证据材料"，这样庭审时由于表述矛盾而造成的不必要的争辩也会少些。检察机关对证据进行核实要求公诉人按照唯物辩证法的观点，从实际出发，实事求是对证据进行认真、全面的

① 我国《民事诉讼法》第185条对抗诉的法定事由总共规定了4种情形，即：（1）原判决、裁定认定事实的主要证据不足的；（2）原判决、裁定适用法律确有错误的；（3）人民法院违反法定程序，可能影响案件正确判决、裁定的；（4）审判人员在审理案件时有贪污受贿、徇私舞弊、枉法裁判行为的。

② 刘建柱主编：《检察实务疑难问题研究》，中国检察出版社2004年版，第118页。

调查、收集、验证，办案人员在调查、收集、验证的基础上对证据的合法性、真实性、相关性及证据的证明力作出的判断和确认。当然，在核实证据过程中要特别注意审查证据材料的合法性。暗示、诱导、刑讯逼供等都是"非法证据"收集的手段，其获取的证据都不具有法律效力，不符合起诉标准的要求。因为毒树之花，结出的是毒树之果。如果侦查活动违反了刑事诉讼程序，就将会影响到所收集到的证据的客观性和证明效力。同时，在证据核实过程中，也要注意核实证据的相关性。依据《刑事诉讼法》第 46 条之规定，在未收集到其他合法有效证据的情况下，现有证据不能印证，不符合起诉的标准，所获得的证据不能作为定案依据。另外，值得注意的一种情况是，如果证据之间过分一致，没有任何矛盾甚至毫无差异，这类案件就不符合客观实际，很可能有虚假成分，如当事人之间串供造成的供、证完全一致。在这种情况下，一定要核实证据的真实性。通过耐心细致的分析、专业的核实技术、有针对性的询问等，检验所获得的证据是否真实，以达到去伪存真的目的。

4. 检察建议权

检察建议权，是指检察机关在办案过程中，发现公安机关、人民法院的司法活动中有违法行为的，或者其他机关、单位在管理上有问题或是有违法行为的，向有关机关、单位提出纠正意见或改进建议的一项权力。这里所讲的检察建议权，不是一般意义上的建议权，而是由检察机关作出的某种有针对性的具体建议的权力，具有国家权力的特征，代表的是一种国家的权力。具体而言，检察建议权，实际上是检察机关本着一定的社会责任感，希望能防患于未然，在办案中消除有违法律正确实施但尚未造成法律责任的妨碍，是检察机关全面履行检察权的一种手段。

检察建议权的行使主体，只能是特定的，也就是只能由检察机关来行使。代表国家权力的特定行使主体所享有的权力也是由立法规定的，只有在法律明确授予时才可获得，而且，这种权力是具有排他性的，一旦国家最高权力机关把权力通过立法形式赋予检察机关，那么检察机关就专门享有该权力。但这种权力的行使也不是不受限制的，而是必须基于一定的事实根据，基于特定的对象，而且确有必要时才可行使。任何权力都应当是有限的，在其必要的范围内有秩序地行使，才能防止权力滥用，也才可以防范各方利益失衡。同时，对检察建议权的提出也要规定一个框架，检察建议权的提出必须要遵循一定的程序规则，使其有序进行。虽然检察建议权或检察建议文书有一定的强制力，但是，这种强制力还是显得比较脆弱。相对于其他国家权力来说，它只是"建议"而不是"命令"，但它的行使还是应当由一定的权力程序来促使被建议对象实施或不实施某种行为。否则，没有强制性的保护，被建议对象接受建议时，它发挥作用，不接受时，它就是一纸空文。现实中，往往后者居多，检察机关的建议被抛之脑后，使检察建议失去了实际意义，并且造成了司法资源的浪费，同时对检察机关的形象和威信也有所影响。当然，被建议对象也可以拒绝检察机关的建议，但需要在认真考虑过后决定不采纳检察机关的建议的，必须及时回复并说明理由，否则将承担相应的法律责任。被建议对象在一定时期内作出拒绝接受建议的回复，认为检察机关的建议不当的，在一定时间内向作出该建议的检察机关要求撤销或者向其上级主管机关申请复议。若作出该建议的检察机关或其上级主管部门坚持该建议，那么被建议对象还是应当按照检察建议来认真改进自己的工作。①

5. 更换承办人建议权

检察机关作为法律监督机关，对于办案人在办理案件中严重违法，虽不构成犯罪但如继续承办案件可能影响对案件公正处理的，可以建议更换案件承办人，有关部门应当进行调查并作出必要处

---

① 张智辉：《论检察机关的建议权》，载《西南政法大学学报》2007 年第 4 期。

置。根据法律规定，人民检察院对刑事诉讼、民事审判和行政诉讼是否合法实行监督，但检察机关多年来的相关实践表明，由于相关法律规定的不明或是制度不完备等原因，检察机关履行监督职责面临不少的困难。2005年，最高人民检察院发布《关于进一步深化检察改革的三年实施意见》，其中提出的建立检察机关更换承办人建议权制度，无疑是强化检察机关法律监督职能和监督手段的重要举措。更换承办人建议权既可以做到以人为本，更好地保护当事人的合法权益，又能使对违法办案的刑事、行政制裁相衔接，使检察机关法律监督手段更完备，因此，高检院在上述《意见》中，提出了探索建立检察机关发现司法工作人员在立案、侦查、审判和执行中有渎职行为或其他影响公正办案情形的可以建议有关部门更换办案人员的制度，但实际效果却差强人意。其中，监督手段的不足，监督效力缺乏保障，是影响检察机关履行监督职责面临不少现实困难、影响检察机关法律监督效能的重要原因之一。为了贯彻司法体制改革应强化检察机关法律监督职能的要求，笔者认为，应当赋予检察机关更换违法办案人的处置建议权，以强化法律监督的效力。

首先，建立检察机关更换承办人建议权制度，是强化法律监督的重要手段。检察机关是法律监督机关，通过法律监督，保障国家法律的统一正确实施，保障当事人的合法权益，这是检察机关的法定职责。为了保障法律的规定得到真正落实，真正体现检察机关的法律监督权，应赋予检察机关必要的监督手段。根据我国刑事诉讼法的规定，检察机关可以针对诉讼违法行为向公安机关和人民法院等办案机关提出纠正意见，但这仅仅是对办案单位，而没有明确指出是对渎职或其他影响办案公正的承办人提出，缺乏相应的追究和制裁手段。这不仅不利于及时纠正违法行为，保障当事人的合法利益，也影响了检察机关的权威和法律监督的效果。有观点认为，在司法实践中，检察机关发现承办人员在办案时有渎职或其他影响司法公正的行为时，可以立案侦查，没有必要建议更换承办人。但笔者认为，更换承办人建议权和立案侦查是两种不同性质的监督手段。前者是建立在承办人具有渎职或其他影响公正办案的行为但尚未达到犯罪的情形，具有的只是对承办人的办案权进行剥夺的行政处分建议，而后者则启动了刑事诉讼的程序，追究承办人的刑事责任，当然，这一过程中承办人的办案权也自然会被剥夺。但立法侦查不能适用于对所有的违法行为的监督上，故赋予检察机关相关建议权，以补充立案侦查尚不能涉及的范围，充分保证检察机关的法律监督权有效行使。在任何情况下，我们绝不能用刑事手段代替行政手段解决一般违法的问题。对尚未涉嫌犯罪的承办人可以提出更换建议，这将使得检察机关的法律监督手段更加完备。

其次，建立检察机关更换承办人建议全制度，是当事人回避请求的保障与补充。我国三大诉讼法规定，当事人认为审判人员、检察人员、侦查人员具有可能影响案件公正处理情形的，可以依法申请其回避。而对于承办人在办案过程中，违反法律规定，不认真、不公正地履行职责或怠于甚至是不履行职责的情形，却没有在当事人申请回避的法定情形之内，而且这也是当事人申请回避制度所不能解决的问题。如果对此不加以重视，则很有可能导致案件得不到公正的处理，损害当事人的合法权益。所以，当发现有上述情形的，检察机关就可以行使更换承办人建议权来要求更换承办人，在当事人不知或不敢申请、或申请被驳回的以及影响案件公正处理的情况下，检察机关应以人为本，维护司法公正和保障当事人的合法权益，对该类违法情形予以监督纠正，建议更换承办人。

具体而言，结合我国刑事法律制度的特点和司法实践的现状，笔者认为，构建检察机关更换办案人建议权制度时应重点考虑如下几点：第一，检察机关发现办案人渎职或者其他可能影响公正办案情形的主要信息来源途径。诸如接受当事人的控告和人民群众的检举；或是审查逮捕和审查起诉过程中发现；或监所检察部门在履行监督职责中发现；或上级机关和领导交办等。第二，检察机关更换办案人建议是附条件的，而不应该是无条件的。诸如在刑事诉讼过程中，只有在立案、侦查、起诉、审判和执行过程中，才能提出更换办案人建议，而且还应该是发现办案人有渎职等行为，只有检察机关发现司法人员有渎职或其他可能影响公正办案的情形，才能提出。因为建议提出的机关只能是检察机关，更换办案人建议权是强化法律监督的重要手段和职能，只有检察机关在履行法律监督职能的过程中才有权提出。其他人员包括律师、当事人及其亲属等均无此权利。

值得注意的是，在更换办案人建议权的提出与受理程序上，检察机关还应当要把好两个关口，不能恣意妄为。一方面，更换办案人建议的提出，只要是检察机关发现司法人员在立案、侦查、起诉、审判和执行过程中有渎职和其他可能影响公正办案情形，就可以采取向相应机关发出《检察建议》、《检察意见书》、《纠正违法通知书》等形式提出。另一方面，在如何受理上也要有程序上的制度规范，受理是指相应机关收到检察机关更换办案人建议后，应立即进行审查，确认办案人违法事实是否存在。接下来依照程序便进入对更换办案人建议处理阶段，相应机关通过对检察机关更换办案人建议的审查，认为办案人确实存在检察机关指出的违法行为，就应依法作出更换办案人的决定；如果认为不存在应当更换办案人的违法行为，就应当在法定期限内向检察机关书面反馈意见，并作出不予更换的意见书报送检察机关；再则，如果有关机关不接受检察机关意见的，检察机关可提请上一级检察机关向该机关的上一级机关提出纠正意见，该机关的上一级机关应将处理情况在法定期限内书面通知同级检察机关。① 总而言之，笔者以为可以司法体制改革为契机，修改相关的法律，明确检察机关更换承办人建议权，进

---

① 邓禹：《检察机关更换办案人建议权之我见》，载 http://www. sinolaw. net. cn/shequ/yuanchuang/2007315162501. htm。

一步强化检察机关的法律监督手段和能力。

6. 刑罚执行监督权

刑罚执行监督权，指的是人民检察院对刑罚执行机关执行人民法院已经发生法律效力的刑事判决、裁定的活动所实行的法律监督。① 刑罚执行监督是检察机关在整个刑事诉讼过程中进行法律监督的最后一个环节，也是保障刑事裁判得以公正、完整、科学、有效实施的关键。随着依法治国进程的推进，我国的刑罚执行监督制度有一定的先进性，但并非都能保证监督的效果，刑罚执行监督秩序仍需改善和提高。法律明确体现了刑罚执行监督权的法律渊源②，刑罚执行监督是检查监督的重要组成部分。实现对刑罚执行权的制约，是检察机关行使法律监督权的维护法制统一有效公正的制度目标。在法理基础上，刑罚执行监督的理论渊源来自检察监督的理论。检察权和检察制度的理论基础可以概括为法律监督论、分

① 石秀丽：《论我国刑罚执行监督制度》，载《国家检察官学院学报》2005 年第 4 期。

② 《中华人民共和国宪法》第 129 条明确规定："中华人民共和国人民检察院是国家法律监督机关。"1996 年 3 月 17 日第八届全国人大第四次会议修订的《中华人民共和国刑事诉讼法》第 8 条规定："人民检察院依法对刑事诉讼实行法律监督"；第 224 条规定："人民检察院对执行机关执行刑罚的活动是否合法实行监督。"《刑事诉讼法》第 215 条、第 222 条还分别规定人民检察院有权对罪犯的暂予监外执行、减刑、假释不当的依法提出纠正意见。1990 年 3 月 17 日国务院颁布的《看守所条例》第 8 条规定："看守所的监管活动受人民检察院的法律监督。"1994 年 12 月 29 日第八届人大常委会通过的《监狱法》第 6 条规定："人民检察院对监狱执行刑罚的活动是否合法依法实行监督。"1979 年 7 月 1 日第五届全国人大二次会议通过的《人民检察院组织法》第 5 条第（五）项规定："人民检察院对刑事案件的判决、裁定执行和监狱、看守所、劳动改造机关的活动是否合法，实行监督。"第 19 条规定："人民检察院发现刑事判决、裁定的执行有违法情况时，应通知执行机关予以纠正。人民检察院发现监狱、看守所、劳动改造机关的活动有违法情况时，应通知主管机关予以纠正。"

权制衡论和保障人权论，此外，还有检察监督权的否定学说。①

法律监督论以列宁的法律监督说为代表，社会主义的法制应该是统一的，必须要有专门的法律监督机关，检察机关独立行使职权，实行自上而下的集中领导。我国的人民检察制度是以列宁的法律监督理论为指导、并结合我国实际请况而建立起来的。孟德斯鸠认为，"一切有权力的人都容易滥用权力，有权力的人们使用权力一直到遇有界限的地方才休止"。② 他强调法律对于权力的制约作用。据此理论，检察机关对刑法执行的监督是为了制约公安机关、人民法院和监狱的权力，防止其滥用刑罚执行的权力，通过权力制约权力，达到权力的平衡。从现代法治理念来看，国家权力具有容易扩张的本性，为了防止公民个人权利受到国家权力的压迫和束缚，必须对国家权力进行约束和限制，对那些涉及个人人身自由特别是生命权的强制性措施，其执行尤其要受到严格的法律规定和程序过程的限制。

当然，检察监督权的否定说也较为广泛地存在于理论界。这种观点认为，检察机关将法律监督与刑事追诉这两种相互对立的权力集中于一身，无法保持公正的法律监督所必需的中立性和超然性。③ 检察机关难逃自导自演的自相矛盾的境地。那么，中国的检察制度究竟应当走向何处，一个基本的思路是，检察机关的司法色彩应当逐渐弱化，法律监督应当逐渐淡化并在条件成熟时最终退出

---

① 玛依拉·米吉提：《刑罚执行监督完善论》，中国政法大学 2005 年硕士学位论文。

② ［法］孟德斯鸠：《论法的精神》，张雁深译，商务印书馆 1994 年版，第 154—156 页。

③ 陈瑞华：《问题与主义之间——刑事诉讼基本问题研究》，中国人民大学出版社 2003 年版，第 31 页。

检察机关的职能范围。①

笔者以为，上述理论学说均有一定的合理性，但都在理论上存在一定的缺陷，故而，笔者主张以法律监督论、分权制衡和保障人权作为刑罚执行监督的基础，加强检察机关的监督职能，逐渐淡化乃至最后取消其行政性质的职权。这对我国建立司法公正的司法制度确属攸关大事，同时也对保障当事人的合法权益不受或少受不法侵害具有重要的现实意义。

三、我国当代检察权的特征

中国当代检察制度无疑是在当代中国特定的政治、历史背景条件下产生的。历史遗留下来的巨大财富，也成为新中国建立自己检察制度的渊源之一，不仅极大地丰富了中国检察制度的内涵，也使当代中国检察权有了许多的中国特色；特别是中国御史制度文化对中国检察权和检察官产生了积极影响，古代御史官的公正廉明、刚正不阿的廉吏文化传统，伴随着儒家精神深刻影响着中国公务人员的文化心态。

（一）国家性

国家性，是检察权的首要特征。检察权从其诞生的那一天起，就属于"皇权"、"王权"和"宪法权"。早在 12 世纪初，大陆法系的法国就出现了类似检察官的"国王代理人"，但那时只是维护国王权益的诉讼代理人，监督法院对科处罚金或没收财产等刑事案件的审判。之后，"国王代理人"的职权范围不断扩张，1498 年路易十二确立纠问式诉讼制度，直至 18 世纪后期，这种诉讼制度遭

---

① 陈瑞华：《问题与主义之间——刑事诉讼基本问题研究》，中国人民大学出版社 2003 年版，第 33 页。

到了激烈的批判。孟德斯鸠、贝卡里亚及当时法国的总检察长赛尔万斯等都起来严厉抨击诉讼程序导致的不平等。1789 年法国资产阶级革命胜利，1790 年法国国民议会通过法令规定，检察官由"国王代理人"演变为"共和国代理官"。1808 年确立了检察权的法律地位。此后，法国的检察权模式大放光彩，竞相被世界各国借鉴效仿。其实，在那个时期，在法律上未能很好地区分大陆法、英美法和教会法，在法律适用上多持实用主义的原则。

我国在清末时采取了法德大陆法系国家的模式，仿行西方君主立宪的宪制，建立了审检分立的检察权模式。之后的北洋政府时期也基本沿用清末检察权的模式，增设了军事检察机关。南京国民政府时期，尤其蒋介石独裁时期，检察权十分强大，地位重要，甚至完全变异成对付共产党人、民主进步人士的专政工具。新中国成立后，由于社会性质与时代的不同，新中国检察制度深受前苏联的检察制度影响，但"文化大革命"期间又遭到裁撤；直到 20 世纪 80 年代，我国检察制度和检察机构起起落落，但此后，中国的检察制度逐渐进入稳定的发展期。一系列检察改革活动不断地开展，这在客观上也丰富和推进了检察权理论的研究。

社会主义国家的检察权当然地具有显性的国家性。在国家性里面，笔者认为，应当包含两种含义：一是检察权具有公益代表人的特性，检察权比同样属于国家权力的行政权、司法权更具有鲜明的公益代表人的特性。检察权作为"法律守护人"，负有维护国家法律统一正确实施的神圣职责，理所当然地就应充当起"守护人"，运用公诉的手段，对受侵害的法益进行保护。这种国家性不是单纯的侵害国家利益的行为，也包括了社会利益，站在国家繁荣稳定的基本维度，即使是政府滥用权力或不正当行使权力对社会公共权力造成损害的，检察权也一样可以站在其对立面，在民事、刑事、行政法律领域内，发挥其作用，保护社会公共利益。二是检察权具有的国家性包含了"强制性"这一特征。国家的各项法律、政令的实施，都是要有国家强制力来保障的；特别是刑罚规制更要通过国家强制力作为后盾来保障实施的，因此，检察权的国家性就不可少了"强制性"。换句话说，如果缺失了强制性，就等于确实了威信和威慑力。诚如冯·耶林所说："法律如果没有效力，就犹如一把没有燃烧的火，一束不能发亮的光。"[①]　检察权代表国家追究犯罪责任，行使侦查、搜查、扣押、冻结等措施，决定强制措施的实施，行使公诉权等，因而带有很明显的强制性特征。检察权是国家权力的观念，行使检察权就是保障国家法律统一正确实施。要求检察人员站在行使国家权力（检察权）的高度，以保障公正执法、维护国民合法利益的心态，客观公正地行使检察权，既不要为了追求法庭上的胜诉而置法律监督权于不顾，也不要利用法律监督权的职权而随意滥用公诉权，造成新的职务犯罪，因为公权具有天生的扩张性，容易跨越法律许可的微妙边界，肆意采摘公权私用的干果[②]。

（二）客观公正性

在我国宪政体制下，检察权的公正性对我国的法治进程有着十分重要的意义。公正意指公平正直，合乎法度，对人处事合法合理，是非清楚，赏罚分明，不偏袒任何人，为公共利益着想，得到社会上大多数人的承认。[③]　法律对人们行为有特殊的规范作用，是社会关系的重要调整工具。笔者认为，法律的本性是公正性，检察机关所享有的检察权是由根本大法宪法所赋予的，检察机关能否成功发挥这些功能，是衡量检察权运行公正与否的重要标准。公正性

[①]　参见［德］冯·耶林：《为权利而斗争》。

[②]　曾哲：《公民私有财产权的宪法保护研究》，中国法制出版社 2009 年版，第 111 页。

[③]　冯治良：《公正性：法律的本性辨考》，载《现代法学》1997 年第 3 期。

是检察权的突出的特征。① 检察权的客观公正性，主要就是指检察官的客观公正义务，这与法院注重法律真实的思维方式有很大的区别。检察权的正确行使，需要最大限度发现案件事实本身，对当事人有利和不利的证据都需要同时收集采用。检察机关作为国家的法律监督机关，更是人权保障机关，因此，在实际办案过程中，就不能仅仅将自己视为维护一方当事人合法权益的公诉机关，也绝不能为了在公诉角度处于更有利的位置，就大量使用假设、猜想、推断性的证据，来促使审判机关采信，作出不利于犯罪嫌疑人的判决。但在检察实践中，事实却并非总是如此。比如，对于地方性团伙犯罪，或是社会影响较大的案件，一般当地的党委政法委都会主持公检法三家主要领导开会，对罪名的定性达成一个基本的共识，然后再由这三个部门"各司其职"，以保证落实好领导意图。但这种做法其实在司法程序上是存在问题的，这不仅给当事人一方甚至是公检法办案人员带来未审先判的错觉，而且在技术操作上，也会给当事人一方带来实体上的不公正，因为类似的案件均是在有罪推定中求证的，导致检察机关很少去关注和收集对当事一方有利的证据。

可能影响检察权客观公正行使的另外一个因素，则是来自于检察系统内部。存在于某一具体单位的检察官，难免会受制于该单位的若干内部控制政策和制度的影响，以及内部奖惩机制的激励或刺激，为了追求所谓的公诉成功率、结案率等量化考核指标，也就有可能在办案中牺牲客观公正性。

----

① 根据《中华人民共和国人民检察院组织法》第4条，检察权的基本功能是："维护国家的统一，维护无产阶级专政制度，维护社会主义法制，维护社会秩序、生产秩序、工作秩序、教学科研秩序和人民群众生活秩序，保护社会主义的全民所有的财产和劳动群众集体所有的财产，保护公民私人所有的合法财产，保护公民的人身权利、民主权利和其他权利，保卫社会主义现代化建设的顺利进行。"

（三）效率与程序性

有人说过，迟到的公平就是不公平，迟到的救济就是无救济。因此，检察权的效率性就要求检察机关在行使职权时，对违法情况的监督和纠正要注重效率，将违法行为对法制尊严的侵害在最短的时间内得到修复，让犯罪行为及时地得到制裁，使违法的措施和活动得到及时的纠正。迟到的正义等于非正义，在人权保障和法律尊严上尤其如此。在强调效率的同时，我们也必须注意程序的正当性。如果程序不正义，办案效率越高，可能产生的错案也就越多。因此，这正好印证了季卫东教授的观点，"正是程序决定了法治与恣意的人治之间的基本区别"。① 检察权无疑具有程序性的特点，基于其享有权力天然的受制约性，其对行政权的替代起诉必须是后位的、经督促行政机关不行使的；而对法院审判权的监督，也只能针对生效裁判提出，同时在程序启动后，也仍然由作为审判机关的法院对该争议重新进行依法审查并独立作出裁判，由此来实现国家权力的有分有合、相互制约和相互配合。

检察权的程序性，是指相对于行政权和司法权所产生的实体性效力而言。如果说检察权也是一种实体性处分权，比如不起诉决定就是终结了对犯罪嫌疑人刑事责任的实际追究，那么，检察权的行使，通常是能够作出某项程序性的决定并产生一定的程序上的效力，故具有很强的程序性。检察权的行使，通过侦查（侦查监督）引起诉讼程序、提起公诉引起审判程序、提出抗诉引起二审或审判监督程序等方式，均体现出明显的程序性。检察权对犯罪行为进行追究，提交审判机关进行审理和裁判，一般不具有司法权的终局性。当然，检察权的行使必须依据法定的程序。检察权的这种程序

---

① 季卫东：《法律程序的意义——对中国法制建设的另一种思考》，载《中国社会学》1993 年第 1 期。

性特征表现在两个方面：一方面，检察权只能引起一定的程序，不产生实体处分，没有终局性效力，只有法院的司法判决才有终局性的特点；另一方面，检察权的行使，必然引起相应的程序，催动审判权作出裁判的实体性结果。因为法院的审判权具有被动性的特点，一般奉行的是不诉不理原则，同时其审判具有终局性的特点，一审、二审制，即表明了终局性的特点。

检察权的程序性与法院审判权的终局性相对应，二者相互依存、相互制约，检察权的行使起到启动审判程序的作用，但没有径行决定的权力。这样使得权力配置合理，避免检察权的滥用和审判权的误用。

程序性特点决定了检察权能的有限性和它在诉讼权力体系中的非终局性，决定了监督权与处分权的分离。因此，检察权程序性的特点表明，法律监督只是执法过程中的阶段性权力，而不是决定执法结果的终决性权力。如检察机关对刑事诉讼的法律监督，虽然它参与刑事诉讼的全过程，对公安机关的侦查活动、人民法院的审判活动以及刑罚执行机关的刑罚执行活动都有权实施监督，但这些监督都是一种诉讼程序的运作过程，并不最终决定刑法的适用结果。程序性的特点还表明，法律监督只是一种权力制约另一种权力的权力，而不是对另一种权力给以实际处置的权力。程序性特点的一个重要内涵是，法律监督是一种通过具体的诉讼职能而实现的权力，而不是一种超脱于监督对象之外以旁观者的姿态指手画脚的权力。监督者必须积极介入诉讼活动，在诉讼参与中实现对诉讼的监督。监督者是参与者而不裁判者；监督与被监督的关系也不是与诉讼法律关系并列的另外的关系，而是就融合在诉讼过程中，发生在诉讼活动中的一种监督行为。①

---

① 刘立宪、张智辉：《司法改革热点问题》，中国人民公安大学出版社2000年版，第191页。

综上所述，公正与效率是司法活动的终极目标。司法公正以保障人权为内容，以程序法治化为实现方式。从这个角度讲，追求司法公正，首先要追求程序正义，要突出对诉讼参与人的权利保障，唯如此，最后才有可能达致实质正义的结果。

（四）有限性

最后，检察权还具有另一个不被人所在意的特点——有限性。孟德斯鸠说过："一切有权力的人都容易滥用权力，有权力的人们使用权力一直到遇有界限的地方才休止。"检察权虽负有法律监督的职责，但反观自身也是如此，其权力行使也需要受到监督和制约。毋庸置疑，检察权的内涵具有多维性，包括了公诉权、公务犯罪侦查权、逮捕权、调查权等，但权力范围也不是无限性的，法律规定了它许可的维度与边界，因此，加强检察权的监督和制约，也是检察权得以正确行使的必要保证。检察权的有限性，是指检察权需要有效的制约来防止检察权的滥用，以保证使其遵从法律的规定，服从法律所服务的社会公共利益。在许多人的眼里，往往只重视检察权的独立至上而忽略了检察权也应当受到制约和监督。检察权具有有限性，是防止司法擅断的体现和要求。司法擅断是专制统治的特征，其流毒影响甚远。特别是在我国这样一个经历了几千年封建专制统治的国度，司法擅断的余毒还在潜移默化地影响着我们的司法机关和执法人员。无视诉讼参与人的陈述，特别是无视犯罪嫌疑人、被告人的辩解，凭想象认定事实，靠推测定案的现象在司法实践中还偶有发生。因此，为了避免司法擅断，要防止检察权滥用。检察权的有限性在体现刑事诉讼活动中的法制价值上尤为明显。权利是一定社会中人的规范性行为的自由度，它体现着作为社会化了的人的自主性和主体地位。以权利的深度、广度来抗衡权力的力度、强度，是法治建设的重要内容，也是制约权力最深厚的群众基础。例如，犯罪嫌疑人在被批准逮捕前后，都应有其相应的基本权利，不容忽视，更不能随意剥夺。人民把自己一部分权利让渡给国家，国家赋予特定机关一定的权力，就是要用来保障人民的权利，因此，权利产生权力，并能有效制约权力，检察权的有限性正是体现了保障人权的法治目的，其法治价值和人权价值是统一的。

现实中，检察权的规范与制约还是个有待解决的问题。其中有一点是监督和制约不够，主要表现为检察权的滥用和检察权的不作为（至少是没有足够的作为）。① 如滥用强制措施审查、监督，检察机关在行使批准逮捕权的时候，超期羁押和刑讯逼供的的问题，在一定时期和有些地方比较突出，这对人权的保障和司法的公正都是一种威胁。除此之外，还有应起诉而不起诉的、不应起诉而起诉的等问题。笔者认为，解决上述问题可以有三种方案：一是从立法上完善；二是从提高检察官办案能力入手；三是借鉴国外比较优秀的制度设计。随着时代的发展和社会的进步，人权保障问题日益受到国际社会的普遍关注。特别是与公民最基本的权利——自由权相联系的刑事诉讼中的人权保障问题，更是世界各国关注的焦点。我国党和政府历来重视保护人权，特别是党的十六大明确提出了"尊重和保护人权"的要求，并将其写入宪法，以根本大法的形式确立了"国家尊重和保护人权"的原则。检察权是具有有限性的，并且其终级目标是保障人权，以权利制约权力，达到社会公众与国

---

① 检察权的滥用参见刘智峰主编：《走向司法公正》，中国物资出版社1998年版，第31—79页及第三部分"司法腐败"纪实；另外可以参见高检院、中纪委每年向人大、党代会汇报的工作报告。检察院的不作为可以从每年居高不下的上访群众人数推断得出。因为据国务院信访办负责人披露的材料，上访群众中80%是有理的；这其中又有80%是由于司法不公引起的。检察机关作为法律监督机关对此难辞其咎。参见《南方周末》在2003年的相关报道。另外，据2004年召开的全国"关于集中处理涉法上访问题的电视电话会"上披露，2003年国庆节以来的62件自焚案件中有32件与司法不公有关。

家和谐利益的平衡。

　　总之，国家性、客观公正性、效率性与程序性、有限性，这四大特征是检察权从性质、本性、效率、效力、目的等多个角度所展现的鲜明特征，它从不同的侧面揭示了检察权的内涵，便于我们对检察权有一个更深刻的认识和全面的理解。

第四章　我国检察权的基本权能

——以功能主义为视角

一、检察权的基本权能概述

从世界范围来看，检察权最早产生于 13 世纪的法国，检察官的雏形是中世纪法、英两国的国王代理人。我国的检察制度起源于古代的"御史制度"，从秦汉时期的御史大夫到唐朝及其之后沿用的御史台，负责监察百官的行政和司法活动。而严格说来，我国现代意义上的检察制度是清末从日本引进的，1906 年清政府颁布的《大理院审判编制法》中按照大陆法系国家的制度首次规定了检察制度。① 新中国成立以后，否定了旧中国制度中的许多因素，以苏联为模式，以列宁法律监督理论为指导建立了社会主义的检察机关体系，并基本沿用至今，只是在检察机关的职权方面有所变化。②

私力救济是人类解决社会矛盾的初始与必要形式，而公力救济是人类解决社会矛盾的演进与必然形式，国家的成熟自然地伴随着法制对私力救济的控制，而公力救济演进的结果之一是公诉权的产生。"法律的重要功能之一是抑制私力救济，把冲突解决纳入秩序

---

① 王新环：《公诉权原论》，中国人民公安大学出版社 2006 年版，第 38 页。

② 龙小素：《论检察权的定位与行使》，湖南师范大学 2002 年硕士学位论文。

化和程序化的途径。"①

前文已述，关于检察权性质的争论，自来有之，这里有必要再作简单概述，其大致有以下四种观点：一是行政权说。持此学说的学者主要是因为检察机关的组织体制和行动原则的行政特性决定了检察权的行政属性。二是司法权说。该说认为，根据我国宪法和人民检察院组织法，我国的检察机关是法律监督机关，履行侦查、控诉和诉讼监督职能。三是双重属性说。该说认为，检察权一方面有行政权的属性，但另一方面，因为其有公诉权与审判直接相关联，从而又具有与审判权同样的司法性质。四是法律监督权说。在我国，检察权确实具有行政权和司法权的某些外部特征，但在本质上并不是行政权抑或是司法权。我国《宪法》第 129 条明确规定："中华人民共和国人民检察院是国家的法律监督机关。"我国是人民民主专政的社会主义国家，在我国"议行合一"、"五权二级制"的政体模式下，国家最高权力是上位的权力，行政权、司法权、法律监督权及军事权是同处下位的平行的四权。② 我国的检察权应合理定性为法律监督权，这是由我国的政体决定的。而无论是行政权说还是司法权说，多少是受西方"三权分立"的影响来阐释我国的检察权，毕竟欠缺了充分而合理的政治依据。

我国的检察权作为法律监督权，检察机关就应该享有广泛的诉讼监督权，包括刑事案件的立案、侦查、审判和执行各个阶段的监督权，以及民事、行政案件的裁判监督权，即主要通过审判监督程序对认为法院判决和裁定确有错误的，依法提起抗诉，实现法律监督。同时，公诉权、职务犯罪侦查权也是检察权的重要组成部分，是实现法律监督的重要手段，而公益诉讼权的享有，则能够更好地

---

① 贺卫方：《法学：自治与开放》，载《中国社会科学》2000 年第 1 期。

② 黄红梅：《从检察权的性质看检察职权的完善》，苏州大学 2004 年硕士学位论文。

实现社会公平正义。

检察权的功能，实质就是指国家检察权的权能，其权能对于宪法所赋予给检察机关的义务和权力究竟该作怎样的配置和安排，而这种权力配置和安排的目的就在于，使检察权的功能达致边际最大化和效力最大化，对法律运行实施过程监督的最大化；不仅如此，还要给公民基本权利保障上的最大化。因为只有这样，国家检察权的职能义务才可称为履行了检察机关的权能，才算得上是恪守了检察权的职责与本分。

二、检察权的功能

(一) 人权保障

所谓人权，是指在一定的社会历史条件下每个人按其本质和尊严享有或应该享有的基本权利。以生命健康权、人身自由权和人格尊严权为根本内容的人身权利，是公民赖以生存的第一要义。随着时代的发展和人类文明的进步，人权保障问题日益受到国际社会的普遍关注。有"人权宪法"之称的刑事诉讼法，是一个国家人权保障水平的重要标志。[①] 而检察权作为法律监督权，检察机关的监督活动贯穿于刑事诉讼的始终，因此，检察权在保障人权方面有着不可替代的作用。

1. 无罪推定

由于犯罪嫌疑人、被告人在刑事诉讼中处于被追诉的地位，因此，其人权保障问题往往最容易被忽视；在司法实践中，无论其人身权利、诉讼权利还是财产权利，时常受到漠视甚至侵犯。因此，

---

① 张智辉主编：《中国检察——自由裁量与人权保障》，北京大学出版社 2004 年版，第 154 页。

现代刑事法治实践对犯罪嫌疑人、被告人人权的保障显得尤为重要。对于检察官而言，在指涉具体的案例中，首先要持有"无罪推定原则"。意大利法学家贝卡里亚在《论犯罪与刑罚》中提出的无罪推定观念，奠定了现代刑事法治的基础。无罪推定原则自18世纪提出以后，被世界许多国家以不同的表达方式规定在刑事法律之中，其法律思想在世界范围内取得了共识，它以基本人权的法律保障为宗旨，是人道主义和人权观念在刑事诉讼中最集中的体现。[①]《公民权利与政治权利国际公约》第14条第2款规定："凡受刑事指控者，在未依法证实有罪之前，应有权被视为无罪。"我国修订后的刑事诉讼法吸收了无罪推定原则的合理内核，在第12条中明确规定："未经人民法院依法判决，对任何人不得确定有罪。"而检察机关作为公诉机关，在提起公诉时有自由裁量权。《刑事诉讼法》第136条规定："凡需要提起公诉的案件，一律由人民检察院审查决定。"第140条规定："对于补充侦查的案件，人民检察院依然认为证据不足、不符合起诉条件的，可以作出不起诉的决定。"即在没有确切而充分的证据时，不得对犯罪嫌疑人追究刑事责任，应当推定为无罪。

检察官就被告人犯罪事实承担举证责任，根源于无罪推定。在人民法院依法判决前，被告人只是被指控为犯罪，是诉讼一方当事人、诉讼主体，而不是追诉客体，更不是刑讯的对象。简言之，被告人不等于犯罪人。[②]"无罪推定原则的意义不只在于要求检察官和警官，特别是法官和他所代表的国家司法机关在判案时不能先入为主地认定被告人就是罪犯，而要以证据来证明被告人是否是罪

---

① 甄贞等：《程序的力量》，法律出版社2002年版，第20页。

② 王新环：《公诉权原论》，中国人民公安大学出版社2006年版，第357页。

犯，更不能刑讯逼供。"① 无罪推定原则是保障每个社会成员之人权的法治基石，它是人性化司法理念的应有之义，象征着刑事诉讼的民主与文明的进步,② 也是人类社会近代刑事审判中最有亮点的一笔。

事实上，尽管我们也曾经反复在实践中要求对犯罪嫌疑人首先要作无罪推定的判断，但凡主持过或者经历过侦查案件的人都知道，在内心里真正接受无罪推定理念，还是一件比较困难或容易产生困惑的事情，因为我们的法律普及和法治文化教育缺失的时间太久，法精神、法伦理、法道德和基本的法律素养还有待完善。另一方面，如果我们在诸多的侦查程序上过于注重了无罪推定，很可能就会丧失破案的最佳时机，所以，诚如武汉大学资深教授马克昌先生所言，"我们的警官、检察官人人都想作无罪推论，你想，这个可能吗？"

2. 对犯罪嫌疑人、被告人的人权保障

逮捕作为限制人身自由最严厉的强制措施，其使用有着严格的限制。《刑事诉讼法》第 60 条明确规定："对有证据证明有犯罪事实，可能判处徒刑以上刑罚的犯罪嫌疑人、被告人，采取取保候审、监视居住等方法，尚不足以防止发生社会危险性，而有必要逮捕的，应即依法逮捕。"公安机关要求逮捕犯罪嫌疑人，应当提请检察院审查批准。在司法实践中，侦查机关往往在有犯罪事实发生，而尚未证实该犯罪事实就是犯罪嫌疑人实施的情况下，就要求采取逮捕措施，造成错误羁押，或者采取取保候审等强制措施可以保障诉讼进行的条件下，为追求逮捕率而采取逮捕的措施，造成无

① ［德］考夫曼：《后现代法哲学——告别演讲》，米健译，法律出版社 2000 年版，第 143 页。

② 张智辉主编：《中国检察——自由裁量与人权保障》，中国检察出版社 2004 年版，第 241 页。

逮捕必要的人被羁押。同时，超期羁押、变相羁押也是屡禁不止，屡见不鲜。

由于我国的司法机关和司法人员受传统执法观念和国家至上主义的本位影响，更多地追求惩罚犯罪，打击违法以维护社会秩序，于是便出现了重实体、轻程序，重打击、轻保护，导致司法实践中刑讯逼供、违法办案、超期羁押等侵犯人权的现象屡禁不止。此时，检察机关作为法律监督机关，检察权作为法律监督权应更好地发挥作用，保障犯罪嫌疑人、被告人的基本人权。

3. 对被害人和其他诉讼参与人的人权保障

人权保障，不仅体现在保障犯罪嫌疑人、被告人的人权，还应该体现保障被害人和其他诉讼参与人的人权，以及保障一切人的人权。检察机关追诉犯罪的活动，正是为了保障无罪的人不受追究，不受司法机关滥用权力的侵害；同时也要限制国家机关的权力行使，防止国家权力滥用。我国《刑事诉讼法》第40条明确规定："公诉案件的被害人及其法定代理人或者近亲属，自案件移送审查起诉之日起，有权委托诉讼代理人。人民检察院自收到移送审查起诉的案件材料之日起三日以内，应当告知被害人及其法定代理人或者其近亲属有权委托诉讼代理人。"第139条规定："人民检察院审查案件，应当听取被害人和被害人委托的人的意见。"第182条规定："被害人及其法定代理人不服地方各级人民法院第一审的判决的，自收到判决书五日以内，有权请求人民检察院提出抗诉。"第97条规定："侦查人员询问证人，可以到证人所在单位或者住处进行，但是必须出示人民检察院或者公安机关的证明文件。"第98条规定："询问不满十八岁的证人，可以通知其法定代理人到场。"第85条规定："人民检察院应当保障报案人、控告人、举报人及其近亲属的安全。报案人、控告人、举报人如果不愿公开自己的姓名和报案、控告、举报的行为，应当为他保守秘密。"

总之，人权保障是现代法治社会的根本要求，而忽视人权保障，必然导致司法权力的滥用，造成冤、假、错案，威胁司法的权威和公信力，从根本上动摇法治大厦的根基。①

（二）国家治理

现代国家治理的标志和途径是法治，一切国家权力主体形成的依据是法律，活动的依据是法律，活动的结果也在法律规定之中。检察权在国家治理方面发挥着无可替代的作用。

首先，从国家权力的配置来看，现代国家制度与社会公共权力的多元化发展，民主化进程中的必然趋势是要求国家权力以不同角度切入社会生活，而不再从属于一个专制核心，因而，国家权力就表现出不同的社会属性，这是国家权力发生分解的实质原因。检察权的引入，东西方由于历史条件的差异，有着很大不同，中国检察权发源于对官员犯罪的国家追诉，法国出现于监督法院的和代理王室诉讼的国王代表，英国则来自国王代理人对涉及王室案件的追诉，但在之后的发展进程中，不同政体下有代表性的检察制度和检察权殊途同归，不约而同地在缩小私诉案件范围的同时，形成和正在形成对刑事犯罪的追诉垄断，检察机关代表国家追诉犯罪，打击犯罪，维护国家和社会秩序。近些年又涉及了民事、行政诉讼，因此，检察权实际上已经成为一种专司追诉的国家权力。

从对皇权和王室利益的维护，到对刑事犯罪的追诉垄断再到对民事诉讼和行政诉讼的涉及，这既表明了犯罪及其他严重违法行为对社会造成日益严重的危害，同时又表明了权力配置模式的构建者对违法行为社会危害性的逐渐觉悟。在公诉案件中，有的是公民权益受到侵害，有的是法人权益受到侵害，有的是国家利益受到侵

---

① 张智辉主编：《中国检察——自由裁量与人权保障》，中国检察出版社 2004 年版，第 160 页。

害，有的是其他社会组织权益受到侵害，而它们的共同之处则是，犯罪行为在侵害具体对象的同时，也对社会秩序和国家利益造成了损害，检察权因此而介入诉讼。[①]　同时，在我国检察权作为与行政权和审判权并列的一种独立权力，就能够有效监督和制约行政权和审判权，能够很好地实现权力分立和制衡。

但站在检察权的性质纬度进行观察，检察机关作为国家法律监督机关，肩负着维护国家法律统一正确实施的神圣职责。而检察权就是检察机关依法享有的权力。具体言之，我国法律赋予检察机关的权力，主要是对职务犯罪进行立案侦查的权力，对刑事案件提起公诉的权力，对刑事诉讼、民事审判活动和行政诉讼进行监督的权力，以及对刑罚执行活动进行监督的权力。这些权力，与其他国家机关所依法享有的权力相比，最根本的区别就在于它本身具有法律监督的功能。检察权最显著的特点是运用国家权力对遵守和执行法律的过程中所发生的严重违反法律的行为进行检察，或者要求有关机关依法纠正，或者提请有关机关依法惩处。[②]　与审判权的被动性相比，检察权具有对严重违反法律的行为进行主动追诉的特点；与单纯的侦查权的工具性相比，检察权又具有提请追诉的目的性的特点。这些特点，使检察权在国家法治建设中具有其他国家权力所无法替代的作用，即监督一切严重违犯法律的行为、保障宪法和法律统一正确实施的作用。

其次，从设立检察权的宗旨来看，检察权行使的目的就是为了维护宪法和法律的统一正确实施。检察权作为国家追诉权，其作用

---

① 参见刘竹东、肖秀敏：《国家权力配置与检察权定位分析》，载 http://vip.6to23.com/cd567/w003.htm。

② 参见李军：《浅谈在检察实践中如何行使检察权维护国家法律正确实施》，载 http://www.hl.jcy.gov.cn/detail.cfm? newsid = 228C40972FF5&id = 2A86538539EDFDDD0EC4FBF3473C86D9C4DD13FF。

在于以社会的名义对犯罪和其他重大危害社会的行为实施调查，向审判机关提出控告。检察权通过对诉讼中受害人特别是弱者的社会支持，使原本自然人对自然人的诉讼变为社会对违法行为的控告，进而建立起追诉主体对追诉对象的绝对优势和相互间不平等的法律关系，以确保诉讼无条件得以顺利进行。① 检察权在每一起具体案件的诉讼中，在代表受害的公民利益、法人利益、国家利益的同时，更主要的是代表整个社会利益，换言之，从本质上讲，权力配置模式中的检察权就是社会利益的维护者和代言人，是国家和社会公益的代表。检察权的正确行使，能够在全社会形成共同维护社会长治久安的合力，建立一种崇尚法治的持久公信力，最终实现社会稳定，实现国家长治久安。

（三）维护法制

法制统一是我国宪法的一项重要原则，是指国家制定统一的宪法和法律，并保证它们在全国范围内和全体社会成员中得到统一的遵守和执行。② 检察机关维护法制统一的原则是"有法必依、执法必严、违法必究"。检察机关负有维护法律统一实施的天然职责。从检察制度的发展历史来看，从其诞生之初就与保障法律的统一实施相关。"英美法系、大陆法系和社会主义法系的检察制度，虽然各自具有不同的特色，但是作为检察制度，在其最基本的方面，是相同的。无论哪个法系、哪个国家的检察制度，都是以检察权与审判权相分离为前提、以公诉活动为主要形式、以维护国家法律的统

---

① 参见刘竹东、肖秀敏：《国家权力配置与检察权定位分析》，载 http://vip.6to23.com/cd567/w003.htm。

② 甄贞等：《法律监督原论》，法律出版社2007年版，第82页。

一实施为宗旨的。"①

　　我国的检察机关作为专门的法律监督机关,有权按照宪法和法律规定,监督一切违反宪法和法律的行为与活动,在维护法律的统一实施方面更是具有重要的地位。我国《宪法》第 129 条的规定为检察机关全面刑事法律监督职能提供了宪法依据,而人民检察院组织法和刑事诉讼法、民事诉讼法、行政诉讼法等法律,则具体体现了检察机关行使法律监督职能的原则、方式、方法和程序。检察机关通过行使对贪污贿赂等案件的侦查权,一般刑事案件的批捕权、提起诉讼权、某些民事、行政案件的抗诉权等,对于那些违反法律的情形可以依据法律程序强制、要求或者建议有关机关和人员予以纠正,以此维护宪法和法律的尊严。②

　　笔者认为,在现代法治社会语义下,维护法制统一实施的一个重要方面,就是保障法律法规的公正、平等和完全实施。法律只有在实践中得到公正、平等和完全实施,才有法制统一可言。众所周知,公正是法制永恒和最高的价值追求,公正的法制不仅要求建立一套民主的、公正的法律体系,而且要求该套体系遵循公正的原则顺畅地运行。在这个过程中,检察机关和检察人员负有义不容辞的职责。其不但自身要严守实体公正和程序公正的要求,而且还要监督其他部门公正执法、公正司法。③ 检察机关在司法活动中处于承前启后的位置,作为法律监督机关,负有对立案、侦查、审判、执行等一系列刑事司法活动以及依法对民事、行政判决的监督的职责,为司法公正的实现提供了有力的保障。

　　法律面前人人平等,这是现代法制的基本原则和主要价值之

---

　　① 张智辉、杨诚主编:《检察官作用与准则比较研究》,中国检察出版社 2002 年版,中文序言第 3 页。

　　② 甄贞等:《法律监督原论》,法律出版社 2007 年版,第 87 页。

　　③ 甄贞等:《法律监督原论》,法律出版社 2007 年版,第 87 页。

一，也是法制统一的必然内涵。① 而平等适用法律，则是检察机关维护法制统一实施的重要要求。具体到检察机关的刑事诉讼监督来说，在立案环节，要严格把握立案条件，使无罪之人免受刑事追究，使有罪之人不至逍遥法外；在侦查环节，对自侦案件要客观公正，不管犯罪嫌疑人位有多高、权有多重，都不能姑息；在起诉阶段，对定罪的证据进行全面审查，防止无罪起诉、有罪获释等情况发生；在审判监督活动中，一旦发现有干扰法庭公正审理的外界因素存在，或者审判人员徇私枉法，检察机关有权履行法律监督职责，对徇私枉法者予以严惩，对外界干扰因素予以排除；在刑罚执行监督中，对滥用、错用缓刑、减刑、假释和监外执行权力的现象予以监督。

在我国，检察机关具有监督法律正确实施、维护法制在全国统一的职责，其中，检察权的制衡作用，就是公正司法的必要条件之一。当然，检察机关通过对法院裁判的上诉或者抗诉，也可以维护司法的公正性，以及监督生效判决的依法执行，维护判决的严肃性和法律的权威性。检察官守护法律，使客观的法律意旨贯通整个刑事诉讼程序，除了追诉犯罪之外，更重要的是保障人权。可以说，检察官的存在价值就是代表国家客观公正地打击犯罪。② 虽然这只是一家之言，但也简明地道出检察权及国家检察机关的最重要、最不可缺失的功能。

（四）促进法治文明与社会进步

如上文所述，国家检察权不仅对追诉犯罪、打击和预防犯罪以及维护社会稳定发挥着关键性的作用，而且对促进全社会的进步和法治文明建设也是至关重要的。比如，公诉权的行使本身就是为了

---

① 甄贞等：《法律监督原论》，法律出版社 2007 年版，第 88 页。
② 王新环：《公诉权原论》，中国人民公安大学出版社 2006 年版，第 93 页。

维护国家法律的尊严，为了恢复遭到破坏的法律秩序而对违法犯罪行为进行追诉，就具有国家强制力和威慑力。公诉的目标是促使法律得到统一正确的实施，公诉活动更重要的是关注国家利益和社会公共利益是否得以维护，遭受破坏的法律秩序和社会秩序能否被恢复。应该说，公诉的目标与促进社会进步和构建法治文明在本质上是完全一致的，只有检察权的正当行使，对法律运行的实效进行有效监督，对腐败和其他犯罪行为进行有力追诉，才能更为有效地保证国家和地方各级政府的建设职能得以有序行使，服务社会、促进国家和地方经济的有效增长和可持续发展得以顺利实施，也只有这样，才能真正有利于打击或控制犯罪，维护社会稳定，实现国家长治久安。法治文明才不会被曲解甚至误用，社会和谐、社会公正才能与民族精神和民族的法律心理对接，产生对法律的主动接受和遵从。否则，如果缺少应有的公信力和拘束力，促进社会进步的功能将无从谈起。因为社会公正，从法律制度来讲，就是体现社会公正的良善的法律，能够得到普遍遵守；于是，公民权利得到充分保障，公共权力得到有效制约，社会公益得到合理维护。检察权对于社会建设的重大意义，就在于公平正义的实现是与检察权的存在和正确行使密不可分的，具体表现在①：

1. 从检察权的产生发展来看，检察权既是实现社会公正的产物，又是社会公正得以实现的前提

"检察制度从无到有，再到普及于各国，必然有其历史的原因。也就是说，它的产生及其适度与合理的发展，是人类对于严重社会越轨行为的处置方式发展成熟的标志之一。"② "创设检察官制度的最重要目的之一，在于透过诉讼分权模式，以法官与检察官彼

---

① 参见苗勇：《检察权与社会公正》，载 http：//www. law - lib. com/lw/lw_ view. asp？ no＝7268。

② 龙宗智：《检察制度教程》，法律出版社 2002 年版，第 29 页。

此监督节制的方法，保障刑事司法权限行使的客观性和正确性。"
"创设检察官制度的另外一个重要功能，在于以受严格法律训练和法律拘束的公正客观的官署，控制警察活动的合法性，摆脱警察国家的梦魇。"①

检察权的产生与行使，使刑事诉讼活动的结果达到既惩处犯罪又保障人权，从而维护社会秩序和社会正义的目的；使其他国家权力的行使，能够受到严格的法律约束，尽量缩小权力的负面作用，充分发挥其对社会应有的保障和促进职能。"检察机关的诞生是伴随着诉讼模式的演进而产生，并随着诉讼的民主和文明而不断地完善和发展。从私力救济、同态复仇到公力救济的发展是人类文明具有里程碑意义的革命。近代文明的主要标志是从臭名昭著的纠问主义诉讼模式被现代刑事诉讼模式所代替开始，而现代刑事诉讼的开端以拥有'革命之子'美誉的检察官承担起'保障宪法及人民的权利，扶良除恶，监督审判当否的公益代表人'，承担起诉犯罪的公诉职责而确立的"；②"通过检察权来最大限度地优先实现保障人权和社会正义，正是检察制度的精髓之所在"。③

2. 检察机关监督法律的正确实施，维护法制在全国的统一

法制的统一和社会的公正要求法律监督，没有监督，法治要求便无从实现。任何一个国家，在制定法律的时候，总是要设置一定的监督制约机制和司法救济手段，以防止和纠正法律适用的错误和不公对法治的破坏和影响，这是一个普遍规律。而缺少有效监督的公共权力必然会严重损害社会公正。在我国，检察机关作为专门的

---

① 林钰雄：《检察官论》，台湾学林文化事业有限公司1999年版，第16页。

② 陈卫东：《程序正义之路》（第一卷），法律出版社2005年版，第177页。

③ 郝银钟：《中国检察权研究》，载陈兴良主编：《刑事法评论》（第5卷），中国政法大学出版社1998年版，第92页。

法律监督机关，积极主动地对刑事诉讼的各个阶段实施监督以及对民事、行政审判结果进行监督，有利于纠正权力滥用和违法行为，维护我国法制的统一。

3. 检察权的制衡作用，是公正司法的必要条件

从一般权力理论来讲，权力具有双面作用，是一把"双刃剑"。它既能为社会公益的实现以及社会秩序、公民权利的维护提供强有力的权力保障，又天生具有侵略性和扩张性，存在破坏社会秩序、侵害公民权利的危险。英国历史学家艾克顿有句名言："权力倾向于腐败，绝对的权力倾向于绝对的腐败。"权力制衡是实现社会公正的前提。检察权在刑事诉讼中，连接着公安机关的侦查行为和人民法院的审判程序，并对其进行监督，这就在制度设计上能够有效防止审判权和侦查权的滥用，维护社会公平和正义。

4. 弹劾职务犯罪，促进公共权力依法运作

我国的检察权包含着职务犯罪侦查权，它是一项具体的法律监督职能，也是检察权的重要组成部分。"职务犯罪监督，就在于保障国家法律在国家工作人员的职务活动中得到统一正确实施，保障职务活动的合法性。"[①] 人民通过国家权力机关，赋予了检察机关对违背人民意志、亵渎法律尊严、异化公共权力谋取私利的官员的侦查、起诉权，运用这样强有力的弹劾手段，就是要清除那些将公共权力私有化的蜕变者，恢复被破坏的社会秩序，警示广大国家工作人员依法履行职责，从而达到维护社会公正的目的。

总之，检察权与法治文明和社会进步息息相关，离开了检察制度，社会公正就无从谈起，法治文明就会短腿，社会进步也就难以真正实现。正如美国著名政治哲学家约翰·罗尔斯所说，"正义是社会制度的首要价值，正像真理是思想体系的首要价值一样"，

---

① 孙谦主编：《职务犯罪监督论》，中国检察出版社1994年版，第26页。

"假如正义荡然无存，人类在这世界生存，又有什么价值？"

三、检察权基本权能中需要
进一步讨论的问题

（一）关于公诉与公诉权性质

理论上无可争议将检察权之公诉权界定为"是一种对犯罪的追诉权"，但是，公诉权的权力属性或者性质却还是一个值得思考的问题。如果追问一下，公诉权是否就是属于一种请求权范畴，亦即实体判决请求权呢？还是简单理解为其本身就是法律上的程序性权力而不是一种终极裁判性权力呢？从实际情况看，检察机关只能将违法、犯罪行为揭露出来，并通过法定程序提交给专门审判机关进行实体性的决断，作出有罪或者无罪、罪轻或者罪重的裁判；在这一过程中，检察机关行使公诉职权的直接法律效果，实际上就是类似于启动了进入司法程序的电钮。现代刑事诉讼控审分离原则要求检察机关行使公诉权即控诉职能，不应当拥有实体处分权。公诉机关的公诉权力除不起诉、撤销案件以外，一般没有实体性的处分权性质，这对于中国检察权研究是值得专门一提的问题。在控诉原则支配下，法官基于"不告不理"的司法审理原则，除自诉案件外，必须是检察官提起公诉以后，才能开始进入审判程序，即只有检察机关才能控诉犯罪，犯罪必须经由检察机关的控诉，法院始得开始审理与裁判；否则，将会因程序上非法，最后归为实体上也不正义。当然，在实务部门所遇到的行使消极公诉权的情形要远比理论上的预设情形复杂得多，现代公诉更加注重公正地检控犯罪，检察官担负着客观全面的法律忠诚义务，其职责不单单在于对刑事被告人进行有效的追诉，并且也在于对国家权力的双重控制，更加注重发挥辩护权对公诉权的制衡，更加注重律师的辩护功能和辩护意见，强调被告人的参与与配合。① 彻底杜绝先入为主，未审先判的做法或变相做法。

其实，无论哪种社会性质的国家，在刑事诉讼构造中，公诉权是与审判权、辩护权和侦查权都有直接关系的一项重要权能。公诉权的本质特征是程序性启动与程序性审查功能，从而与侦查权和审判权形成制约关系。② 不告不理，无控诉即无审判，审判的范围应与起诉的范围相一致，使得审判机关在庭审的过程中，既不能扩大，也不能缩小范围和内容。西方的诉讼理论引入我国后，也在我国三大诉讼法的立法上产生了积极的影响。我国的诉讼理论把公诉权划分为积极公诉权与消极公诉权两种形态，积极公诉权即检察官启动审判程序，主张法官判定被告人有罪的权力；消极公诉权即检察官根据起诉移交意见和最终侦查结果，不将被不起诉人交付法院审判而终结诉讼的权力。③ 因此，对于积极公诉权而言，其权力性质无疑是属于启动审判程序并对被起诉人进行审判并最终由法院作出终决性实体处理的程序性法律行为，因而表现为一种程序性权力；但对于消极公诉权来说，情况则有所不同，检察机关通过行使法律所赋予的不起诉决定权，直接阻断了将犯罪嫌疑人交付法院进行审理并最终作出有罪或者无罪、罪轻或者罪重的实体性判断，特别是相对不起诉和附条件不起诉等检察决定，则更具实体性裁断的性质，而并非仅仅是一种单纯的程序性权力了。

（二）关于不起诉权的适用问题

在刑事诉讼中，起诉具有发动审判的效力，不起诉则具有终结刑事诉讼程序的效力。与此相对应，在刑事诉讼理论上，起诉遵循

---

① 王新环：《公诉权原论》，中国人民公安大学出版社 2006 年版，第 333 页。

② 王新环：《公诉权原论》，中国人民公安大学出版社 2006 年版，第 130 页。

③ 王新环：《公诉权原论》，中国人民公安大学出版社 2006 年版，第 129 页。

的是起诉法定主义，不起诉既遵循起诉法定原则，又遵循起诉便宜原则。在刑事诉讼价值层面上，两者分别体现了对正义、秩序和效益的取舍和兼顾。①

1. 起诉便宜主义和检察机关的自由裁量权

检察官对案件起诉与否具有自由裁量权，检察官的裁量权在样态上一般表现为：筛选公诉案件，过滤掉不合格和诉讼条件不具备的案件；将不符合正当程序的非法证据排除在指控犯罪根据之外；依法合理地行使不起诉权，有权实施选择起诉与差别起诉；以轻罪不起诉为基础，实行非正式司法程序的非刑罚替代方法，等等。那么，起诉便宜主义与之又有怎样的关联性呢？在传统的刑事诉讼法学上，起诉便宜主义被界定为"虽然已经具有提起公诉的犯罪嫌疑，并且具备了诉讼条件，但是经过公诉人裁量，认为以不起诉为宜的，可以不予起诉"。而与之相对应的则是起诉法定主义，其内涵则是指，凡是具有犯罪的客观嫌疑，只要具备诉讼条件，就必须提起公诉，交由法院进行审理和裁判。在当下，国际上均流行由"起诉法定主义向起诉便宜主义"转变，这种观点转变反映在国内的司法实践中，则是在具体司法活动中体现了更多的和谐司法和人本主义关怀。

实际上，起诉便宜主义原则与"未经审判，任何人不得确定有罪"的审判中心主义原则并不矛盾，因为，检察官作为证据审查裁量方，在刑事诉讼过程中主动发挥裁量起诉作用，这是检察官行使检察权的题中应有之义，也是审判中心主义得以确立的基础和前提。如果没有检察控诉方对前行证据材料的筛选，对案件事实的求证，势必将会使得法院审判活动的社会成本变得更高，其诉讼结果也会因之变得更加难以预料。由此，有学者认为，起诉便宜主义

① 樊崇义、冯中华主编：《刑事起诉与不起诉制度研究》，中国人民公安大学出版社 2007 年版，第 500 页。

符合非犯罪化和轻刑化的世界潮流。刑法应当具有谦抑性，具有最后的法律保留性。倘若刑罚以外的方法足以防止不法行为并对遭受不法行为侵害的对象进行有效救济时，那么，就应当避免使用刑罚。刑罚是一种不得已而为之的"恶"，用之得当，个人与社会两益；用之不当，个人与社会两害。因此，对于刑罚之可能的扩张和滥用，必须保持足够的警惕性和谦抑性。刑罚个别化通过起诉便宜主义灌输后，对于罪行较轻的罪犯，有利于对他们的教育、感化和挽救，有利于他们重返社会，① 也由于他们的家庭稳定，从而避免给他人及社会带来更多不安全隐患。

　　笔者甚为赞同樊崇义、冯中华等教授的观点，即起诉便宜主义有利于实现诉讼经济与节约司法资源。不起诉制度体现了诉讼经济原则。不起诉制度使不必要或者不应当进入诉讼程序的刑事案件在审查起诉阶段即可终结，从而简化了刑事诉讼程序；而刑事诉讼程序环节的减少，既缩短了冗长的诉讼时间，减轻了当事人之间的讼累，节省了人力、物力等司法资源，又可以使人民检察院和人民法院将主要精力投入到更为严重的刑事案件的起诉和审判中去，以提高诉讼质量和诉讼效率。②

　　另外，值得一提的是，刑法理论界对此也有比较明确的观点，认为起诉便宜主义更多地考虑了被害人和其他公民的意愿，检察官应独立审查决定公诉而不能受社会舆论的控制，但也不能完全无视社会的声音，尤其是应重视不追诉的声音。即便认定犯罪嫌疑人有罪，如果侵害人与被害人之间已经和解（刑事和解），被害人表示宽宥，也可以不予追诉，尤其是对侵犯财产的犯罪，这种情况更为

---

　　① 樊崇义、冯中华主编：《刑事起诉与不起诉制度研究》，中国人民公安大学出版社 2007 年版，第 502 页。

　　② 樊崇义、冯中华主编：《刑事起诉与不起诉制度研究》，中国人民公安大学出版社 2007 年版，第 503 页。

常见。起诉便宜、刑事和解，在当今构建和谐社会、和谐司法的大背景下，更有着独特的意义。①

2. 关于法定不起诉、酌定不起诉、存疑不起诉的问题

在大多数情况下，公诉权行使的性质多表现为程序性，但这种程序性直接影响着实体性权力的发挥。没有程序，实体就不能形成。当检察官行使不起诉权时，此时的公诉权已经不再是一种单纯的司法请求权，而是一种司法处置权；因为，检察机关的不起诉决定具有终结诉讼的效力，不起诉决定一经作出，其产生的直接法律后果，就是刑事诉讼终止，其他国家机关包括法院都将不能再对被不起诉人进行刑事处分。当然，适用法定不起诉的前提，是个案满足了法律设定的对犯罪嫌疑人不应追究刑事责任的条件，在这种情况下作出的不起诉决定，则不属于检察机关根据起诉便宜主义而自行决定终止公诉权的继续行使，而是检察机关依法必须作出的不起诉决定。与法定不起诉不同的是，相对不起诉决定的作出，则体现出了检察机关在行使公诉权过程中所拥有的自由裁量权。酌定不起诉是对可以起诉的案件，经过分析和考虑而选择不起诉，检察院拥有诉权而予以主动放弃，此时，检察院拥有自由裁量权。法定不起诉和酌定不起诉都是案件事实已经查清的背景下作出的。而存疑不起诉适用的前提是，因证据不足导致犯罪事实未查清，不能确定犯罪嫌疑人构成犯罪和需要追究刑事责任所必需的证据材料和事实，是疑罪从轻与疑罪从无原则的体现，也是人权在保护另一种形式的

---

① 在起诉便宜主义引入中国刑法理论界后，接踵而至的是当下刑事犯罪能否进行和解，虽然实然层面已经存有大量的案例和解，但终极拷问其法律依据还是有缺失的。随着行政诉讼的和解原则和条款讨论，刑事诉讼应当在积极地应对变化之中。中国法律的立法总体上显得滞后，如酒后驾车酿成重大交通伤亡事故的刑事处罚就明显偏轻，轻到甚至可以故意为之置宿敌于死地的低成本。南京市江宁区 2009 年 6 月 30 日发生的酒后交通肇事惨案，应该值得公法学者反省和检讨我们对此方面立法的滞后性。——笔者注

表现。①

对于轻微刑事案件，法律应赋予受害人选择公诉或自诉救济程序的自由。刑法具有谦抑性特点，"所谓刑法谦抑性，是指刑法应当作为社会抗制违法行为的最后一道防线，能够用其他法律手段调整的违法行为尽量不用刑罚手段调整，能够用较轻的刑法手段调整的犯罪行为尽量不用较重的刑法手段调整。"② 对于危害不大的轻微刑事案件，如果双方已达成了调解的协议，达到了安抚被害人、教育犯罪人并使其真诚悔过并且不再具有社会危害性，事实上这也就实现了刑法所要达到的目的。对于轻微犯罪案件，在侦查和审查起诉阶段，应当允许当事人和解后由侦查机关撤案或由检察机关作不起诉处理，这样做，不仅有利于侵害人改过自新，同时也保障了犯罪人的人权，并且可以节省国家司法资源，提高司法效率。我国《刑法》第 37 条规定："对于犯罪情节轻微不需要判处刑罚的，可以免予刑事处罚。"《刑事诉讼法》第 142 条第 2 款规定："对于犯罪情节轻微，依照刑法规定不需要判处刑罚或者免除刑罚的，人民检察院可以作出不起诉决定。"在轻微罪不起诉案件中，检察机关对犯罪的认定，是属于指控性质的认定，"并且是属于承担控诉职能的机关自己的认定"。③

---

① 我国《刑事诉讼法》第 142 条规定："犯罪嫌疑人有本法第十五条规定的情形之一的，人民检察院应当作出不起诉决定。"第 15 条规定了下列六种情形："（一）情节显著轻微、危害不大，不认为是犯罪的；（二）犯罪已过追诉时效的；（三）经特赦令免除刑罚的；（四）依照刑法告诉才处理的犯罪，没有告诉或者撤回告诉的；（五）犯罪嫌疑人、被告人死亡的；（六）其他法律规定免予追究刑事责任的。"

② ［意］恩里科·菲利：《犯罪社会学》，郭建安译，中国人民公安大学出版社 1990 年版，第 163 页。

③ 张穹主编：《人民检察院刑事诉讼理论与实务》，法律出版社 1997 年版，第 284 页。

存疑不起诉又称证据不足不起诉，我国《刑事诉讼法》第140条第4款规定："对于补充侦查的案件，人民检察院仍然认为证据不足，不符合起诉条件的，可以作出不起诉的决定。"此处的"可以"，就是把证据不足是否起诉的自由裁量权赋予了检察机关。因此，我们常见的存疑不起诉法律依据，就是在刑事诉讼的法律制度中。

3. 关于检察机关的建议特殊程序审理权

在刑事诉讼过程中，简易程序和普通程序简易审的适用，有利于优化刑事诉讼结构，提高刑事诉讼效率，把司法资源的消耗调整到最合理的状态，使有限的司法资源能够应付不断上升的犯罪现象，并且在保护当事人合法权利、维护社会利益方面，发挥着举足轻重的作用。

但检察机关作为公诉机关，是建议适用简易程序和普通程序简易审的法定机关。我国《刑事诉讼法》第174条第（一）项规定："对依法可能判处三年以下有期徒刑、拘役、管制、单处罚金的公诉案件，事实清楚、证据充分，人民检察院建议或者同意适用简易程序。"所谓"检察机关建议"，是检察机关在提起公诉时，主动向法院建议适用简易审程序；所谓"检察机关同意"，是指移送起诉后，人民法院在审查案件过程中，认为可以适用简易审理方式时，征询检察机关意见，检察机关表示同意。就实质意义而言，普通程序简易审程序是在简化庭审质证和辩论程序的基础上认可起诉书指控内容的程序。这里包含对辩护方质证和辩护权在某种程度上的放弃。因此，检察机关必须在征得被告人及其辩护人同意后才得提出普通程序简易审。

可以说，检察机关是简易审程序中质证程序简化的主要操作者，没有检察机关的建议或者同意，简易审程序将无法操作。①

（三）关于补充侦查权

何谓补充侦查权？补充侦查权一般是指检察机关或检察官对于警察机关（侦查机关）侦查的案件，在移送检察机关或检察官审查起诉后，如果检察机关或者检察官认为证据不足时，要求原侦查机关补充侦查或者自行补充侦查的一种法定权力。补充侦查，本质上是原有侦查工作的继续，仍属于侦查程序的范畴。但是，补充侦查并不是每个刑事案件的必经程序，它是在原侦查工作没有完成侦查任务的情况下，就案件的部分事实、情节所进行的补充侦查活动。补充侦查，对于查清案件的事实真相，达到侦查的目的和要求，保证办案质量，具有重要的意义。② 那么，我国目前的补充侦查权的阶段和方式有哪些呢，补充侦查又与最终达致的审判结果存在怎样的内在规律性呢？这是我们研究中国检察权所不能不关注的问题。

我国刑事诉讼法规定，人民检察院对于公安机关侦查的案件，在审查批捕、审查起诉和法庭审理阶段，如果认为案件事实不清、证据不足，或者遗漏罪行或者同案犯，需要补充侦查的，可以退回公安机关要求补充侦查或者自行侦查。同时，我国《刑事诉讼法》第 68 条规定："人民检察院对于公安机关提请批准逮捕的案件进行审查后，应当根据情况分别作出批准逮捕或者不批准逮捕的决定。……对于不批准逮捕的，人民检察院应当说明理由，需要补充侦查的，应当同时通知公安机关。"审查批捕阶段的补充侦查，只

---

① 陈阳：《论刑事诉讼普通程序简易审理》，载《检察实务》2006 年第 8 期。

② 参见陈光中主编：《刑事诉讼法》，北京大学出版社 2005 年版，第 304 页。

能退回公安机关。根据《刑事诉讼法》第 140 条的规定，在审查起诉阶段，对于需要补充侦查的案件，可以退回公安机关补充侦查，也可以自行侦查。至于在法庭审理阶段，检察机关可以行使哪种补充侦查权，法律并没有明文规定。因此，我们一般认为，检察机关此时既可以行使退回补充侦查权，也可以行使自行侦查权。

回答了什么是补充侦查及其法定权力的法律依据和来源，进而我们必须弄清楚或回答补充侦查的必要性和重要性。

首先，这是检察机关诉讼职能分工的必然要求。在现代刑事诉讼中，侦查、起诉和审判三大诉讼职能相互独立，这是司法公正的内在要求。在我国，对于普通刑事案件，由公安机关负责立案侦查，检察机关负责审查起诉并出庭支持公诉，法院负责审判，三大机构职能分工明确而且各自固守着自己的阵地。由于公安机关的侦查阶段与检察机关的审查起诉阶段不同，法律要求公安机关侦查的案件要达到起诉的标准，而检察机关起诉的案件要达到法院定罪的标准。[①] 由于诉讼阶段不同，检察机关与公安机关对案件进入诉讼程序的要求不同，难免出现公安机关侦查的案件难以达到检察机关要求的情况，此时，就会产生补充侦查的需求，以此保障诉讼的顺利进行。换句话说，补充侦查是为了更好地完成刑事诉讼过程和实现刑事诉讼目的。当然，实践中也可能会因为补充侦查的证据与原初侦查机关所认定或指控的罪名不相吻合和一致，而最终不诉甚至终结。那么就个案而言，这似乎是与个案的办理初衷并不一致，但就"以事实为根据，以法律为准绳"的整体司法要求而言，即使出现这种情况，也是实现社会主义法治的必然要求。

其次，这是由我国检察机关的性质所决定的。在我国，检察机

---

① 参见邓思清：《检察权研究》，北京大学出版社 2007 年版，第 198 页。

关是国家的法律监督机关。检察机关的公诉权是联结公安机关侦查活动和法院审判活动的纽带，并对侦查活动和审判活动享有法定的监督权。检察机关在对案件审查批准逮捕和审查起诉的过程中，发现存在案件事实不清、证据不足，遗漏罪行或者同案犯等情形，或者依法对非法证据进行排除的，有权要求退回公安机关补充侦查或者自行补充侦查。这实际上是体现了检察机关对侦查行为的监督，同时也能够防止侦查机关滥用侦查权，切实保障无罪的人不受法律追究。

最后，这是我国司法实践的客观现实需要。在司法实践中，犯罪活动日益复杂，犯罪手段和方式日趋智能化，重特大犯罪案件数量不断上升，在某些情况下，公安机关很难使侦查工作一步到位；经过检察机关的补充侦查，案件的事实真相才能逐步显露，最后达到客观公正地追诉犯罪的目的。

（四）关于量刑建议权

所谓检察机关的量刑建议权，也称为求刑权，是指检察机关在刑事诉讼中就被告人所应判处的刑罚向人民法院提出建议意见的一种权力。具体来说，是检察机关在量刑裁判以前的某个诉讼环节，在综合考虑被告人的犯罪事实、性质、情节和刑事政策等基础上，依法就适用刑罚包括刑种、刑期、罚金数额及执行方法等提出建议。① 在法学理论上，在量刑建议权的行使中，我们不能不回答中国检察权之量刑建议权的价值。

有鉴于此，我们不妨反推一下公诉权问题。公诉权是检察权最为重要的内容之一，而量刑建议权与定罪请求权又是公诉权的重要组成部分，始终关乎公诉过程的本体，因此，检察机关行使

---

① 参见钟勇：《关于量刑建议方面问题的探讨》，载《法制与经济》2007年第8期。

量刑建议权是行使检察权的题中应有之义。当然，这也只是一个方面，更多的是检察机关行使量刑建议权中具有一系列的优越性，具体表现在：

第一，有利于完善公诉内涵，强化公诉职能。检察机关依法独立享有公诉权，公诉权本身就是一种司法请求权，具体包括：一是请求审判机关对其提起公诉的犯罪予以确认，即定罪建议权（又称"求罪权"）；二是请求审判机关在确认其指控的犯罪基础上予以刑罚制裁，即量刑建议权（又称"求刑权"）。后者是请求确认前者的目的，如果没有后者，对定罪的请求就失去了意义，请求也就不是完整的请求。① 因此，量刑建议权显然是公诉权的重要组成部分，检察机关行使量刑建议权有利于完善公诉内涵，强化公诉职能，更好地打击犯罪和维护社会秩序。

第二，有利于修正量刑幅度，保障量刑公正。在我国，法院作为唯一有定罪量刑权的国家机关，其他任何机关、团体或个人都无权干涉法院独立行使审判权。这种绝对的权力，加上较大的法官自由心证和自由裁量的自由空间、法官队伍素质参差不齐以及对自由裁量权缺乏足够的约束和制约等因素，导致在司法实践中，量刑失当现象时有发生，不公正的裁判屡屡出现。检察机关行使量刑建议权，调动了控辩双方参与量刑裁判意见的形成，共同探索量刑的合理界线，提高量刑程序的透明度和量刑的可预测性，可以适当约束法官的自由裁量权，协助法官正确量刑，罚当其罪，有利于个案的公正和司法公正。

第三，有利于加强检察监督，防范司法腐败。公诉人提出具体的量刑建议，虽然不能直接制约和最终决定法院的裁判内容，但是，它有助于打破量刑的"暗箱操作"，实际上增设了一个公开的

① 参见章强明、沈欢芝：《对检察机关量刑建议权的定位思考》，载《法制与经济》2008 年第 10 期。

量刑听证环节，提高了量刑的透明度。法庭如果要作出相反或不同的判决，就应当说明理由。这从程序上有力地保障了量刑公正，增强了量刑裁判的说服力，有助于消除对量刑裁判合理性的怀疑，[1]有利于防止司法腐败。此外，量刑建议制度是节约司法成本、提高诉讼效率的有效工具，可以节约司法成本，提高诉讼效率，为法官及时裁判提供借鉴，避免审限过长而导致司法资源的浪费。

（五）关于撤回起诉权

刑事诉讼中的撤回起诉，是指公诉机关将案件向法院提起公诉后，在法院审理之前，由于法定的原因，撤回已经提起的公诉，不再要求法院审理案件，经法院审查撤回公诉而终止诉讼的程序。[2]公诉案件撤回起诉是庭审过程中的一种诉讼行为，撤诉制度是刑事公诉变更制度中的一项重要内容，同时也是检察机关行使自由裁量权的体现。

最高人民检察院《人民检察院刑事诉讼规则》第 351 条规定：在人民法院宣告判决前，人民检察院发现不存在犯罪事实，犯罪事实并非被告人所为或者不应当追究被告人刑事责任的，可以要求撤回起诉。最高人民法院《关于执行〈中华人民共和国刑事诉讼法〉若干问题的解释》第 177 条规定：在宣告判决前，人民检察院要求撤回起诉的，人民法院应当审查人民检察院撤回起诉的理由，并作出是否准许的裁定。以上"两高"各自的司法解释，是目前关于公诉案件撤诉的直接法律依据。

那么，如何正确认定撤回起诉权及其行为的性质，在检察权

---

① 参见钟勇：《关于量刑建议方面问题的探讨》，载《法制与经济》2007 年第 8 期。

② 参见翁品：《论公诉案件撤回起诉的合法性与合理性》，载《中共乐山市委党校学报》2008 年第 11 期。

问题上也是值得人们重视的一个问题。撤回起诉中外皆有之，其所集中表现的是检察机关的自由裁量权的彰显和依法独立公诉的精神，符合诉与不诉皆由检察机关定论的原则。撤回起诉权从本质上来看，是一项请求权。在我国现行法律体系中，撤回起诉权无疑是诉权的组成部分，是公诉机关依据控审分离原则和起诉便宜主义行使自由裁量权的体现。① 公诉机关是提出撤回起诉的主体，只享有请求权，撤回起诉的决定者应该是人民法院。人民法院进行审查，同时听取被告人和被害人的意见，最后决定是否准予撤回起诉。

关于撤回起诉的时间、原因与效力问题，在检察权的视野下，也是严格的功能规范和制度约束的。绝对不是"想诉便诉、不诉便撤"的文字游戏。最高人民法院和最高人民检察院的司法解释中规定，撤回起诉应该是在"判决宣告前"，关于这一点，笔者认为有失偏颇甚至是一个误区。刑事诉讼与民事诉讼不同，民事诉讼中只要不涉及公共利益，当事人对自己的实体性权利和程序性权利有充分的处分权，只要出于当事人的自愿，其可以主张或放弃，哪怕是关乎自身重要利害关系的权利。但是刑事诉讼中，诉权主体是国家，犯罪嫌疑人侵害的是国家的法益，公诉机关只是代为行使追诉权的国家机关，它对诉权的处分应该严格按照法律的规定，不能滥用。② 说一句难听的话，对于此类的犯罪构成，其所侵害的亦非个人的权利，而是整个国家的法益和秩序，检察机关根本没有权力将此种权利拱手送人。因此，笔者思考，撤回起诉应在公诉机关将案件向法院提起公诉后、法院审理之前。在法院审理过程中，公诉

---

① 参见王字鹏：《公诉案件撤回起诉实践检讨》，载《中国检察官》2006 年第 1 期。

② 参见翁品：《论公诉案件撤回起诉的合法性与合理性》，载《中共乐山市委党校学报》2008 年第 11 期。

机关不得撤回起诉，即法院一旦作出决定开庭审理，公诉机关便不得撤回起诉。但是有例外，如因据以定罪的法律依据在审判阶段发生变化，而依据新出台的法律或司法解释不宜再认定被告人的行为构成犯罪而撤回起诉的，或者发生其他导致审理无法继续进行必须终止的情况，才可以在庭审过程中申请撤回起诉。

撤回起诉的原因与撤回起诉的效力问题，在过去检察权研究中很少有人给予关注。撤回起诉应该严格按照法律的明文规定。首先，从司法解释上讲，根据最高人民检察院《人民检察院刑事诉讼规则》第351条的规定，撤回起诉的形式要件是"发现不存在犯罪事实，犯罪事实并非被告人所为或者不应当追究被告人刑事责任的"这三种情况。其次，在实践中，公诉机关撤回起诉的原因大都是"事实、证据有变化"即非锁定确定性，而事实、证据有何变化，其中原委公诉机关可自由决定，有些变化如证人翻供的，发现有新罪、漏罪需要补充起诉、变更起诉或重新起诉的，被告人在审判过程中逃脱等等，公诉机关被迫撤回起诉的，也是无可厚非的。[1]

不过，笔者还是认为，一旦撤回起诉决定作出，案件就将终止，检察机关不得对被撤回案件中的被告人再次进行追诉。检察院申请撤回起诉，法院准予撤诉是审查并认可了撤诉理由，即认可了不存在犯罪事实，犯罪事实并非被告人所为或者不应当追究被告人刑事责任，对原被指控的被告人在构成犯罪、应该适用刑罚等实体方面作出的否定性评价。这既有程序意义上的诉讼程序的终结，也有实体意义上的对被告人的评价。[2]

① 参见翁品：《论公诉案件撤回起诉的合法性与合理性》，载《中共乐山市委党校学报》2008年第11期。
② 参见王宇鹏：《公诉案件撤回起诉实践检讨》，载《中国检察官》2006年第1期。

四、功能主义视角下的公务犯罪侦查权

廉政审计风暴，吹皱了中国职务犯罪江河湖海中几多涟漪，随着反腐败问题进入立法程序①，对国家公权的约束和具体行为的制度规范，也将会真正地走上前台。在当前，我国的反腐败斗争又进入了新的阶段，有些地方和有些领域的腐败现象已经到了相当严重的程度，如若还不能警醒并下决心惩治，后果将会非常严重，特别是在理论研究上更应始终保持必要的警惕。

职务犯罪是指国家公职人员利用职务之便、牟取非法利益或侵犯公民人身权利和民主权利的犯罪行为，或者不正确履行、怠于履行其职责造成重大损害的犯罪行为，或其他公民和单位侵害职务廉洁性、破坏国家对职务行为的管理活动，依法应受刑罚处罚的犯罪行为。以现代民主政治和法制的观念看，职务犯罪在本质上是一种滥用权力、亵渎权力的行为，是权力运行过程中发生的权力异化和失控现象。腐败是权力异化的极端表现，而职务犯罪是权力腐败的极端表现。②联合国《关于检察官作用的准则》第15条规定："检察官应当适当注意对公务人员所犯的罪行，特别是对贪污腐化、滥用权力、严重侵犯人权的，要依照法律或管理对这种罪行进行调查。"检察机关侦查权是检察权的重要组成部分，是检察机关对此类行为依法进行法律监督的主要手段。

---

① 国内不少学者建议制定一部反腐败法。针对各种腐败违法侵权活动立法，也许是立法的一种创新。

② 孙谦：《国家工作人员职务犯罪研究》，法律出版社1998年版，第1页。

（一）　公务犯罪的初查权

我国《刑事诉讼法》第 86 条规定："人民检察院对于报案、控告、举报和自首材料，应当按照管辖范围，迅速进行审查。"这里的审查有两种方式：一种是书面审查，即仅对控告、举报和自首的书面材料所作的审查；另一种是实地调查，即向相关人员和场所访查、了解，收集证据。因这种调查相对于立案后的侦查来说只是前期的、初步的，所以检察学理论上又称为初查权。由此可见，初查是审查的方式之一，是对检察院管辖范围内的线索进行调查，以判明是否符合立案条件的诉讼活动，即为了判明是否有犯罪事实存在，是否需要追究刑事责任，以便决定是否立案。① 初查的对象是人民检察院管辖范围内的职务犯罪案件线索。初查是为立案作准备的，它还不是或说够不上一个独立的诉讼程序，但却是检察机关具体办理自侦案件即职务犯罪案件的一个必经程序。它是立案的基础，也是立案后开展侦查活动的依据和条件。

这一点，正是检察机关自侦案件的特点之一。在当前情况下，检察院所侦查的犯罪一般都不会自行暴露，投案自首的可能性微乎其微。在大量的举报案件线索中往往有明确的犯罪嫌疑人，而是否是犯罪事实则往往不甚明了，这就需要经过初查才能确定是否符合立案条件。另外，职务犯罪不同于一般的刑事案件，对它的发现主要是公民的举报，而且举报特别是匿名举报的真实性往往不够，因此在对职务犯罪立案前，必须进行初步的调查和审查活动。

初查要求也要遵循无罪推定原则。无罪推定要求对任何被怀疑犯罪或者受到刑事控告的人在未经司法程序最终确认有罪之前，在

---

① 刘建柱主编：《检察实务疑难问题研究》，中国检察出版社 2004 年版，第 33 页。

法律上应假定或推定为无罪。① 初查权的行使有利于保障犯罪嫌疑人的实体人权。事实上，初查是提高成案率和办案效果的要求。初查的功夫做得越足，证据获取得越充分，办案人员对案件的把握就越大，信心越足，成案率相应就会越高，对犯罪分子打击越大，从而带来的办案效果就会越好，不必要的负面影响就会越小。② 正所谓"办案七分初查、三分破案"，初查的重要性可见一斑。

（二）职务犯罪侦查权的行使

任何权利或权力的行使，都应该有他存在的可能，或是必要性。检察机关行使职务犯罪侦查权的必要性和现实性一如上述，检察机关行使职务犯罪侦查权是由其宪法地位决定的。我国《宪法》第 129 条规定，"中华人民共和国人民检察院是国家的法律监督机关"。这一规定明确了检察机关的法律监督职责，即人民检察院应当依法监督国家机关、社会组织和个人对法律的执行和遵守情况，以维护法律的统一和正确实施。我国检察机关对职务犯罪案件的侦查权是由其法律监督职能所派生的。

同时，我国《宪法》第 131 条明确了检察机关的独立法律地位，即"人民检察院依照法律规定独立行使检察权，不受行政机关、社会团体和个人的干涉"。而在实践中，职务犯罪大多是利用职权实施的犯罪行为，与国家公权力尤其是行政权力，有着千丝万缕的联系，这使得职务犯罪侦查活动更容易受到权力干扰。我国检察机关的独立法律地位对于侦查主体排除行政权力干扰、保障职务犯罪侦查的客观性意义重大。我国《宪法》第 132 条规定："最高人民检察院领导地方各级人民检察院和专门人民检察院的工作，上

---

① 甄贞等：《法律监督原论》，法律出版社 2007 年版，第 79 页。
② 刘建柱主编：《检察实务疑难问题研究》，中国检察出版社 2004 年版，第 34 页。

级人民检察院领导下级人民检察院的工作。"检察机关实行一体化，上下级之间是领导被领导关系，这一领导体制对于整合检察资源，提高检察机关对职务犯罪案件的侦办效率具有重要意义。近年来，我国检察机关建立了职务犯罪侦查一体化的办案机制。在这一工作机制下，最高人民检察院对全国各级检察机关的侦查活动进行统一指挥，上级检察机关对下级检察机关的侦查活动进行统一部署，这就为职务犯罪侦查工作提供了可靠的机制保障。①

　　鉴于职务犯罪的特点，在实际侦查过程中也就决定了职务犯罪侦查权行使过程中的必然的路径依赖。因为职务犯罪与一般刑事犯罪相比，自身具有一些崭新的特点：一是主体身份的特殊性，能够构成职务犯罪的主体大多是国家公职人员，它包括国家工作人员以及其他依照法律从事公务的人员；二是同类客体的一致及直接客体的广泛性，这与职务犯罪侵犯的同类客体是一样的，都侵犯了职务义务的正当性或廉洁性，但它侵犯的直接客体却十分广泛，不仅有公共财物，还有公民的人身权利、民主权利、财产权利等；三是犯罪社会危害性大，职务犯罪的危害最终指向国家政权的核心，其社会危害性特别是对国家政权的危害更甚于一般刑事犯罪，容易打击公民对党和政府的信心以及对法律的信仰；四是侦破的难度系数大。在职务犯罪中，由于犯罪主体的特殊性，使犯罪更具有隐蔽性，收集证据更加困难，可以说，职务犯罪活动与刑事程序有着一种"天然性不协调关系"。② 因此，职务犯罪案件特别是领导干部的职务犯罪案件的侦查常常极其困难，甚至是具有极高的政治风险。职务犯罪的特殊性，决定了侦查此类案件所需的专门性，检察

---

① 参见卞建林、封利强：《检察机关职务犯罪侦查权的回顾与展望》，载 http：//article. chinalawinfo. com/Article_ Detail. asp? ArticleId = 44366 。

② 王云海：《美国的贿赂罪》，中国政法大学出版社 2002 年版，第 212页。

机关作为国家的专门法律监督机关，对职务犯罪这类直接影响国家政权的犯罪，继续由其行使侦查权更具有现实性，这也是检察机关行使法律监督权的具体方式之一。①

此外，检察机关职务犯罪侦查权可以有效地保障法律监督任务的实现。检察机关通过职务犯罪侦查权的行使，一方面可实现对国家公职人员职务活动的监督。通过对国家公职人员遵守法律的情况进行监督，对触犯刑律构成犯罪的，起诉到审判机关进行审判并执行刑罚，从而监督国家法律的遵守和执行。另一方面，可保障检察机关履行各项法律监督职责，特别是诉讼监督任务的有效完成。依照法律规定，检察机关在进行侦查监督、审判监督、执行监督和民事行政法律监督的过程中有一项重要任务就是发现并依法追究司法人员的犯罪行为。司法实践表明，执法不严、司法不公现象的背后往往隐藏着职务犯罪。要彻底解决这类问题，只纠正诉讼违法是不够的，还必须追究其背后的职务犯罪，而这种追究活动，则必须通过严谨而权威的侦查活动来进行，也只有这样，才能有效地清除执法、司法领域中的腐败现象。②

理论的设想和建构，最终的落脚点还是对实践的指导。从司法实践的角度来看，检察机关直接行使公务犯罪侦查权，有利于实现侦查与起诉的有机衔接。侦查是公诉的准备程序，应当为公诉服务。然而，在实践中，侦查工作所发生的偏差往往会影响起诉工作的质量甚至关乎公诉的成败，甚至会造成对犯罪嫌疑人基本人权的严重侵害，因为只有在充分的侦查且证据链条得以确认的情况下，才能对犯罪嫌疑人进行指控直至送上审判庭。因此，这也就给检察

---

① 参见李友文：《试述职务犯罪侦查模式的缺陷与完善》，载 http：// www. hbjc. gov. cn/shiwuyanjiu/zhenchashiwu/200902/t20090226_ 184387. html。

② 参见李友文：《试述职务犯罪侦查模式的缺陷与完善》，载 http：// www. hbjc. gov. cn/shiwuyanjiu/zhenchashiwu/200902/t20090226_ 184387. html 。

机关提供了许多值得检讨和反思的新问题，而且必须从源头上加以解决。第一，要科学配置检察机关职务犯罪侦查权的技术力量。根据我国《人民检察院刑事诉讼规则》第 8 条规定："人民检察院立案侦查贪污贿赂犯罪、国家工作人员的渎职犯罪、国家机关工作人员利用职权实施的非法拘禁、刑讯逼供、报复陷害、非法搜查的侵犯公民人身权利的犯罪以及侵犯公民民主权利的犯罪案件。"检察机关职务犯罪侦查权，具体可分为贪污、贿赂案件侦查权和渎职侵权案件侦查权，分别由检察机关内部的反贪污贿赂部门和渎职侵权部门行使。另外，检察机关监所检察部门是诉讼监督部门，也在一定范围内行使职务犯罪侦查权。同时在技术手段上，倚重专家证人证言，运用国际上新型的反舞弊侦查技术对纸质文本或是电子信息文本审计比附勘验，因为公务犯罪大多数属于财产性侵权犯罪，无论其反侦查手段如何高明，终究会留下蛛丝马迹的。美国的安然证券交易舞弊事件最后的告破，值得我们反贪部门很好地研究和借鉴。① 第二，要正确评估和理性分析检察机关行使职务犯罪侦查权的现状与缺陷，只有认识到自身存在的不足，才可能弥补我们侦查手段的滞后性。宪政发展将会更加注意对个体人权人格法益上的保护，强制性手段将会被限制在有限的对象和特定的时间地点里使用。国际上刑事侦查的趋势就是朝着这个以人为本、无罪推定方向上发展的。故而，我们要在理论上进一步厘清检察机关管理体制和工作机制中存在的缺陷，在实践上努力改正强制措施执行权设置的

---

①　安然公司破产案受理后，美国 SEC（证券交易委员会）及 12 个特别委员会即刻对其展开调查，所面对的财务会计资料是 10000 份电脑备份，2000 万份纸质文档。还有 400 台电脑里库存文件证据，堆积如山，浩如烟海，法务会计小组接受 SEC 的委托后，迅即通过电子文档和纸质文件的审计、保存恢复相关数据，调查当事人，结果在很短的时间内就掌握了大量的证据。参见（Edward I wata : Enron case could be largest corporate investigation），USA TODAY 2002/2/28。

不合理的现状。① 对现行刑事诉讼法规定的五种用于刑事犯罪侦查的强制措施，检察机关目前只有拘传的执行权，而拘留、逮捕、取保候审及监视居住的执行权均由公安机关行使，其中拘留、逮捕除了由检察机关作出决定外，还必须取得公安机关填发的《拘留证》或《逮捕证》。② 职务犯罪侦查机关侦查的案件由公安机关来执行强制措施，不利于保密，影响案件侦查，职务犯罪嫌疑人常常关系网厚，知情面一旦扩大，可能会给侦查工作带来负面影响，造成无功而返的被动局面。第三，要重视解决检察机关侦查手段影响办案质量和效率的问题。在现行司法许可的前提下，目前检察机关无技术侦查决定权和实施权，侦查手段比较单一，诸如用一种老式传统的反舞弊手段来侦查现代化的贪污腐败案件，其情状不堪就可想而知，且不说美国安然证券的会计师舞弊案，就是发生在中国的与公务员相关联的上海"嘉宝实业案"与"红光案"、河南郑州的"郑

---

① 目前，我国地方各级检察机关实行双重领导体制，即以行政辖区的党委领导为主、检察系统内部领导为辅，而事实上是上级检察机关对下级检察机关的人、财、物基本无权管理，双重领导有名无实。检察机关的办案经费、工资、福利、奖金、工作条件、设备等各项经费开支均依赖地方，在编制经费上都由同级政府划拨，受制性大。机构不独立，难以独立行使职权是阻碍职务犯罪侦查工作的根本问题。

② 参见岳分责：《论检察机关侦查权的优化配置》，载《法制与经济》2008 年第 8 期。

百文案"等案，① 由于职务犯罪无明显的受害人，现场难以确定，痕迹等实物证据少，言词证据是主要证据，采取秘密监听、跟踪监视等技术侦查手段是侦破贿赂犯罪案件的有效手段。而我国法律没有规定检察机关的技术侦查权，检察机关要实施技术侦查必须商请公安机关或国家安全机关配合才能行使，而且法律并未规定公安机关、国家安全机关如何及时配合支持。② 侦查措施和手段方面的限制使得职务犯罪侦查工作软弱无力，取证难、认定难的现象普遍存在，严重影响办案的质量和效率。

（三）关于技术侦查权的完善

技术侦查权是对公务职务犯罪侦查权的有力补充和技术支持。所谓技术侦查，是指通过电子监听、电子监控、秘密拍照或录像、电子邮件检查等秘密的专门技术手段获取与犯罪有关的言词、票

---

① 2002 年年底，"嘉宝实业"与"红光"证券虚假陈述民事赔偿案虽然最终以庭后和解方式结案，但丝毫不能影响本案的特殊意义：1998 年 12 月，上海股民首次起诉"红光"公司全体董事会成员及其发行上市的中介公司犯有恶意"证券欺诈"，这在中国被誉为"华夏股市第一案"；上海投资者彭女士诉嘉宝实业因虚假陈述引发的证券民事赔偿案最终以和解的方式结案，这是自最高人民法院 2001 年颁布司法解释以来，在全国各地法院受理的证券赔偿案已逾 2000 例中的第一起以"和解结案"之案件。当时，就有不少法学界的专家对此质疑，1997 年发生在河南郑州市的"郑百文公司案"，直接关涉到 1997 年郑百文公司是否存在在公司经营连连出现亏损的状况下，采取虚提返利、费用跨期入账等手段编制财务报表，以报告给投资人，难道这一切虚假的业绩陈述，就没有地方政府官员的首肯吗？反过来求证，难道就没有政府官员在监督管理上和履行职务义务上的粗心大意或渎职吗？但最后侦查取证采用老套的方法怎么能够有所突破呢？会计舞弊，虚假陈述，圈钱侵占股民，地方政府究竟充当什么样的角色，一切需要证据说话，因此，本案最后由于证据的缺失，只有草草了事，国家财产、股民利益也就灭失了。

② 参见岳分责：《论检察机关侦查权的优化配置》，载《法制与经济》2008 年第 8 期。

证、印签及相关行为的一种技术侦查手段。根据我国刑事诉讼法的有关规定，检察机关在一定范围内拥有侦查权，也就是说，在该特定范围内，检察机关应当拥有与公安机关、安全机关相同的侦查权，但是，刑事诉讼法及相关法律并没有明确赋予检察机关技术侦查权。没有独立的技术侦查权，检察机关的侦查权将是不完整的。我国现行的刑事诉讼法对于技术侦查没有明确规定，人民警察法和国家安全法只赋予公安机关和安全机关可以行使现代高科技的技术侦查权，而对检察机关是否可以使用技术侦查措施却于法无据。①虽然现行法律也没有明确禁止检察机关行使技术侦查权，但按照公权力行使应当遵循法无授权即禁止的基本原则，国家检察机关是否可以拥有依托现代科技手段对案件对象采取必要的技术侦查权力，这似乎成为当下检察实务界呼声颇高的一个话题。对此，笔者理解如下：

1. 赋予检察机关技术侦查权的必要性和重要性

首先，赋予检察机关技术侦查权是新时期反腐败斗争的需要。在我国，随着反腐败斗争的不断深入，一些腐败犯罪的手段和方法不断翻新，反侦查能力明显提高，职务犯罪已出现日趋智能化、隐秘化特点，检察机关侦查职务犯罪的难度越来越大。靠传统的调查取证、搜查、鉴定等"由供到证"的侦查措施和方法很难奏效。职务犯罪具有特殊性，与普通刑事犯罪相比特点突出。从主体上看，职务犯罪属特殊主体，必须由国家工作人员或国家机关工作人员构成，高素质、高学历、高智商、具有反侦查能力是其共性；从客观上看，除侵犯公民人身权利和民主权利类案件外，绝大多数职务犯罪案件侵害的客体都是国家财产、公共利益，具有抽象性，在犯罪对象上通常也没有直接的受害人；从客观方面的犯罪行为看，

① 肖洪军：《赋予检察机关技术侦查权的构想》，载：http：//www. hl. jcy. gov. cn/detail. cfm? id = 228C41&newsid = 228B479720F9。

犯罪嫌疑人通常都有职务作掩护，隐秘性强，留下的痕迹、物证少，这些特点导致在职务犯罪案件侦查中证据发现难、调取难、固定难的问题突出。特别是贿赂犯罪案件，行贿受贿的行为多是发生在行贿和受贿人"一对一"的场合，在一方拒不交代的情况下，仅靠现行刑事诉讼法规定的 7 种侦查措施，难以推进案件侦查的进展，甚至难以定案。[①]

其次，《联合国反腐败公约》（以下简称《公约》）第 50 条第 1 款规定："为有效地打击腐败，各缔约国应当允许主管机关在其领域内酌情使用控制下交付和其他认为适当时使用诸如电子或者其他形式监视形式和特工行动等其他特殊侦查手段，并允许由法庭采信由这些手段产生的证据。"这里明确规定了侦查贪污贿赂等腐败罪行时使用技术侦查手段。我国是《公约》的缔约国，该《公约》自 2006 年 2 月 12 日起在中国生效。作为《公约》的缔约国，作为承诺的一项国际义务，我国理应完善中国反腐败的法律体系，赋予检察机关法定的技术侦查权。

2. 对检察机关技术侦查权的限制

技术侦查手段的秘密性和强制性也决定了其容易成为侵犯人权尤其是隐私权的工具，为了防止技术侦查权的滥用，必须设立科学严格的制度加以限制和规范。[②] 技术本身就是一把"双刃剑"，既可以知人，也可以知于人。依照行政法的比例原则，在考量时只要是觉得绝对合乎必要性原则、稳妥性原则，同时也合乎利益损害最小原则的，就可以使用技术侦查权。值得强调的是在实践操控上，应把握几个原则：

---

① 肖洪军：《赋予检察机关技术侦查权的构想》，载 http://www.hl.jcy.gov.cn/detail.cfm? id = 228C41&newsid = 228B479720F9。

② 谢佑平、严明华：《赋予检察机关技术侦查权的必要性及控制》，载 http://news.sina.com.cn/o/2008 – 10 – 13/103214566454s.shtml。

一是审查原则。我国检察机关采取技术侦查手段，应当履行严格的审批程序。当侦查职务犯罪需要采取技术侦查手段时，应当报本院检察长批准并经上一级检察院同意，否则任何人不得实施技术侦查手段。

二是适用范围特定原则。对技术侦查的范围进行限制，其目的在于防止技术侦查给公民的隐私权等人权造成过度的损害，具有十分重要的意义。就职务犯罪技术侦查而言，应当遵循比例原则，技术侦查措施只宜适用重大、疑难、复杂的职务犯罪案件。

三是必要性原则。必要性原则指只有在一般侦查手段无效时才能采取技术侦查手段，由于技术侦查手段较之一般侦查手段对公民隐私权的损害更大，如果一般侦查手段能达到侦查目的，根据"两害相权取其轻"的原则，应当采取一般侦查手段。技术侦查应坚持秘密侦查手段最后性原则，即只有使用一般的侦查手段无法查明案情或者查明案情显著困难以及有重大危险时，才可以依法采取监听、秘密拍照等技术侦查手段。

四是相关性原则。相关性原则指技术侦查手段的对象只能针对犯罪嫌疑人和相关人员，侦查的范围只能限于与侦查目的有关的内容，技术侦查权不得滥用。必须严格限定为涉嫌犯罪的人员，不得对不相关的人适用技术侦查，要坚决杜绝公民通信、隐私的任意监听、监视和住宅的随意侵犯。

五、功能主义下的诉讼监督权

检察权在本质上是一种监督权。列宁的"法律监督理论"认为，"检察长的唯一职权和必须做的事情只有一件：监视整个共和国对法制有真正的了解"。① 我国《宪法》第 29 条规定："中华人民共和国人民检察院是国家的法律监督机关。"这种法律监督主要表现为对整个诉讼过程的监督，我国检察机关享有广泛的诉讼监督权，包括刑事案件的立案、侦查、审判和执行各个阶段的监督权，以及民事、行政案件的裁判监督权，即主要通过审判监督程序对认为法院判决和裁定确有错误的，依法提起抗诉，实现监督。对诉讼权的监督，首先从批准逮捕的环节开始。

（一）批准逮捕权及其评说

何谓批准逮捕权？批准逮捕权（简称批捕权），是指在刑事诉讼过程中，检察机关对公安机关提请批准逮捕犯罪嫌疑人的请求，进行审查并决定是否予以批准逮捕的权力。这是我国检察机关的一项重要权力，体现了检察机关对公安机关侦查活动的监督。我国《宪法》第 37 条第 2 款规定："任何公民，非经人民检察院批准或者决定或者人民法院决定，并由公安机关执行，不受逮捕。"《刑事诉讼法》第 3 条明确规定："检察、批准逮捕、检察机关直接受理的案件的侦查、提起公诉，由人民检察院负责。"人民检察院依法对公安机关的立案活动实行监督。《刑事诉讼法》第 66 条规定："公安机关要求逮捕犯罪嫌疑人的时候，应当写出提请批准逮捕书，连同案卷材料、证据，一并移送同级人民检察院审查批准。"然而，在其法律职权的功能上评说，其批准逮捕权的价值是什么呢？

首先，检察机关行使批准逮捕权是实现其法律监督的重要手段，有利于防止侦查中的违法行为。在我国，检察机关是法律监督机关，承担着对整个刑事诉讼过程实行监督的法定职责，而审查批捕是对公安机关侦查活动最有效的监督手段。通过审查批捕，检察

---

① 《列宁全集》（第 5 卷），人民出版社 1995 年版，第 326 页。

机关不仅可以防止公安机关在侦查过程中滥用逮捕措施，切实保护犯罪嫌疑人的合法权益，而且可以发现公安机关在侦查过程中的一些违法行为，及时提出纠正意见，以保证国家侦查权的正确行使，维护司法公正。①

其次，检察机关行使批准逮捕权有利于保护社会利益。"经验证明，如果犯罪发生后总不能及时侦破案件或者拘留犯罪嫌疑人，往往会促使同种类或者类似犯罪的发生；反之，如果案发后能够迅速破案或者拘留，就可以较为有效地抑制同类犯罪的发生。这是因为，准确、及时地侦破案件及拘捕本身表明国家具有控制犯罪的较强能力，从而具有警戒未来的作用，也可以防止真正的犯罪人再次犯罪，为公众提供一种安全保障。"②

最后，检察机关行使批准逮捕权有利于保障人权。逮捕具有双重性，"逮捕存在的目的之一就是为了保障人权，然而却是以限制或者剥夺具体人的基本人权为条件的。逮捕既可以成为保障绝大多数人安全、保障绝大多数人生存权、自由、财产所有权的手段，同时也可能被人为地利用或错误地使用而成为侵犯人权的撒手锏。人权从原理上是排斥逮捕的，但它又从来没有离开过逮捕以及刑罚等暴力对自己的保护，一旦失去这些保护，人权很可能荡然无存。"③逮捕权使用得当，则个人与社会两受益；用之不当，则个人与社会两受害。逮捕作为最严厉的强制措施，根据我国刑事诉讼法规定，采取取保候审、监视居住等强制措施不足以防止其发生社会危险性即有逮捕必要，这说明影响逮捕必要性的因素是"有无社会危险性以及社会危险性是否严重"，因此逮捕应当具有谦抑性，检察机

---

① 邓思清：《检察权研究》，北京大学出版社 2007 年版，第 362 页。

② 宋英辉：《刑事诉讼目的论》，中国人民大学出版社 1995 年版，第 92 页。

③ 孙谦：《逮捕论》，法律出版社 2001 年版，第 127 页。

关在批准逮捕的过程中要慎用逮捕，尽可能地少捕或者不捕，以减小逮捕给人权带来的危险和侵害，因为中国人是最讲求"面子"的，一旦逮捕，除非能够完成罪证的求证锁链和犯罪的铁定事实，否则，将会给被逮捕者带来无法弥补的一辈子的精神伤害。

（二）立案监督权的法律价值

在以前的检察权理论研究中，很少有人特意研究刑事立案监督的法律价值。那么，什么是刑事立案监督？其立案监督权法概念如何定位？笔者对此检索了相关期刊和前人的研究成果，归结之主要有以下四种观点：第一种观点认为，刑事立案监督是指人民检察院依法对公安机关的立案活动是否合法进行的监督。[①] 第二种观点认为，刑事立案监督是指对立案程序是否合法所实行的监督。第三种观点认为，刑事立案监督主要是针对公安机关应当立案而不予立案的决定进行的监督。第四种观点认为，刑事立案监督是检察机关对刑事立案主体的立案行为是否合法实施的法律监督。[②]笔者认为，以上各论点均有一定的局限性，刑事立案监督的概念应当界定为：人民检察院依法对有法定刑事立案权的机关的立案活动是否合法、立案职权是否正确行使、立案程序是否合法进行的监督活动。[③] 立案监督是一种独立的法律监督形式，它与侦查监督、审判监督和执行监督密切联系又指向独立特行，与其他形式的法律监督存在诸多的不同。

在厘清立案监督的基础上，我们不难发现刑事立案监督隐含的

---

① 陈光中、徐静村：《刑事诉讼法》，中国政法大学出版社 1999 年版，第 280 页。

② 参见莫勤德、刘选：《刑事立案监督中的若干问题》，载《法学论坛》1998 年第 4 期。

③ 贺恒扬：《侦查监督论》，河南大学出版社 2005 年版，第 128—130 页。

法律价值。考量任何一门学科或是一项专门活动的存在价值，一定离不开其存在的社会基础和特定的价值指向与目标追求。无疑，立案监督权在检察权话语下的价值仍然是公平与正义，维护公平与正义是司法永恒的主题和价值追求。我们所论的刑事立案监督的目的是为了纠正刑事立案主体在立案活动中的违法现象，确保刑事立案活动正确合法进行，保障刑事案件当事人的正当权利，确保国家法律统一正确地及时实施。①一般而言，刑事立案监督的价值具体表现为四个层面，用宪政语涵论之则为：（1）权力制约价值；（2）人权保障价值；（3）程序公正价值；（4）法律统一价值。

稍有宪政知识的人都懂得，权力若没有制约便容易滥用。滥用权力是一种普遍存在的现象，而体现在刑事立案阶段就是不破不立，立而不侦，侦而不破，以行政处罚和劳动教养等代替刑事处罚，非法干预民事经济纠纷，不应当立案而立案等现象的大量存在。② 因此，从检察权的监督权能出发，为防止国家权力的专断和权力的恣意，保障在刑事立案阶段国家权力的正确行使，就必须加强对刑事立案的监督和制约。新一轮的修宪，使得中国的人权意识和人权法伦理与道德，在近年来得到极大的提升，人权保障问题日益受到国际社会的普遍关注。历史经验表明，国家权力的滥用是对人权造成侵害的最大威胁。而限制和监督职权诉讼行为的恣意行使是实现刑事诉讼中人权保障的必然要求。就刑事立案而言，检察机关行使刑事立案监督权，能够保障立案活动合法有效，保证无罪的人不受法律追诉，同时通过正当诉讼，既可以维护被害人的权利，又可避免对被告人的权利构成新的侵害。

---

① 顾军民：《完善刑事立案监督的思考》，载《中国检察官》2006 年第 6 期。

② 参见郝晓玲：《论刑事立案监督制度的完善》，载《中国海洋大学学报》（社会科学版）2008 年第 3 期。

当然，程序公正作为刑事诉讼的最基本的理念，相对于实体公正而言，不仅具有实现实体公正的工具价值，没有程序公正实体公正便无从谈起，程序公正更具有独立于实体公正的自身内在的社会价值，程序正义的监督被人们誉为是"看得见的正义"。立案是刑事诉讼程序的开始阶段，保障立案活动的合法有效对于实现程序公正具有重要意义。要实现程序公正，在刑事立案阶段防止权力滥用，一方面靠立案主体严格执法，另一方面是通过加强对立案活动的监督和制约来实现。因此，强化检察机关的刑事立案监督职能是实现刑事诉讼程序公正最直接有力的保障之一。①

在立案过程中，关于立案条件的法律条文概括性、原则性强，伸缩性大，为司法适用留下了空间，通过立案监督有利于把握立案标准的适用，防止权力滥用。在司法过程中人为的因素对法律适用影响较大，例如执法不严、徇私枉法等现象在刑事立案阶段普遍存在。因此，有必要强化刑事立案监督，发现并纠正刑事立案活动中的违法问题，保障法律的正确适用，有利于实现法制统一和司法公正。

1. 对我国刑事立案监督存在的问题的思考

刑事立案是刑事诉讼活动开始的标志，是一个独立的、必经的诉讼阶段。人民检察院具有依法对刑事诉讼活动进行法律监督的职责。立案作为刑事诉讼活动的组成部分，同样是检察机关刑事诉讼监督的重要内容之一。但是在现阶段，我国的刑事立案监督在运作过程中仍存在着刑事立案监督的对象、范围不全面的问题。我国《刑事诉讼法》第87条规定："人民检察院认为公安机关对应当立案侦查的案件而不立案侦查的，或者被害人认为公安机关对应当立案侦查的案件而不立案侦查，向人民检察院提出的，人民检察院应

---

① 参见郝晓玲：《论刑事立案监督制度的完善》，载《中国海洋大学学报》（社会科学版）2008年第3期。

当要求公安机关说明不立案的理由。人民检察院认为公安机关不立案理由不能成立的，应当通知公安机关立案，公安机关接到通知后应当立案。"从中不难看出，公安机关是刑事立案监督的唯一对象，这是不全面的。立案监督是检察机关对刑事立案主体的立案行为是否合法实施的法律监督。刑事立案监督对象应包括所有刑事立案主体，范围不应局限于公安机关立案侦查活动，还应包括人民法院自诉案件和人民检察院自侦部门自侦案件的立案活动。

刑事立案监督是检察机关对刑事立案主体的立案活动是否合法实施的法律监督。刑事立案活动应当包括刑事立案主体对立案材料的受理、审查、调查、审批、决定等全过程。因此，刑事立案监督应贯穿于立案活动全过程。现行法律规定的刑事立案监督忽视了对不应当立案而立案这种积极立案行为的监督。事实上，通过积极立案表现出来的报复陷害、徇私枉法、徇私舞弊、非法插手经济纠纷等违法行为大量存在。对积极立案行为缺乏监督反映出立案监督制度的片面性。这不仅损害了司法机关公正执法的形象，而且侵害了当事人的合法权益，影响社会稳定。[①]

2. 刑事立案监督的信息渠道不畅

根据我国《刑事诉讼法》第87条规定，立案监督的线索来源有两个：一是人民检察院通过办案自己发现；二是被害人向人民检察院控告。我国《刑事诉讼法》第87条仅赋予了检察机关立案监督的职权，没有赋予检察机关知情权，没有规定公安机关受案、立案或不立案、撤案等情况通知人民检察院，导致检察机关无从全面准确地了解刑事案件的发案、立案及立案后的处理情况，从而使人民检察院的立案监督缺乏案件信息来源，难以进行及时监督。因此，我国刑事立案监督亟待完善的任务就是：

首先，应当明确规定人民检察院对公安机关、人民法院以及检察院自己侦查案件的立案活动进行监督，同时还要明确规定具体监督的程序、途径、手段和效力。一是要明确刑事立案监督的对象。除了公安机关立案侦查的案件外，还应将其他机关立案的案件纳入刑事立案监督体系。二是要拓宽刑事立案监督的范围，增加规定对不应当立案而立案及立案活动的监督。刑事立案监督应当既包括对过程（立案活动）的监督，也包括对结果（立案与否）的监督；既包括对其立案活动是否符合刑事实体法的规定予以监督，也包括对其立案活动是否符合刑事程序规范进行监督，这样才是完整的、全面的监督。

其次，拓展立案监督的信息渠道。检察机关的监督权主要体现为诉讼监督，从诉讼监督权的结构上看，应当包括知情权、质询权、对违法情况的纠正权三部分，但就目前的情况来看，立案监督权的权力结构中明显缺乏对立案活动的知情权，这一要素的缺失导致了立案监督的案源问题一直难以解决，从而影响了监督的主动性。①

最后，赋予监督机关调查权。人民检察院的立案监督活动应建立在审查和调查的基础上，刑事诉讼法对公安机关立案管辖的案件检察机关是否享有调查权没有明确规定。为了保证立案监督工作的正常开展，立法应明确赋予检察机关刑事案件调查权。包括人民检察院认为立案主体的立案活动不合法时对事实和证据的调查权以及对立案主体受理案件登记表和案卷材料的调查权。

总之，检察机关只有充分享有并行使立法赋予的完整、科学、合理的立案监督权，才能履行好自身职责，既有效地防止了没有实施犯罪行为的人受到刑事追究，也有效地防止了侦查机关以国家名义侵犯公民的人权，以保障整个刑事立案活动的合法性。

---

① 参见徐光岩：《论刑事立案监督权的配置》，载《人民检察》2008 年第 9 期。

（三）侦查监督权

从广义上来讲，检察机关侦查监督工作主要承担审查逮捕、刑事立案监督和侦查活动监督等职能，但是基于前面对批准逮捕权和立案监督权已经有所论述，所以此处的侦查监督笔者界定为狭义的侦查监督，即指对侦查机关侦查行为是否合法的监督。

侦查程序是刑事诉讼程序中的一个基本的、独立的阶段，是刑事诉讼的启动阶段，对之后的提起公诉、审判等程序有着极其深刻的影响。而这一阶段又因侦查机关拥有广泛的调查取证权和采取强制措施的权力却往往缺乏有效的监督和制约，而使得此阶段侦查质量和效率难以得到有效保证，并且极易出现侵犯公民诉讼权利和基本自由，甚至是刑讯逼供、超期羁押、非法取证、滥用强制措施等违法现象。因此，加强对侦查活动的监督是提高侦查质量和效率，切实保障公民权利的必然要求。①

侦查既是为了侦破犯罪案件，追诉犯罪嫌疑人，对其提起刑事诉讼，同时也是为了查清案件真相，洗刷无辜者的犯罪嫌疑。目的的双重性要求侦查不只是追诉犯罪，而且要公正与客观，并在符合正义理念的前提条件下调查犯罪，以判断其是否有罪。所有事实均须经过侦查程序始得作为提起公诉和裁判的依据。②

在侦查活动中，追诉的正义感和打击犯罪的热情以及一些可能的"硬"指标，往往促使警察为达到目的仅讲究追诉成效，而忽视对人权的尊重与犯罪嫌疑人或被告人的保障。③ 检察官作为法律的"守护神"，既要有效率地追诉犯罪，又要保护犯罪嫌疑人免于

---

① 伦朝平等：《刑事诉讼监督论》，法律出版社 2007 年版，第 61 页。

② 王新环：《公诉权原论》，中国人民公安大学出版社 2006 年版，第 105 页。

③ 王新环：《公诉权原论》，中国人民公安大学出版社 2006 年版，第 102 页。

警察的恣意妄为。检察行为控制侦查行为的合法性，摆脱警察国家的梦魇。①

那么，我国侦查监督的现状和缺陷究竟有哪些呢？

1. 侦查监督手段不充分和滞后性。根据《人民检察院刑事诉讼规则》第38条、第383条、第384条的规定，人民检察院对公安机关开展侦查活动进行监督，基本上采取如下三种方式：第一，书面卷宗审查；第二，派员参加侦查活动；第三，接受诉讼参与人对于侦查机关或者侦查人员侵犯其合法权利所提出的申诉控告。而在实践当中，人民检察院对公安机关的侦查活动进行监督主要是拼接书面卷宗审查的方式。书面卷宗审查是最为消极的审查方式，也是典型的"事后监督"方式，具有滞后性，不仅无法预防侦查活动中违法行为的发生，更无法审查出侦查活动中已经发生的违法行为。

2. 侦查监督的范围不够全面。根据我国现行法律的规定，侦查机关除了对犯罪嫌疑人需要采取逮捕措施，必须提请检察机关审查批准之外，采取其他强制措施以及搜查、查封、扣押等设计公民人身、财产权利的侦查行为，全部由侦查机关内部自行决定即可，无须经过检察机关得到司法审查和授权。而在侦查活动中实施的专门调查工作或强制措施大量涉及公民的人身、财产权利，这个阶段最容易发生侦查人员违法事件，却将检察机关的监督权排除在外，② 不可谓不是一种制度设计上的缺陷。

3. 侦查监督手段的软弱性。根据《人民检察院刑事诉讼规则》第386—390条的规定，人民检察院对侦查活动的监督手段主要有以下三种：一是口头通知纠正。这种监督手段主要适用于较轻的违

---

① 林钰雄：《检察官论》，台湾学林文化事业有限公司1999年版，第16页。

② 伦朝平等：《刑事诉讼监督论》，法律出版社2007年版，第80页。

法行为。二是书面通知纠正。这种监督手段主要适用于情节较重的违法行为。三是移送有关部门追究刑事责任。这种监督手段主要适用于侦查活动中的违法行为情节严重并构成犯罪的行为。但是由于对不执行检察机关决定的行为缺乏明确有效的制裁措施，就使得除了对侦查中违法行为严重并构成犯罪的行为，检察机关可以追究相关人员的刑事责任以外，对一般的违法行为，检察机关提出纠正意见而侦查人员或侦查机关拒不执行，检察机关则没有有效的方法对此予以制裁。[①]

然而，如何完善侦查监督，是摆在检察权之侦查监督权面前的不可克减的任务，在实践中，侦查监督的滞后性和书面性很难使检察机关发现侦查机关或者侦查人员在侦查活动中实施的违法行为。[②] 首先，赋予检察机关机动侦查权，能够使检察机关不受侦查机关和侦查人员的干涉和阻碍，深入进行调查取证，纠正侦查工作。其次，扩大检察机关对侦查中强制措施的审查决定权。加强对变更、撤销强制措施的监督和对查询、扣押、冻结等具体侦查行为的监督。最后，明确检察机关在侦查监督中的制裁权。目前，我国检察机关侦查监督的纠错机制仅仅通过口头建议、书面纠正的方式，没有强制力作保障，导致现行的侦查监督软弱无力，多流于形式。因此，检察机关的侦查监督权必须以强制力保障实施，在立法中规定侦查机关有义务接受检察机关的侦查监督义务，同时必须明确不接受监督所应承担的法律责任。[③]

（四）关于调查取证权及其监督

调查取证权包括检察机关办理自侦案件时的调查取证，以及

---

① 参见刘远熙：《对我国侦查监督制度的思考》，载《河南教育学院学报》（哲学社会科学版）2008 年第 6 期。

② 伦朝平等：《刑事诉讼监督论》，法律出版社 2007 年版，第 85 页。

③ 伦朝平等：《刑事诉讼监督论》，法律出版社 2007 年版，第 85—86 页。

检察机关提起民事、行政抗诉的调查取证权。当事人起诉离不开证据；法院审判离不开证据；那么检察机关的抗诉同样离不开证据。检察机关审查民事抗诉案件时拥有一定的调查取证权是其履行法定职责的必然要求，检察机关能否进行有效的调查取证是维系抗诉正当性与有效性的关键所在。离开了调查取证，民事检察工作则会成为对人民法院审判过程的简单复核，难以实现有效保障司法公正的目的。①

我国《民事诉讼法》第14条明确规定："人民检察院有权对民事审判活动实行法律监督。"同时该法第185—188条规定了检察机关的抗诉权，检察机关对事实认定错误、法律适用错误的生效民事判决可以提出抗诉。我国《行政诉讼法》第10条规定："人民检察院有权对行政诉讼实行法律监督。"第64条规定："人民检察院对人民法院已经发生法律效力的判决、裁定，发现违反法律、法规规定的，有权按照审判监督程序提出抗诉。"

2001年9月，最高人民检察院颁布的《人民检察院民事行政抗诉案件办案规则》第18条规定了检察机关调查取证的四种情形："（一）当事人及其诉讼代理人由于客观原因不能自行收集的主要证据，向人民法院提供了证据线索，人民法院应予调查取证而未进行调查取证的；（二）当事人提供的证据相互矛盾，人民法院应予调查取证而未进行调查取证的；（三）审判人员在审理该案时可能有贪污受贿，徇私舞弊或者枉法裁判等违法行为的；（四）人民法院据以认定事实的主要证据可能是伪证的。"

第一，检察机关的民事抗诉权作为检察权的一种，理应包括调查权。检察机关作为国家法律监督机关，享有法律监督权，这是宪法明确规定的。而完整的检察权还应当赋予检察机关在民事行政诉

---

① 参见廖明：《民事抗诉中检察机关的调查取证：透视与前瞻》，载《云南大学学报》（法学版）2007年第1期。

讼中的调查取证权。其意义在于对民事行政方面严重违法行为的社会否定，进而引起形式上的国家追诉或国家干预。①

第二，检察机关民事法律监督职能的事后性。检察机关对民事审判活动的监督属于事后监督，它不直接参与庭审调查、法庭辩论等过程。而所谓事后监督，就是在监督对象的行为发生终了之后，通过审查、核实、评断、裁决等过程，纠正违宪违法的事实及消除负面影响。因此，这种监督的事后性客观上造成了检察机关无法了解民事诉讼活动的全过程，无法听取双方当事人的陈述和辩论。大多数的抗诉案件中，对于生效裁判是否建立在充分的证据基础上，审判人员在审理该案时是否有贪污受贿、徇私舞弊、枉法裁判行为等关系到生效裁判合法性的事实问题的审查判断，在很大程度上依赖于检察机关对相关事实的调查。只有经过对有关问题调查核实，检察机关才能判定裁判是否存在法定抗诉理由。因此，从法律上确立检察机关的调查取证权是必要的。②

第三，调查取证权是保障抗诉权顺利实施的重要措施。在现行法律制度下，检察机关要行使抗诉权，办理抗诉案件仅仅通过书面审查方式，即借阅原审审判卷宗，往往难以进行。调查取证是检察机关审查民事抗诉案件的有效补充，是检察机关履行监督职责的重要保障，也是检察机关履行民事诉讼监督职责的必要前提。

（五）关于抗诉权及其监督

抗诉是指"人民检察院发现或者认为人民法院的判决、裁定

---

① 杨立新：《民事行政检察教程》，法律出版社 2002 年版，第 146 页。
② 参见诸春燕：《民事抗诉案件检查机关调查取证权探研》，载《中国检察官》2006 年第 10 期。

确有错误时，提请审判机关依法重新审理并予以纠正的诉讼行为"。① 其既包括对未生效裁判的抗诉，也包括对已生效裁判的抗诉，前者也叫二审抗诉，后者也叫再审抗诉。

首先，检察机关行使抗诉权是由其性质决定的。检察机关作为我国的法律监督机关，对刑事诉讼的各个阶段进行监督，当然也包括对法院审判的监督。抗诉权是检察机关履行刑事审判监督职责，确保司法公正最重要、最有效的途径。

其次，检察机关行使抗诉权是司法实践的现实需要。在我国的司法实践中，执法不严、司法不公现象仍然比较严重，人民群众对徇私枉法、钱权交易、违法办案、司法腐败等问题反映强烈。上述问题直接动摇了公众对司法的信心，一定程度上成为影响社会稳定，造成不和谐的重要因素。检察机关强化法律监督，对错误裁判积极抗诉，及时予以纠正，是保障当事人合法权益，坚定公众对司法公正的普遍信心最有力的措施。②

最后，检察机关行使抗诉权有利于维护法制统一，实现社会公平正义。培根说过："一次不公正的审判比十次犯罪危害更大，因为犯罪只是污染了水流，而不公正的审判却真正污染了水源。"检察机关积极履行抗诉权，强化对法院审判活动的监督，有利于及时纠正违法裁判，防止刑事审判权异化，救济当事人合法权益，保障法律正确实施，维护法制统一，实现社会公平正义。

综上所述，检察机关享有抗诉权，不仅包括刑事抗诉权，还包括民事、行政抗诉权。我国《宪法》第129条规定："中华人民共和国的人民检察院是国家的法律监督机关。"它代表国家行使法律

---

① 陈光中、徐静村：《刑事诉讼法学》（修订版），中国政法大学出版社2000年版，第375页。

② 参见卢岩修：《刑事抗诉权实际运行与理性思考》，载《国家检察官学院学报》2008年第2期。

监督权，对任何公民、法人和其他组织，都有权进行法律监督。《人民检察院组织法》第 5 条规定："各级人民检察院对于人民法院的审判活动是否合法，实行监督。"《民事诉讼法》第 14 条明确规定："人民检察院有权对民事审判活动实行法律监督。"同时，该法第 185—188 条规定了检察机关的抗诉权，检察机关对事实认定错误、法律适用错误的生效民事判决可以提出抗诉。我国《行政诉讼法》第 10 条规定："人民检察院有权对行政诉讼实行法律监督。"第 64 条规定："人民检察院对人民法院已经发生法律效力的判决、裁定，发现违反法律、法规规定的，有权按照审判监督程序提出抗诉。"

（六）执行监督权

一般认为，执行监督是刑事诉讼监督的重要组成部分，是检察机关法律监督职能在执行环节的具体表现形式。就其内容而言，它主要是对刑罚执行以及监管场所监管活动进行监督。从检察执行监督的实际运行情况看，执行监督有其必要性和重要性。执行监督是刑事诉讼监督的重要组成部分，是检察机关作为法律监督机关行使法律监督权的题中应有之义。执行监督着重依法纠正判决、裁定生效后不交付执行、不依法执行的问题。按照我国刑事诉讼法规定，犯罪分子犯罪后，侦查部门立案侦查，构成犯罪的检察机关审查起诉，法院定罪量刑后交付执行。如果刑事判决、裁定不能依法执行，立案侦查、审查起诉、开庭判决都是毫无意义的，对犯罪的判决也将成为一纸空文。没有监督和制约的权力必然走向异化和腐败，而执行中的违法现象是司法腐败的重要表现之一。因此，加强检察机关的执行监督职能是遏制司法腐败的重要手段之一，同时也是司法公正的要求。

我国《刑事诉讼法》第 224 条规定："人民检察院对执行机关执行刑罚的活动是否合法实行监督。如果发现有违法的情况，应当通知执行机关纠正。"检察机关对执行活动的监督集中体现在两个方面：一是对刑事判决、裁定所确定的内容付诸实施进行监督。例如，人民法院在交付执行死刑前，应当通知人民检察院派员临场监督。二是对刑罚执行过程中涉及的刑罚变更问题进行监督。例如，人民检察院认为人民法院减刑、假释的裁定不当，应当在收到裁定书副本后 20 日内向人民法院提出书面纠正意见；认为暂予监外执行不当的，应当在接到暂予监外执行通知之日起 1 个月内将书面意见送达批准暂予监外执行的机关。①

然而，从实际情况看，我国现阶段的刑罚执行现状不容乐观，不仅出现了一些极端个案，而且还存在一定的共性问题。具体而言，我国当前刑罚执行中尚存在下列一些突出问题需要解决：

第一，执行手段随意性大。监外执行是我国刑罚执行的一种，是对罪犯采取不予关押、交由基层群众监督和派出所执行相结合的一种执行方式。就监外执行的表现形式而言，其结果是使符合条件的罪犯免受在监狱内被监管之苦。这一执行形式对犯罪嫌疑人来说极具诱惑力，也正是这种诱惑，导致不当适用暂予监外执行现象时有发生。另外，在司法实践中，执行机关在适用减刑、假释和保外就医等监外服刑的任意性就大，甚至出现了个别干部利用手中的职权受贿、索贿、徇私舞弊等违法犯罪现象。

第二，判决生效后不及时交付执行。目前，对判处死缓、无期徒刑、有期徒刑、拘役的罪犯的交付执行时限，没有立法规定和司法解释，判决生效后到交付执行的时间长短不一。现行《刑事诉讼法》第 208 条只规定了"判决和裁定在发生法律效力后执行"，由于判决和裁定发生法律效力后交付执行没有时间上的限制，这导致了执法上的随意性。检察机关在对执行实行监督中，对法院没有

---

① 参见甄贞等：《法律监督原论》，法律出版社 2007 年版，第 267 页。

及时交付执行的情况提出纠正意见，也往往因为刑事诉讼法没有对此明确规定而不能发挥应有的作用。

第三，判决生效后不依法执行。由于检察机关的检察建议缺乏约束力，有时在执行过程中，检察建议得不到落实，而检察机关对此却没有行之有效的手段，只能听之任之。

第四，监管场所监管不力，监管事故频发。以云南发生的"躲猫猫"事件为代表的刑罚执行和监管事故频发，看守所在刑罚执行中的相关措施有待进一步规范。

依据我国检察权呈现的若干问题和不足，特别是在对执行监督的现状分析后，笔者以为，为了更好地履行检察机关的执行监督权，应当从以下几个方面加大执行监督力度：其一，在程序上增强减刑、假释的透明度。推行公示制度，执行机关应当严格遵守公开、公平、公正和利于监督的原则，打破"暗箱操作"的嫌疑。其二，完善检察机关的刑罚执行监督权。一方面，立法上要赋予检察法律监督保障权，在当前刑罚执行存在的问题中，有一些与我国刑罚执行监督的立法不完善有关，应当明确被监督者应承担的法律义务和后果，强化检察机关纠正违法的功能，树立监督权威；另一方面，要确立检察机关随时介入的同步监督机制，使违法行为能够被及时发现，也就可能及时获得纠正，以增强执法监督的时效性和节约司法成本。其三，健全法律监督方式。① 其四，加大对罪犯监外执行的法律监督力度。其五，加强对监管场所的监督，更好地保护在押人员合法权益，维护监管场所的秩序稳定。

---

① 参见谢晓霞：《完善刑罚执行监督问题研究》，载《法制与经济》2008 年第 11 期。

（七）公益诉讼权及其监督

1. 公益诉讼权的解读及其实践

何谓公益诉讼？公益诉讼起源于罗马法，是与私益诉讼相对而言的概念，它是指特定的国家机关和相关的团体和个人，根据法律的授权，对侵犯国家利益、社会公共利益或不特定的他人利益的行为，向法院起诉，由法院依法追究相对人法律责任的诉讼活动。也就是说，公益诉讼是法院在当事人及其他参与人的参加下，按照法定程序，依法对于个人或组织提起的违法侵害国家利益、社会公共利益的诉讼进行审理并判决，以处理违法行为的活动。①

何谓"公共利益"呢？德国法学家耶林这样解释道："公共利益在由个人接近权利实现的情形下，就不再仅仅是法律主张其自身的权威、威严这样一种单纯的概念上的利益，而同时也是一种谁都能感受得到，谁都能理解得到的非常现实、极为实际的利益……即一种能够保证和维持个人所关注的交易性生活的安定秩序的利益。"②而公益诉讼的目的便在于使社会公共利益最大化，从而间接维护社会成员的个体利益。

如果是在公共利益处于无人管理的状态下，每个人都可能会自觉或不自觉地榨取公共资源为己所用。因此，处于无保护状态下的公共利益是最易受到侵害的。现代社会中大量存在的消费侵权、环境污染、国有资产流失、大型企业以及带有一定垄断性的经济组织等在生产经营过程中给消费者和其他普通民众造成的民事侵权损害等现象，客观上就是一种例证。公共利益的维护是一个社会存在和

---

① 参见李刚:《何谓"公益诉讼"？》，载 http：//www. pil. org. cn/article
_ view. asp？uid = 5。

② ［意］莫诺·卡佩莱蒂编:《福利国家与接近正义》，刘俊祥等译，法律出版社 2000 年版，第 67 页。

发展的基础。传统上，对公共利益的保护多与司法救济相分隔，人们并不认为公共利益可以通过司法途径加以解决，而一般通过行政机关的行政活动来处理。虽然行政机关在公共利益的维护和促进方面有着不可推卸的责任，但无论从理论还是实践来看，将保护公共利益问题完全交由行政机关来解决，既不现实也不利于此类问题的最终和有效解决。公共利益是一个多元的、分层次的、复杂的利益的总和，这些公共利益之间可能存在冲突和不一致，行政机关虽然的确是公共利益的代表者，但它并不能代表全部的公共利益。要求行政机关解决和保护不同层面、不同方面的公共利益，并不现实可行。另外，行政在解决公共利益问题时也存在失灵和失效问题。现代社会日趋复杂化，公共事务也日趋增多，使得政府对整个社会的管理不可能面面俱到，总会有遗漏之处。① 公益诉讼的引入实质，就在于为公共利益的保护提供了一种诉讼方式或司法渠道。简言之，确立公益诉讼的目的，本质上就是为了保护国家、社会的公共利益，维护社会、经济秩序，不致产生"公地悲剧"②。

卡佩莱蒂教授指出，"随着现代社会的复杂化，单单一个行动就致使许多人或许得到利益或许蒙受不利的事件频繁发生，其结果使得传统的把一个诉讼案件仅放在两个当事人之间进行考虑的框架

---

① 参见张艳蕊：《民事公益诉讼与公共利益保护》，载《昆明理工大学学报·社科（法学）版》2008年第9期。

② "公地悲剧"是经济学界熟知的一个现象，也是一个广泛存在的现实。在外国，有人做过一个有趣的试验，取一块草地，划分成几块分给牧羊人，但在中间留下了一块作为公共用地，每一个牧羊人都可以自由使用。结果，社会学者们发现，一年下来，被划分给个人的草地被有计划和节制地使用，而作为公共用地的草地却因为过度放牧而寸草不生。试验得出的结论是：由于每个人都有将自己的生存空间和资源向外拓展的天性，在公共利益处于无人管理的状态下，每个人都会自觉或不自觉地榨取公共资源为己所用。因此，处于无保护状态下的公共利益是最易受到侵害的。

越发显得不甚完备。就是这些大量的受害的可能性成为当今这个时代的巨大特征"。① 面对大量的受害现象，民事诉讼渐渐迈过了保护私益的界限，而开始与公共利益的保护建立起内在联系。德国诉讼法学专家盖茨教授对民事公益诉讼今后的发展作出了这样的预言："私人为维护公共利益而提起的诉讼近来不断增加，这种状况被大多数的比较法学者认为是民事诉讼今后最主要的发展。不过，这种变化可能给民事诉讼的形式及特性带来巨大的变化。"②

美国是现代公益诉讼制度的创始国，也是现代民事公益诉讼制度比较健全的国家。公益诉讼作为新型诉讼，合并在民事诉讼之中，并且主要通过集团诉讼（class action）的手段来实现。"在英国法上，公益诉讼是长久以来已被认可的现象。一些诉讼可能确定了重要原则，直接或间接地影响到远比涉足实际诉讼的人宽泛的人群的效果。"③ 在英国，检察长在民事诉讼中代表政府起诉或应诉，私人或私人组织只有在取得检察长同意后才可提起下列诉讼：限制干扰公共权利、迫使被告遵守公共义务等。地方政府机构能以自己的名义提起与保护、促进本地居民利益有关的诉讼，此外，依法设立的一些组织或机关可在各自管辖的诸如反垄断、消费者权益保护、公共卫生保护等范围内，代表公众进行民事诉讼。④ 当然，检察机关是提起公益诉讼的适格主体。检察机关是当之无愧的国家公

---

① ［意］莫诺·卡佩莱蒂编：《福利国家与接近正义》，刘俊祥等译，法律出版社 2000 年版，第 66 页。

② ［德］H. 盖茨：《扩散利益的保护——接近正义运动的第二波》，载［意］莫诺·卡佩莱蒂编：《福利国家与接近正义》，刘俊祥等译，法律出版社 2000 年版，第 65—66 页。

③ Shami Chakrabarti, Julia Stephens, Caoilfhionn Gallagher. Whose Cost the Public Interest? ［J］. Public Law, 2003. 697.

④ 参见张艳蕊：《民事公益诉讼与公共利益保护》，载《昆明理工大学学报·社科（法学）版》2008 年第 9 期。

益的代表，它从诞生时起就以维护国家利益和公共秩序的面目出现，我国检察机关法律监督者的身份定位，集若干诉讼职能于一身的先天优势，与民事违法者相对超然的法律关系，使其更能无私地、快捷有效地提起推进诉讼，维护国家和社会公益，并节约司法资源。① 检察机关作为国家和公共利益的代表，是提起公益诉讼的最佳法律主体。

鉴于公益诉讼涉及不特定的多数人利益或公共利益，受侵害对象具有广泛性和不特定性等特点，因此，基于公共利益的这种公共性、广泛性和不特定性，对公共利益的保护也就更为复杂。如果我们在制度设计时将公益诉讼权赋予每个公民和组织，这在实践中将会很难操作。正如美国制度经济学家诺思所言，"如果私人成本超过私人利益，个人通常不会愿意从事活动，虽然对社会来说可能有利。"② 在现实生活中，常常由于诉诸法律主张权利对他来说可能是很不经济的，或者因为受害人多，谁也不愿意付出代价让别人"搭便车"等原因而无人起诉。当直接受害人因为能力欠缺、顾虑风险和额外损失的原因而放弃诉讼，必然会导致社会利益损害无从救济。另外，公益诉讼活动是一种有成本的活动，需要国家司法资源的投入。如果允许任何人在任何时候都可以随意提起公益诉讼，也有可能造成"滥诉"，影响经济社会秩序，降低资产经营效率，与公益诉讼的价值追求不符。从各国法律对检察机关监督职能的规定看，绝大部分国家规定了检察机关在民事诉讼和行政诉讼中的起诉权和参与诉讼权，而我国法律仅仅规定了检察机关的刑事公诉权和侵害国家社会公共利益的刑事附带民事诉讼权，以及对民事、行

---

① 赵春玲：《论检察机关提起民事公益诉讼》，郑州大学 2005 年硕士学位论文。

② ［美］道格拉斯·诺思等：《西方世界的兴趣》，厉以平译，华夏出版社 2009 年版，第 7 页。

政案件审判结果的抗诉权，却没有明确规定检察机关可以直接提起民事和行政诉讼，包括民事公益诉讼和行政公益诉讼。

笔者以为，在我国，检察机关作为国家法律监督机关，理应享有代表国家提起公益诉讼的权力，视做国家对私法关系进行适度干预的产物。我国检察机关是独立于法院和政府的专门行使法律监督权的国家机关，检察机关代表国家对刑事案件进行公诉，对刑事、民事和行政诉讼进行法律监督。"民事行政检察监督的最终目的，就是维护司法公正、司法权威和法治统一。"① 检察机关提起公益诉讼，是其在国家机关中的超然地位的体现，同时也是权力制衡的要求。检察机关提起公益诉讼，这种以直接参与民事、行政诉讼的形式，是其行使其法律监督职能的必要手段，也是非常具有现实性的，因为这样不仅可以完善检察机关法律监督权的规范化行使，而且又可以保障诉讼活动的顺利进行。检察机关享有公益诉讼权既达到了诉讼经济的目的，又能实现社会正义，有利于审判机关全面彻底地解决纠纷，有效地保护国家和社会公共利益。同时，司法实践也证明检察机关提起公益诉讼的可取之处。自 1997 年河南省方城县人民检察院首次代表国家对国有资产流失案件提起民事公益诉讼以后，全国各地的许多检察院纷纷开展提起公益诉讼的有益实践，并取得了良好的效果。

2. 公益诉讼的具体类型及其监督

公益诉讼的案件具有两个明显的共同点：第一，诉讼请求客观上涉及不特定的多数人利益或公共利益，诉讼的目的或实际效果不仅仅在于保护自身利益，而是更着眼于对公共利益的捍卫和公共秩序的维护。第二，受侵害对象具有广泛性和不特定性。根据适用的诉讼法律规范或者被诉对象（客体）的不同，公益诉讼可分为民

---

① 杨立新、张步洪：《行政公诉制度初探》，载《行政法学研究》1999年第 4 期。

事公益诉讼和行政公益诉讼。具体说来，大致可以包括以下几种情形：

一是国有资产流失案件的监督。在当前国有企业深化改革进程中，国有资产流失问题十分严重，已成为制约经济发展的一个不容忽视的问题。根据国家审计署对近几年来的国有资产的专项审计结果表明，我国的国有资产流失严重，全国每天大概有 1 亿元的国有资产流失。[①]

经营性国有资产是指国家投入到各类企业中，用于生产、经营、服务等活动，以营利为目的的资本金及其收益所形成的资产。它是国有资产中最重要、最活跃的部分，也是国有资产监督管理的重点。而国有资产流失主要是在投资、转让、处分等重大民事行为中流失的，往往是行为人故意或者重大过失造成的，渠道复杂，形式多样，且行为具有极大的隐蔽性。从近年来国有资产流失的重大案例情况看，资产流失在国有资产管理、经营的各个环节都有所表现。在这种情况下，仅靠政府行政机关对国有资产监管，并不能有效遏制住国有资产的大量流失，必须建立国有资产流失自下而上的公益诉讼监督制约机制。[②]

在当前的国有资产流失案件中，许多侵害活动是借国企改制、产权转让、资产重组、兴办联营或合资合作企业、公司上市等经济体制改革过程的一些环节进行的，包括非法占有、转移国有资产，国家资产低价出售甚至无偿转让，非法浪费、破坏国有资产，因渎职损害国有资产等情形。企业国有资产运营决策权、财务的管理权控制在高管人员手中，具有隐蔽性，局外人很难测定。加之损害行

---

① 转引自孙谦等主编：《司法改革报告——检察改革·检察理论与实践专家对话录》，法律出版社 2002 年版。

② 参见韩弘力：《公益诉讼是防范经营性过于资产流失的新路径》，载《长春理工大学学报》（社会科学版）2008 年第 1 期。

为与违法认定具有一定的技术性，故控告、举证是非常困难的。被告一方往往是掌握着专业知识、实力雄厚的大型企业或者机关，处于明显的优势地位。检察院具有公诉职能，享有侦查权，收集证据处于有利地位，如果是公民个人或者其他组织，诉讼双方的实力悬殊，举证将十分困难。① 同时，检察机关以法律监督者的身份，对国有资产流失案件提起公益诉讼，也是国家干预原则的体现。

二是环境与资源破坏案件的监督。环境对于个人、社会乃至整个人类都具有特别重要的意义。然而，"因产业活动或其他人为原因致生自然环境的污染或破坏并因而对他人人身权、财产权、环境权益或公共财产造成了损害或造成有损害之虞的事实"② 的大量出现，不仅使个人的私益受损，而且使人类和社会的公益也受到了严重的侵害。

环境公害案件是指直接造成不特定大多数人的人身、财产损害的环境污染行为。近年来，随着经济的发展，环境污染致害事件明显呈上升趋势，不仅对公众的生活质量直接造成了损害，而且也造成了很大的经济损失，据统计，我国每年因环境污染造成的损失达2000 多亿元。对于环境公益的保护，不仅是国家和社会的义务，还是每一个公民的义务。对于损害环境公益的行为，每个人都有责任予以制止。《中华人民共和国环境保护法》第 6 条规定："一切单位和个人都有保护环境的义务，并有权对污染和破坏环境的单位和个人进行检举和控告。"单纯的行政机关行政干预很难奏效，在面临环境资源配置"市场失灵"和"政府失灵"所带来的环境损害时，由国家机关、社会组织和广大公民共同运用法律手段通过司

① 参见韩弘力：《公益诉讼是防范经营性过于资产流失的新路径》，载《长春理工大学学报》（社会科学版）2008 年第 1 期。

② 王明远：《环境侵权救济法律制度》，中国法制出版社 2002 年版，第13 页。

法程序来维护环境公共利益才是最有效的途径。随着经济的发展，损害环境公益的纠纷屡屡发生并亟待通过诉讼的途径解决。但是，审判机关依据"不告不理"原则，在无人起诉的情况下也不能主动介入。因此，这就需要我们在制度设计上寻求新的解决办法。

环境公益诉讼是20世纪70年代源于美国的一种新的诉讼形式，是原告并非出于自身利益受到侵害，而是以环境的社会公益可能受到侵害为目的，以环境与资源开发利用行为或者许可开发利用环境行为或者宣布行政许可无效为标的的诉讼。① 环境公益诉讼旨在保护环境公共利益，而不是为了个案的救济。环境公益诉讼与传统的环境侵权私益诉讼有着根本的区别，其诉讼的目的是为了有效地保护环境公共利益。与传统的私益诉讼相比，环境公益诉讼的提起不以发生实质性的损害为条件，只要能够根据有关情况合理判断存在损害社会环境公共利益的潜在可能，即可提起诉讼。因此，在环境公益的保护之中，诉讼具有显著的预防性质，并且这种预防功能尤为重要。因为环境作为一种特殊的资源，一旦受到损害，其损失是巨大的，甚至是无法弥补和挽救的，因而法律有必要在环境侵害尚未发生或尚未完全发生时就允许公民适用司法手段加以排除，从而阻止环境公益遭受无法弥补的损失或危害。② 环境公益诉讼的被告既可以是一般的民事主体，也可以是国家行政机关及其公务员。

虽然环境公益诉讼的提起主体在理论上可以是国家机关、社会组织和广大公民，但是由作为法律监督机关的检察机关提起环境公益诉讼，无疑是最佳选择。由于环境公共利益的特殊性和重大性，

---

① 参见段欢欢、魏慧贤：《论环境公益诉讼的理论基础及其构建》，载《成都行政学院学报》2009年第1期。

② 参见段欢欢、魏慧贤：《论环境公益诉讼的理论基础及其构建》，载《成都行政学院学报》2009年第1期。

所以要求有一个强有力的代理人代表国家利益、公众利益参与诉讼。[①] 检察机关作为传统的法律监督机关是国家利益的最佳代表，在新中国成立初期刚成立时就有为了社会公益提起民事和行政诉讼的职能。在环境公害日益严重的今天，检察机关也应当是环境公益诉讼的适格原告。

三是产品责任案件及其监督。产品责任案件，是指因产品质量而导致大规模消费者利益损害的案件。我国产品质量法、消费者权益保护法、食品安全法均规定：因产品、食品等质量问题，侵犯消费者合法权益，影响较大的，应当承担民事赔偿。据各省、市、直辖市消费者协会统计，每年全国有关质量问题引发的投诉和诉讼呈上升趋势。

产品责任案件往往受害人数众多，社会影响广泛，损害了不特定多数人的利益和公共利益。"因产品质量问题而提起的诉讼严重干扰了人们的正常生活和生产，而这类案件又比较常见，一旦诉至法院，往往由于受害人数多，彼此之间难以取得一致意见。对于这类复杂的、涉及面广、影响较大的产品质量纠纷，由检察机关提起诉讼既体现了国家干预的权威性，又可避免因原被告地位和力量上的悬殊造成的某些诉讼障碍的发生，如承担败诉后果等。"[②] 如果赋予作为公共利益代表人的检察机关以诉讼主体资格，对那些社会影响大、案情复杂的产品责任案件提起民事公益诉讼，既可以尽可能维护广大受害人的合法权益，也可以更有效地发挥检察机关在某些重大且复杂的民事案件中的法律监督功能。

四是凭借垄断地位损害公众利益的案件的监督。垄断包括政策

---

① 参见刘晓晕：《环境公益诉讼的法理分析》，载《中北大学学报》（社会科学版）2006 年第 3 期。

② 徐光岩：《民事诉讼公诉权探析》，载《新世纪检察改革展望》，中国检察出版社 2000 年版，第 562 页。

性垄断和非政策性垄断，但无论是政策性还是非政策性的垄断，当行业垄断发生时，必然会出现控制市场、霸王条款、哄抬物价等损害消费者和社会公共利益的现象，给社会带来不稳定的因素。在消费领域，原有计划体制下的经济基础，造就了一批如铁路、银行、电力、电信等具有强大市场垄断能力的国有企业，它们从自身利益出发，利用其优势地位垄断市场，客观上损害了消费者群体的利益。虽然从具体案件来看，侵害的是分散型的个体利益，但是同时侵害了一定地域不特定多数人的公共利益，而且严重影响了社会公共秩序和经济秩序。可以说，每一起垄断案件都具有侵犯国家利益、社会公共利益的特性。

2008 年 8 月 1 日起施行的《反垄断法》，为反垄断提供了很好的法律依据和保障。当出现凭借垄断地位损害公共利益的案件发生时，由于其损害的人数众多，侵犯了国家和社会公共利益，此时作为当然的国家利益、公共利益的代表人和法律秩序的维护者的检察机关是提起公益诉讼的适格主体。

五是弱势群体案件的监督。弱势群体案件的特点是当事人一方处于社会地位和经济收入较低的社会层，而另一方则处于较优越的社会层，双方地位悬殊。当他们之间发生民事争议时，弱势群体因经济问题交不起诉讼费或其他原因而难以提起诉讼，即便提起诉讼，处于优势的一方往往会利用其固有优势使得诉讼的公正性难以保障，弱势群体的权益难以得到保障和维护。[①] 如果在这样一开始就呈现出不对称的诉讼中，检察机关作为社会公益的代表参加诉讼，支持天然的弱势一方，并对诉讼过程进行法律监督，也是检察机关更有效地履行法律监督职能的一种可行途径。因为无救济即无权利，权利受侵害者都应享有申请救济的资格，司法救济必须成为

---

① 参见张莲英：《检察机关提起民事公益诉讼问题探讨》，湘潭大学2005 年硕士学位论文。

保护公民的最后一道防线。公益诉讼是从司法途径上保障社会弱势群体权益的有效途径。检察机关负有保护国家利益、维护社会正义和法律正义的法定职责。在发生弱势群体受侵害时，检察机关作为社会公益的代表，应当介入，这样才能保障弱势群体的利益得以实现，社会的公平正义得以实现。

第五章　我国检察权的行使
主体与行使原则

一、当代中国的检察机关

（一）我国检察机关的性质

应该说，检察机关是检察权行使的唯一合法载体。检察机关的性质是一国检察制度的核心问题，要了解一国的检察制度，首先必须要明确该国检察机关的性质。自现代检察制度建立之日起，有关检察机关性质的争论从未停息。其中，关于我国检察机关的性质，主要有三种代表性的观点，即行政机关说、司法机关说和行政与司法机关双重属性说。

首先，主张行政机关说的理由是检察机关"其内部实行的垂直领导机制"、检察长负责制等上令下行的权力运作模式和上下领导关系集中体现了其行政属性。具体包括上下级检察机关的领导关系以及检察院内部以检察长为机关首长的领导关系，检察机关依靠自己的侦查力量对自侦案件的侦查强调其侦查效益，重视严密的组织协调；侦查行为的侦查目的性特征以及严密的组织纪律，均体现了明显的行政属性。①

其次，主张司法机关说的原因主要是在职位保障和任务性质上

① 韩振标：《中国现行检察体制探析》，郑州大学 2005 年硕士学位论文。

体现了其司法属性。根据法律规定,司法检察机关依法独立行使其职权,且其在国家体制上也是独立的,拥有与法院一样的独立地位。同样,从任务性质上来看,检察机关和法院的共同目标都是保障法律的正确适用和社会正义的最后实现,都具有明显的"法制守护"的性质。

最后,主张双重属性说观点的认为,检察机关兼具行政机关和司法机关的双重属性。其中,行政机关的属性主要体现在组织结构上的上命下从的纵向关系,以及追求行为效率本身的目的;检察机关直接组织检察院官员实施侦查的行为,因其严密的组织结构和监督指挥关系,突出其执法行为的实效(破案),也具有明显的行政性质。司法机关的属性则主要体现在两点:一是其活动的独立性,表现为独立判断和裁决及在诉讼活动过程中的独立;二是其以适用法律为目的的任务性质。目前,双重属性说得到了多数学者的认可,因而逐渐成为一种通说。①

实际上,有关检察机关性质的争论,我国宪法及人民检察院组织法作出了明确规定:"中华人民共和国检察院是国家的法律监督机关。"从这一规定的内容看,宪法已经明确了我国检察机关的根本属性是法律监督机关。不过,宪法所设定的这种"法律监督"究竟是何种属性的行为,是行政性还是司法性,抑或是行政性与司法性兼备,依然是个仁者见仁、智者见智的问题。笔者认为,从我国检察制度的整体设计来看,我国的检察机关仍然具有行政机关和司法机关的双重属性。之所以这样认为,是因为笔者赞同下述观点:一方面,检察一体化的领导机制和对特定案件的主动侦查权明显带有行政机关的属性;另一方面,人民检察院独立行使检察权,其追求整个社会公平、正义的目标以及具有终结诉讼效力的不起诉

---

① 龙宗智:《论检察权的性质与检察机关的改革》,载《法学》1999年第10期。

权等又体现了司法机关的性质。①

(二) 我国检察机关的地位

检察机关的地位，主要是指检察机关在国家机构中的地位以及与其他国家机关的关系。其法律地位，实际上是由两个方面来决定的：一是法律上确定，二是该国国民在精神意念与心理上的认同感。

在我国，人民检察院是一个独立完整的公权力体系结构，其权力来源于宪法的规定和国家权力机关的依法授权。依据我国宪法的规定，各级人民检察院由同级的国家权力机关产生，并对其负责，受其监督。同时，最高人民检察院领导地方人民检察院和专门人民检察院的工作，上级人民检察院领导下级人民检察院的工作。我国检察机关与其他国家机关的性质，主要表现在两个方面：第一，检察机关和审判机关的关系。我国采用检审分离方式。检察机关是独立的，在法律地位上与法院虽然分工不同却也是平行对等的，并能监督法院的各项审判活动。第二，检察机关和行政机关的关系。我国检察机关与行政机关是各自独立的，其地位平等，都是由国家权力机关产生并对国家权力机关负责。总之，我国检察机关与国家审判机关和国家行政机关同为国家机构中的独立系统，依法独立行使其职权，不受行政机关、社会团体和个人的干涉，这是国家检察机关地位的底线，随意跨越此底线，就是对国家检察机关地位的漠视和不尊。

1. 我国检察机关的时代任务

检察院是国家机器的重要组成部分。根据《人民检察院组织法》第4条的规定，人民检察院担负着保障人民民主和坚持对敌专政两位一体的任务，具体细化的任务有五项，即：（1）维护国家的统一和人民民主专政制度；（2）维护社会主义法制，维护社

---

① 谭世贵：《中国司法制度》，法律出版社 2005 年版，第 118 页。

会秩序；（3）保护社会主义制度下各种合法的财产关系；（4）维护公民的人身权利、民主权利和其他权利；（5）教育公民自觉遵守法律，积极同违法行为作斗争。

2. 我国检察机关的特征

如果严格地从法律规范上来看，我国的检察制度算得上是一种舶来品，虽然我国的检察制度有不少土生土长的中国元素，可毕竟更多的是从国外移植和引进的新要素。历史地看，我国现代检察制度是从清末改制过程中通过引用和借鉴日本检察制度而建立起来的；而现行的检察制度则是在 1949 年新中国成立后深受前苏联的影响，按照列宁的检察权思想而建立起来的；改革开放后的检察制度的改革和完善，则又加大了学习和借鉴当今世界主要法治国家经验的力度。归纳起来，我国检察机关有以下五个方面的特征：①

（1）主动性。检察机关与审判机关在任务、性质上有着相似性，其共同目标都是保障法律的正确实施和社会正义的完全实现，但两者的活动却有一个显著的不同点，就是一个具有明显的主动性，另一个则具有明显的被动性。检察工作主动追诉罪犯，纠正违法；而审判工作则被动受理案件，遵循"不告不理"的原则。各国如此，概莫能外。我国人民检察院不仅是国家公诉机关，主动追诉罪犯，而且还是国家特设的法律监督机关，主动监督一切法律的实施，以维护社会主义法制的统一正确实施。

（2）专门性。人民检察院以法律监督为其专门职能，它不能担负法律监督以外的其他任何职能，也不能把法律监督作为兼职或附带任务。这种专门性具有权威性和独立性，要求依法独立行使检察权，以维护法制的统一。

（3）普遍性。人民检察院监督一切法律的实施，监督国家机关、

---

① 熊先觉：《中国民法制度先论》，中国法制出版社 1999 年版，第 85—86 页。

社会团体、国家工作人员和一切公民遵守法律，它不允许任何组织和个人凌驾于法律之上和拥有超越于法律之外的特权。这就使检察机关的法律监督并不限于特定的对象，而是具有广泛的普遍性。

（4）合法性。检察机关行使检察权，履行法律监督职能，首先要求自己率先垂范。公生明，廉生威。检察机关行使检察权必须严格依法进行，切实做到合法化、规范化和廉洁化，要依据明确的法律规范进行监督活动，既不能越雷池一步，也不能稍有懈怠或疏忽。

（5）强制性。法律监督的强制性是由法律本身的强制性所决定的。人民检察院的法律监督由国家强制力保证实现，这表现在：一方面，国家赋予其一定的司法权力，使其在守法监督上主动追诉罪犯，并在执法监督上又依法纠正其他司法机关的违法行为；另一方面，国家赋予其采取一定强制措施的权力。检察机关在法律监督活动中依法作出的决定具有强制力，被监督者必须接受，并在法定期限内作出相应答复。

3. 我国检察机关的设置

我国检察机关的设置，首先是根据我国的行政区划确定的，其次也考虑到与我国各级人民法院的设置相对应，以便使检察机关能够按照诉讼法的规定及时、有效地进行诉讼活动。1979 年 7 月 1 日第五届全国人民代表大会第二次会议通过、1983 年 9 月 2 日第六届全国人民代表大会常务委员会第二次会议修改的《中华人民共和国人民检察院组织法》第 2 条规定："中华人民共和国设立最高检察院、地方各级人民检察院和军事检察院等专门人民检察院。"最高人民检察院设于首都北京，是中国检察机关的最高指挥和领导机关。依据我国宪法和人民检察院组织法的有关规定，最高人民检察院是国家的最高检察机关，由全国人民代表大会产生，对全国人民代表大会及其常务委员会负责并报告工作。最高人民检察院领导各级人民检察院和专门人民检察院的工作。地方各级人民检察院按照行政区划设置，包括：（1）省、自治区、直辖市人民检察院；（2）省、自治区、直辖市人民检察院分院，自治州和省辖市人民检察院；（3）县、市、自治县和市辖区人民检察院。地方各级人民检察院由地方各级国家权力机关产生，对产生它的权力机关和上级人民检察院负责并报告工作。

此外，省一级人民检察院和县一级人民检察院，根据工作需要，提请本级人民代表大会常务委员会批准，可以在工矿区、农垦区、林区等区域设置人民检察院，作为派出机构。专门人民检察院是根据检察工作的需要，在特定的组织系统内设置的、具有专属管辖性质的人民检察院。专门人民检察院与地方人民检察院的主要区别是：专门人民检察院不是按照行政区划设置，而是在特定的组织系统内形成完整的体系，在最高人民检察院的领导下对特定范围内的案件实行专属管辖。目前，我国设置的专门人民检察院包括设置在中国人民解放军系统中的军事检察院和铁路系统中的铁路运输检察院。各级人民检察院设立检察委员会。检察委员会实行民主集中制，在检察长的主持下，讨论决定重大案件和重大问题。如果检察长在重大问题上不同意多数人的决定，可以报请本级人民代表大会常务委员会决定。

《人民检察院组织法》第 20 条规定："最高人民检察院根据需要，设立若干检察厅和其他业务机构。"根据有关规定，最高人民检察院现有 15 个职能部门和政治部、机关党委、离退休干部局。其职能部门具体是：办公厅、侦查监督厅、公诉厅、反贪污贿赂总局、渎职侵权检察厅、监所检察厅、民事行政检察厅、控告检察厅（最高人民检察院举报中心）、刑事申诉检察厅、铁路运输检察厅、职务犯罪预防厅、法律政策研究室、监察局、外事局、计划财务装备局。地方各级人民检察院可以分别设立相应的检察处、科和其他业务机构。据此，原先我国各级人民检察院除普遍设立检察委员会外，一般都设立了刑事检察、法纪检察、经济检察、监所检察、控告申诉检察厅（处、科）等，分别承担各项检察业务工作。应当指出的是，检察院内部机构的设置并不是一成不变的，而是随着形势的发展而不断变化和完善的，如专司反贪污贿赂工作机构"反贪局"的设立、法纪检察变更为渎职侵权检察部门等。

4. 人民检察院的领导机制

作为国家公权部门，检察机关的领导机制是国家机构领导体制的重要组成部分，具体是指检察机关和其他国家机关之间以及检察机关内部上下级之间的领导关系。从 1949 年 9 月 1 日《中华人民共和国中央人民政府组织法》的颁布到 1982 年宪法的生效，其间重点集中在坚持民主集中制原则下，对上下级检察机关的法律关系是领导还是监督等相关问题经过了五次制度变迁。①

第一次是 1949 年的垂直领导关系的确立。1949 年 12 月《中央人民政府最高人民检察署试行组织条例》正式颁布实施，其中明确规定了检察权的垂直指挥关系："全国各级人民检察署均独立行使检察权，不受地方机关干涉，只服从最高人民检察署之指挥。"在新中国第一个有关检察制度的专门法律规范中，首次确定了检察机关的行政性质及自身的独立垂直指挥原则，明确将检察机关的检察权的性质及组织、管理、实施方式界定于行政权力的范畴。

第二次是 1951 年双重领导关系的变更和确立。1951 年 9 月的《各级地方人民检察署组织通则》通过，其规定了"各级人民检察署受上级人民检察署的领导"，并且其为"同级人民政府的组成部分，同时受同级人民政府委员会之领导"。正式确定双重领导原则，继续进一步确定了其行政权的性质。同时将上下级检察署的领导关系设成了业务上领导与指导关系，使行政性质带有较强的司法色彩。通过这次的检察制度设计之变，自 1951 年若干年后，基本

---

① 王桂五主编：《中华人民共和国检察制度研究》，法律出版社 1991 年版，第 666 页。

上沿袭着这样一个双重领导的模式运行。

第三次是1954年垂直领导原则的变化与确立。1954年，是我国宪政史上最具建树的一年，新中国第一部宪法颁布，由宪法确立检察机关的宪法地位和组织原则更为规范和具有效力。第一部宪法及人民检察院组织法的颁布，首次确立了检察机关的垂直领导体制，并且在正式确立的我国"议行合一"的政体中明确了全国人大领导下的"一府两院"模式，在这一模式下，各项权能分工负责，互相制约，并正式确立在宪法性法律规范之中。但是由于"检察机关是国家的法律监督机关"的明文规定的缺失，使其在实现国家职能与行使方式上仍采用行政方式。因为采取行政命令式的方式，在过去的领导人看来，或许就是百废待兴的建国初期的最好选择，领导与服从能够快速反应干出绩效。检察权设置的目标和中央整体的权力配置，还没有上升到保障人权的高度，那时还是奉行国家权力至上、国家利益至上，根本不能奢想权利与义务的法律正当关系，更不能用人民手中的权利来制约公权的滥用。

第四次是1978年一重领导与一重监督的关系的变化。"文化大革命"结束后，全国各个方面处于拨乱反正、百废待兴阶段。1978年修改并通过的宪法，将检察机关的垂直领导关系改变为一重领导与一重监督的关系。即"最高人民检察院监督地方各级人民检察院和专门检察院的检察工作，上级人民检察院监督下级人民检察院的工作"，"最高人民检察院对全国人民代表大会及其常务委员会负责并负责报告工作"，"地方各级人民检察院对本级人民代表大会负责并报告工作"。1979年在1978年宪法修改过程中，对将检察机关的上下级监督关系改为双重领导关系，使检察机关行政权性质弱化，司法权性质凸显，由过去的纯粹行政系统的管理及实现方式，向通过司法性质的机构实现国家行政并司法职能的转移。这一并非突变的过程，却足足花了几乎一个五年计划，检察权的属性很难走出纯粹行政权运行的阴影，直到1982年修宪，才得以改观，检察权的目标方向和权能也才能真正彰显出来，与当下的国家检察机关的设置和权力配置只有些微的差别了。

第五次是 1982 年双重领导关系的变化。1982 年宪法的修改与颁布奠定了现行检察权法律关系的基础，确定了检察权在国家权力结构中的双重领导关系。检察权与审判权、行政权、立法权一样，是属于独立的国家权力形式，必须由专门的国家机关来行使；检察权是由一个独立的国家机构体系来行使的，这种独立的国家机构体系既不是纯粹的行政权力系统，又不是单一的司法权力系统，而是两者兼而有之；1982 年宪法第一次明文规定"中华人民共和国人民检察院是国家的法律监督机关"，明确了我国检察权除了行政权能如公诉、侦查权外，还具有明显的司法权能，即法律监督权的内容，公开确认我国检察制度具有行政和司法的双重性质。

综上，通过回顾五次我国检察机关职能和领导权属的关系变化，重温了检察权的司法权与行政权并重的历史演变过程，笔者以为，任何优良制度的创设和权力体系的合理配置，都有一个"试错纠错"的过程，人们不可能一下子穷尽真理，但人们无论在什么时候不应该放弃对真理的追求。在关乎法律制度等重要问题的变革上，尤其如此。我国检察机关法律属性及其领导体制的历次变化过程，实质上就是总结了新中国成立以来的经验，把法制统一原则和因地制宜原则结合起来的成功典范，这有利于检察机关更好地行使法律监督职能，使得我们的检察机关的职责、权力、能力和所提供的公共性服务更适合我国的国情。

二、当代中国的检察官

（一）检察官的任职资格与职业化走向

1. 检察官的任职资格

中国检察官是一个富有庄严使命感的称谓，也是肩负神圣职责的职业者。检察官是依法行使国家检察权的国家工作人员，包括最高人民检察院、地方各级人民检察院和军事检察院等专门人民检察院的检察长、副检察长、检察委员会委员、检察员和助理检察员。我国在建国后较长一段时间内都没有专门法律来规定检察官的资格和条件，在实践中，主要侧重于政治素质和思想品德，而对法律专业知识和司法实践经验重视不够，直到 1995 年颁布检察官法，对此才有了明确规定。以 1995 年 2 月第八届全国人民代表大会常务委员会第十二次会议通过的《中华人民共和国检察官法》为标志而改造构建的我国检察官制度，抛弃了过去一些"极左"的做法或者不利影响，是我国检察制度向现代化、正规化迈进的重要步骤，闪现出科学和民主的光辉。

1995 年的《检察官法》第 10 条明确规定，"担任检察官必须具备下列条件：（一）具有中华人民共和国国籍；（二）年满二十三岁；（三）拥护中华人民共和国宪法；（四）有良好的政治、业务素质和良好的品行；（五）身体健康；（六）高等院校法律专业本科毕业或者高等院校非法律专业本科毕业具有法律专业知识，从事法律工作满二年，其中担任省、自治区、直辖市人民检察院、最高人民检察院检察官，应当从事法律工作满三年；获得法律专业硕士学位、博士学位或者非法律专业硕士学位、博士学位具有法律专业知识，从事法律工作满一年，其中担任省、自治区、直辖市人民检察院、最高人民检察院检察官，应当从事法律工作满二年。本法施行前的检察人员不具备前款第六项规定的条件的，应当接受培训，具体办法由最高人民检察院制定"，并在第 11 条中明确限定"曾因犯罪受过刑事处罚的和曾被开除公职的人员不得担任检察官"。

同时值得注意的是，2001 年新修改的《检察官法》第 13 条规定："初任检察官采用严格考核的办法，按照德才兼备的标准，从通过国家统一司法考试取得资格，并且具备检察官条件的人员中择优提出人选。人民检察院的检察长、副检察长应当从检察官或者其他具备检察官条件的人员中择优提出人选。"笔者认为，这实际上是将"通过国家统一司法考试取得资格"规定为检察官任职的前提性条件。这一条件的确立，标志着为当代中国检察官的进一步职业化奠定了坚实的法律基础。

2. 检察官的职业化趋向

所谓检察官职业化，即指以专门解决社会纠纷和依法独立行使国家检察权为其工作内容的检察官所形成的独特的专门知识、技能、工作方法、行为方式及专门思维模式的趋势，主要表现在检察官不同于其他公务员的独特的职业意识、职业技能、职业道德和职业地位。检察官职业化建设是法治社会的发展趋势，是检察机关依法独立公正行使检察权的基本保障之一，也是检察机关谋求自身可持续发展的一条根本途径。在当代中国追求检察官职业化的重要性和必要性，主要体现在以下几个方面：[1]

第一，依法治国方略呼唤检察官队伍职业化。依法治国不仅要求整套规范的法律制度，而且还必须有一支精通法律、执法公正的司法队伍。检察官代表国家独立行使检察权，分辨是非、惩恶扬善、保障人权、制约强权，以权威的方式解决已发生的社会冲突，保障各项法律在具体的执法环节得以正确实施，以公正解决纷争，有效维护社会稳定。这就要求检察官不仅能正确适用法律，而且还必须具备独特的法律思维以及深厚的法律功底、丰富的司法经验和高尚的道德品质，因此，检察官职业化建设是依法治国的要求。

第二，检察官职业化是现代社会经济发展的必然趋势。生产力的发展，社会的进步，使社会分工不断细化，当案件数量的增长和纠纷的复杂化达到一定程度时，司法就从政治、道德、文化等其他

---

① 王桂五主编：《中华人民共和国检察制度研究》，中国检察出版社2008年版，第52—53页。

领域中分离出来,成为一种专门的职业。正如韦伯所言,"在经济交易活跃的社会中,用以调整有关利害当事人关系的法律日益增加和复杂化,因而对法律知识的需求也就日益迫切"。当前,我国社会主义市场经济体制的日趋完善,经济发展和改革开放已达到一个较高的层面,特别是我国加入世界贸易组织后,伴随着经济全球化进程的加快,对司法者的素质要求也越来越高。检察机关作为国家法律监督机关,在维护法律实施和维护司法公正中举足轻重,不可或缺,因此,加紧提供检察官职业素质乃是大势所趋。当前,司法改革以及东西方法律文化的交流和融合,更多地为检察官职业化提供了机会和可能。

第三,检察官职业化是维护公平和正义的需要。司法实践中,检察官个体素质的差异,往往容易导致在办理个案过程中形成的法律效果的差别,同一类型相似情节的案件,由不同的检察官办理,有时也会出现不同的办案结果,公平和正义往往因人为因素而产生偏差。检察官职业化将逐步使检察官个体之间的素质同质化。一是使检察官法律价值取向同质化,以实现公平正义价值取向为目标,并凝聚成强大的整体理念。二是使职业行为同质化,检察官通过职业化建设形成共同的思维和职业行业模式,对具体案件的判断从案件事实上升为一般原则的分析,然后再将一般法律原则细化为案件事实的实证逻辑,从而在职业素质上表现出很强的专业性,使不同检察人员承办相同案件时结果趋于一致。三是职业道德的同质化。职业道德将贯穿于检察职业行为的始终,检察官将成为正义的化身和公平正义的象征。

第四,检察官职业化是改善检察队伍现状的必然要求。目前,我国检察队伍整体素质偏低,不适应新形势、新任务的需要。从实际情况看,目前我国检察队伍的组成主要有部队转业、社会招干、院校分配或招录三部分,其中前两部分所占比例仍然比较大。这种现状造成了检察队伍呈现以下几种情况:(1)文化层次偏低。基层院大专以上学历者较大比例是"五大生"①，一部分人通过自身努力而成为优秀人才，但大部分缺乏系统学习和院校式的人文环境熏陶，难以形成扎实深厚的理论基础和法律职业特有的逻辑思维方式。（2）职业准入的门槛过低。有些基层院特别是中西部地区基层院现有的检察官，绝大部分是论资排辈任命为助理检察员和检察员的，没有经过统一司法考试。（3）知识老化严重，缺乏系统的教育培训，知识更新意识和更新能力不足，与日益发展并完善着的我国法治进程的要求不相适应。

虽然我国长期以来对检察官职业化的建设重视不够，但随着检察官法的修改及统一司法考试制度的设立，我国的检察官职业化也只是初具雏形。党和国家近年来都十分重视检察官队伍建设，明确提出要加快推进司法改革，"从制度上保证审判机关和法律监督机关依法独立公正地行使审判权和检察权"。因此，司法改革迫在眉睫，检察官职业化建设的制度不仅是一个学术问题，更是一个需要落实到实处的现实问题。

（二）检察官的任免

任免是任职和免职的统称。检察官的任职，是指任免机关依据法律的有关规定，在其任免权限范围内，通过法定程序，任命某人担任检察官。检察官的免职，是指任免机关依据法律有关规定，在其任免权限内，通过法定程序，免除某人担任的检察官职务。以检察官的任免方式和程序为标准，可以将检察官的选任分为任命制和选举制；以检察官的任期为标准，可以将检察官的选任分为终身制和定期制。为了与宪法规定和政治制度相适应，我国检察官法对检

---

① "五大生"，是指电大、职大、夜大、函大、成人教育或国家教育行政主管部门认可的其他类型教育取得国家承认大专以上学历的非在职毕业生，不同于普通高等学校的毕业生。

察官的任免按职务和级别的不同，采取了选举和任命相结合的方式，即各级人民检察院检察长的任免采取选举制，其属下则采取任命制。具体来说就是：最高人民检察院检察长由全国人民代表大会选举和罢免，最高人民检察院副检察长、检察委员会委员和检察员由最高人民检察院检察长提请全国人大常委会任免；地方各级人民检察院检察长由地方各级人民代表大会选举和罢免，副检察长、检察委员会委员和检察员由检察长提请本级人民代表大会常务委员任免。但对于选举产生的地方各级人民检察院检察长还须报上一级人民检察院检察长提请该级人大常委会批准。此外，各级人民检察院的助理检察员由本院检察长任免。

对于我国检察官的任期，由选举产生的各级检察长的任期为5年，且连续任期不能超过两届；以任命方式产生的检察官则没有明确规定其任期。除上述有关检察官的任职和免职外，检察官法还规定，检察官不得兼任人民代表大会常务委员会的组成人员，不得兼任律师。

（三）检察官的考核

检察官的考核制度，是指检察机关按照法定权限，依据法律规定的原则、标准、内容和程序，对所属检察官进行定期或不定期的考察、评价。检察官的考核评价机制，对于提升检察官的政治和业务素质，推动检察官自觉钻研业务知识，提高检察官办案能力；对于选贤举能，正确识别和任用检察官；对于贯彻各尽所能，按劳分配的社会主义原则，鼓励先进，激励后进，调动检察官的积极性；对于实行群众对检察官执法的监督，防止腐败现象的发生等诸方面，都有着极为深远的意义。

我国检察官法第八章专门对检察官考核制度作了明确规定，关于检察官的考核，《检察官法》第26条规定为以下几个方面：（1）检察工作实绩。主要考察检察工作指标的完成情况、工作效率的高低、工作效益的好坏、工作方法是否得当等具体内容。（2）思想品德。主要考察检察官的思想政治表现、职业道德水平以及品德修养等方面。（3）检察业务和法学理论水平。主要考察检察官的专业素质和业务水平，这直接影响到检察权行使的效果。（4）工作态度和工作作风。主要考察检察官是否爱岗敬业，能否勤恳主动地完成各项检察工作。年度考核结果分为优秀、称职、不称职三个等次。考核结果作为对检察官奖惩、培训、免职、辞退以及调整等级和工资的依据。1995 年 8 月 7 日，最高人民检察院第八届第二十次院务会议通过了《检察官考核暂行规定》，确立了"检察官考核应当坚持客观公正的原则，实行领导和群众相结合，平时考核和年度考核相结合"等原则，突出了"重点考核检察工作实绩"的考核重点，明确了考核结果三个等次的具体标准，从而将检察官考核工作具体化，进一步完善了我国的检察官考核制度。

（四）检察官的保障

在西方，被推崇为法治社会赖以存在的根基的是司法独立原则和公正品质。正如埃尔曼所言："如果司法过程不能以某种方式避开社会中行政机关或其他当局者的摆布，一切现代法律制度都不能实现它的法定职能，也就无法促成所期望的必要的安全与稳定。"①为了保证检察官依法公正、积极有效地行使职权，我国法律从立法上初步建立了检察官的保障机制②。从我国现存检察官保障机制上分析，主要有以下几种：一是检察官有权获得履行职务应具备的职权和工作条件，依法履行检察职能不受行政机关、社会团体和个人

---

① ［美］埃尔曼：《比较法律文化》，生活·读书·新知三联书店 1990 年版，第 134 页。

② 陈文兴：《检察官职业问题研究》，载《检察论丛》（第七卷），法律出版社 2004 年版。

的干涉。二是职务保障。我国检察官实行的是不可更换制，检察官的任职非因法定事由和非经法定程序不被免职、辞退、撤职、开除。对检察官的处分，确有错误的，应当及时予以纠正。三是工资待遇保障。我国对检察官实行定期增资制度；检察官有权获得劳动报酬，享受保险、福利待遇，检察官退休，享受国家规定的养老保险和其他待遇。四是人身和财产保障。检察官人身、财产和住所安全受法律保护，由于错误处分决定给检察官造成名誉损害的，应当恢复名誉、消除影响、赔礼道歉，造成经济损失的，应当赔偿。

笔者认为，我国现有法律对检察官的保障虽有一定的制度性规定，但相关规定尚不完善，尤其在职务保障和工资待遇方面还存在一定的缺失。根据我国现行法律规定，县级以上各级人民代表大会及其常务委员有权任免检察人员，但任免检察人员的具体标准和具体程序，法律上并无明确的规定。实践中，检察官特别是领导职务检察官的任免一般由党委组织部门决定，人大及其常委会只履行例行手续而已；检察官在任期内非经本人同意被转调到其他部门工作更时有所见，这种情况直接影响到检察官职位的稳定和检察权的独立行使。在工资待遇方面，按我国现行保障下的一贯做法，检察官的工资待遇与普通行政部门的人员适用同一标准，检察官实际享受的待遇普遍低于行政部门的工作人员，根本无法与其承担的法律监督职责相适应。这不仅不利于检察职位吸收优秀人才，也不利于在职检察官队伍的稳定；而且，检察官待遇偏低，不利于检察官队伍的廉政建设。检察官的生活水平与社会上很多人的生活水平差距很大，很容易成为部分检察官进行权钱交易的重要诱因。此外，在检察官保障方面还存在对检察官在履行职能中其人身、财产、处所的安全受到攻击时，缺乏具体的法律性保障措施等。

三、检察权的行使原则

国家检察权的行使原则，是指检察机关或检察官在整个诉讼活动中，行使检察权必须遵守的活动准则。检察权的行使原则贯穿于检察活动的全过程，决定着检察机关诉讼活动的方向，体现着检察权行使的价值追求。笔者认为，作为检察权的行使原则，主要包括五点：依法独立行使原则，适用法律平等原则，客观公正原则，分工负责、相互配合、相互制约原则和检察一体化原则。

（一）依法独立行使原则

1. 独立行使检察权的意义

党的十六大报告指出："社会主义的司法制度必须保障在全社会实现公平和正义。按照公正司法和严格执法的要求，完善司法机关的机构设置，职权划分和管理制度，进一步健全职责明确、互相配合、互相制约、高效运行的司法体制。从制度上保证审判机关和检察机关依法独立公正行使审判权和检察权。"此次报告将司法改革提上了重要的历史位置，给检察机关自身改革带来了最大契机，也使得检察权独立行使原则得到进一步明确。

关于检察权独立行使原则，我国《宪法》第131条规定："人民检察院依照法律规定独立行使检察权，不受行政机关、社会团体和个人的干涉。"区别于西方三权分立下的检察权，从宪法对于我国检察机关和检察权的有关规定来看，我国检察权独立行使原则的法律保障具有三个明显的特点：（1）宪法把检察机关的性质定位为法律监督机关，独立于政府。这在世界各国宪法中的表现是独一无二的。各国宪法有的对其没有进行界定的内容，有的把检察机关定位为行政机关，或设置于政府内，或设置于法院内。（2）最高人民检察院检察长由全国最高权力机关——全国人民代表大会选举产生，这体现了主权在民的宪法理念。选举意味着独立性更强，而世界各国检察总长大都由总统提名议会任命，或由总统直接任命。（3）最高人民检察院检察长只对最高权力机关负责并报告工作，而各国检察总长大都向总统负责，不向议会负责。① 我们由此可以看出：与三权分立下的检察权拥有的独立程度相比，从理论上来说，我国检察权机关的独立程度更高，制度上更有保障。不仅宪法赋予了检察权独立行使原则的确定性，从以下两个方面更是可以看出确立该原则的必要性：首先，检察权与审判权存在着密切的联系，审判权的独立有赖于检察权的独立。在审判权的被动性以及诉审分离的原则之下，检察权是审判权发动的根据，审判权行使的范围受到检察权行使范围的严格控制，而且，法院审判的方式、程序和审判的结果还将受到检察权的监督。如果没有独立公正的检察活动，也就难以产生独立公正的审判。因此，检察权行使的独立性对于审判权的独立行使具有重要的意义。其次，检察权行使的公正性与有效性本身需要独立性作为保障条件。法律监督机关是法治的守护者，其监督行为必须以法律为依据，只服从法律。为此，必须保持检察机关及其法律监督活动的独立性，否则，就会被监督方面或其他干扰因素所左右，就会丧失监督的有效性和公正性。比如检察机关侦查权的行使，尤其是职务犯罪侦查权的行使就需要一种独立性保障。保障侦查权依法行使的主要措施以及防范不当干预的主要屏障，就是执法行为的独立性。再比如公诉权的行使，公诉权是有一定司法性质的权力。它基于对特定事实的审查所作出的判断，是代表国家对涉嫌犯罪的行为进行追诉。而不起诉的运用，则是代表国家确定一个人无罪或因犯罪轻微等原因不追究其刑事责任，这本身就是适用法律来处理案件。这些权力的公正、适当行使，就必须

---

① 参见王怀新：《公诉权原论》，中国人民公安大学出版社 2006 年版，第 423 页。

要排除各种干扰，只遵从法律的要求。

2. 独立行使检察权的具体内容

所谓检察权独立行使原则，是指检察机关依照法律规定独立行使检察权，不受行政机关、社会团体和个人的干涉。这一原则包括两个方面的内容：一方面，检察权只能由人民检察院代表国家行使，其他任何机关、社会团体和个人都无权行使；另一方面，人民检察院在代表国家行使检察权时，必须依法行事，不受行政机关、社会团体和个人的干涉。由于司法独立是司法公正的保障，因此，司法独立是各国公认的基本法治原则，而检察权独立行使原则是司法独立原则的内容。不过，不同国家对检察机关性质的认识并不相同，因此各国检察机关行使检察权的独立性有很大的差别，大致可以分成两种：第一种类型是检察机关行使检察权时完全独立，即检察机关既独立于法院，又独立于政府，是完全独立的国家机构。属于这种类型的国家有俄罗斯、葡萄牙、意大利和英国等。第二种类型是检察机关在政府监督下有限独立。这种国家的检察系统属于政府机构，接受内阁司法部长以某种方式实施的监督或领导，但在行使检察权时，仍然享有一定的独立性。属于这种类型的国家有日本、法国、德国、荷兰、美国等。当然，无论何种类型的制度设计，都体现了各国为保障检察权的充分行使，以使检察权排除外界干扰的初衷。根据我国宪法规定，我国各级人民检察院与人民法院、人民政府均由同级人民代表大会产生并对其负责，彼此互不隶属，互相独立，因此，我国属于检察机关完全独立行使检察权的类型。

检察机关的独立性，包括两个方面，即外部独立和内部独立，前者涉及在国家权力运作过程中检察机关与其他国家机关、团体和个人的关系，后者涉及检察权在检察机关内部的分配以及各检察权行使主体间的相互关系。

（1）检察权独立行使的外部因素

"党的领导是人民当家作主和依法治国的根本保证，人民当家作主是社会主义民主政治的本质要求,依法治国是党领导人民治理国家的基本方略。"党的十六大报告提出的这些内容,告诉我们在处理党的领导和人大监督与依法独立行使检察权的三者关系时,必须从我国实情出发,将这三者有机统一起来:①

首先,党的领导是依法独立行使检察权的政治保证。中国共产党是我国社会主义事业的领导核心,也是推进依法治国的根本保障。党不仅领导人民制定法律,同时也领导人民实施法律。党对检察机关的领导,是执政党在国家政治生活中发挥主导作用的重要体现,也是党领导人民实施法律的重要方面。社会主义检察制度是在党领导下建立的,检察机关只有置于党的领导之下,按照党的要求和法律规定开展工作,才能坚持正确的政治方向,才能保证正确地贯彻执行法律。因此,检察机关必须从自觉维护党的执政地位和自身在国家法制化进程中所肩负使命的高度,深化党对检察工作领导的重要性和必要性的认识。

其次,人大监督是依法独立行使检察权的法律保证。依法治国的主体是人民,人民当家作主是党的领导和依法治国的目标。人民行使权力的政权组织形式是人民代表大会制度,各级检察机关由其产生,对其负责。因此,检察权源于最高国家权力机关对国家权力的配置,必须接受人大的监督。任何权力的行使都需要有效的监督和制约,检察权依法独立行使是相对非法干涉而言的。人大的监督是确保检察权正确行使和检察工作得到不断改进和加强的法律保证;同时,人大的监督也有利于检察权独立行使。在依法治国进程中,人大监督和检察监督都需要不断强化,既不能以丧失检察权的独立行使为代价强化人大监督,也不能以检察权的独立行使为借口

---

① 参见李剑等:《完善党的领导和人大监督与依法行使检察权的理性思考》,载张智辉、谢鹏程主编:《中国检察》(第三卷),中国检察出版社2003年版,第386页。

排斥人大监督，关键是要正确解决好人大监督所体现的民意与检察权独立行使所体现的法治精神之间的价值冲突，使两种监督权互相补充、互相促进，按照各自的功能和目的发挥应有的作用。

最后，依法独立行使检察权是坚持党的领导和人大监督的重要内容。宪法和法律是党的主张和人民意志相统一的体现。党的领导主要通过执政来实现，没有依法治国，党作为执政党就无法执政，进而无法坚持党的领导。同时，人民当家作主也主要通过依法治国来实现，人民依法选举人民代表，组成人民代表大会，人民代表大会依法代表人民行使当家作主的权力，把人民的意志按照立法程序变成法律，并对法律的实施进行监督。如果没有依法治国这一治国基本方略，"中华人民共和国一切权力属于人民"这一宪法基本原则就无法操作和实现。依法治国重在公正司法。人民检察院是国家的法律监督机关，肩负着维护法制的统一和尊严的神圣使命，因此，依法独立行使检察权既是一项宪法原则，也是一项司法组织原则。从民主法治理论的发展看，把检察权从国家政权体系中独立出来，并赋予其依法独立行使检察权的地位，是以监督、制约行政权、审判权等国家权力的行使，保障行政权、审判权等国家权力在行使中不被滥用和腐败为其根本指向的。所以从根本上说，依法独立行使检察权，是坚持党的领导和维护人大权威的体现，是依法治国、建设社会主义法治国家的客观要求。

在依法独立行使检察权的过程中，也要注意处理好检察机关与权力机关的关系。根据宪法的规定，我国的权力机关除了拥有立法权外，还有广泛的法律监督权，检察机关依法行使职权的同时也必须接受国家权力机关的监督。但是，若因此认为国家权力机关的监督可以任意干涉司法职权内的事务则是错误的。国家权力机关有权对检察机关是否严格遵守法律和正确适用法律进行监督，除非检察机关所作的决定违反了宪法和法律，否则不得擅自改变和撤销属于检察权范围内的决定。认为宪法规定不得干涉检察机关独立行使职

权是指行政机关而不包括权力机关，而权力机关的监督可不受限制
的观点是错误的。权力机关必须恪守法律关于检察权限的规定，案
件进入检察程序后的处理就属于检察权的范围，国家权力机关如对
案件的处理有异议的，应通过法定的程序加以纠正，而不能对案件
的处理直接作出某种决定，强行执行。

　　在检察权独立行使的背景下，就目前的我国检察权的行使现状
来看，检察权逐渐呈现出"地方化"的色彩或者说是趋势。所谓
"地方化"，是指各级人民检察院在人事、财务、装备等都要依赖
于同级政府，检察机关在行使检察权过程中不得不考虑和顾及地方
利益，从而自觉或者不自觉地形成地方保护主义。笔者认为，要避
免此类现象，其关键在于改革现行检察机关经费供给体制。现行的
检察机关经费保障体制是与现在的财政体制相对应的，即把各级检
察机关视为各级政府的一个行政机关，检察机关的财政由各级地方
政府供给，"分级管理，分级负担"，实行"分灶吃饭"，且这种供
给的多少并没有任何法律的硬约束，随意性较大。这种分级财政保
障制度，在很大程度上影响了检察机关依法独立行使检察权原则的
贯彻实施：我国是单一制国家，检察机关上下级之间是领导关系，
而检察经费却是分级负担体制下的分级保障；各级检察机关的工作
依据的是宪法，按照统一的法制原则履行职能，经费却是分灶保
障；各级检察机关按照统一的工作要求去履行职能，追求统一的法
律效果，经费保障情况却不平衡，饥饱不均。① 这势必使得一些检
察机关在办理涉及经济利益尤其是本地与外地经济纠纷的案件时，
受到利益驱动，导致司法不公。同时，由于检察机关的经济命脉掌
握在当地政府财政部门手中，办案极易受到行政部门的干预，检察
职权的行使缺乏基本的独立性保障。

---

　　①　参见王鸿翼、李满旺等：《关于检察机关经费保障机制的探讨》，载
中国检察理论研究所编：《检察理论研究成果荟萃》，第 134 页。

有鉴于此，笔者建议，为了保证检察权的独立行使，有必要抓紧启动改革现行检察机关经费供给体制：一是改革司法经费供给的随意性和人治色彩浓厚的状况，对司法经费实行严格预算，严格执行。二是改变经费由地方提供的体制，实行中央统筹和地方兼顾的政策。实行中央统筹、地方兼顾，中央为主、地方为辅的经费供给体制，这样既能确保基本的经费保障和平衡，又能兼顾地方经济发展水平和需要，同时还能最大限度地减弱地方政府对各级检察机关的干预。

（2）检察权独立行使的内部因素

检察权独立行使就其内部独立性而言，则是检察官的独立性。目前，检察机关内部由检察长统一领导检察院的工作、副检察长分管若干内设机构的工作、各内设机构负责人领导部门工作的体制，具有过于强烈的行政性质而缺乏司法体制所必需的制度安排。现行法律在规定检察机关独立行使检察权的同时，要求检察官在行使职权时，必须接受上级的指令，因此，检察官在具体行使检察权的过程中，其行为并不完全独立。从实际情况看，检察官承办案件时的自主性和独立性不明显，决定权集中于检察长和检察委员会，部门负责人则拥有审核权，从而形成了上命下从的办案责任机制。近几年来，主诉（办）检察官办案责任制的探索和试行，作为检察官独立机制的初级形式或过渡阶段，体现了检察官独立的一般规律和检察改革的发展方向。但由于没有正式的国家立法，各地对主诉（办）检察官的职权规定不统一，影响了检察官履行职权的独立性。同时，主诉（办）检察官在行使职权时，如果与检察长的建议不一致，则必须服从领导的指挥或命令，在法律制度上还没有确立检察官在检察机关的独立性，还没有赋予检察官合法对抗明显违法行政指令的权力。因而，我国检察官的独立，是一种受限制和约束的非常有限的独立。①

3. 依法独立行使检察权的法律保障制度的构建

为保障依法独立行使检察权，依据中国检察权的行使现状，我们认为应当建立健全的法律法规主要有：（1）明确检察机关与执政党的关系，界定执政党领导检察机关的主要原则、范围、内容及方式，规范具体案件过问的程序，接受社会监督的方式以及违背这些原则、规定的法律责任等。（2）制定检察机关与人大、政府关系规范。明确上述各机关各自的职责，科学理性地定位彼此的关系、责任、义务和违反这些责任义务的法律责任；尤其是对各级人大常委会的个案监督活动要加强规制，防止越俎代庖干预具体个案的处理，严格程序控制，以确保检察权在法律许可的范围内依法独立行使。（3）完善内部权力独立运行规则，按照权力属性的特殊性，有差别地科学设定权力独立行使的原则、范围和方式等相关制度。比如，关于公诉权的独立主体、范围、方式、上下级之间的关系；科学规范检察长与检察官的关系，比如，检察首长职务收取、职务转移权，检察官的拒绝受命权，意志自由表达权等权力与权力之间的关系；科学规范检察委员会与检察官之间的关系，防止以集体意志不适当地否定检察官的正确意志，防范集体负责制沦落为集体不负责制；建立相应的检察官不服检察首长和检委会集体意志向上级机关提起复议的制度，特别是具体案件提请复议审查制度，建立相应的检察官依法抗命权制度，实行上级及检察首长的命令权与检察官适用法律事实判断权的分离。通过建立特别声请制度和上级复议决定制度，甚至司法审查制度等（如检察官认为有罪应允许检察官以个人的名义或与外部共同提请司法审查，但以国家的名义所采取的措施应予以同时解除等），规范和减少检察首长自由裁量

---

① 参见谢鹏程：《论检察官独立与检察一体》，载《法学杂志》2003 年第 3 期，第 35 页。

权尤其是检察民主集中制所带来的弊端。

（二）适用法律平等原则

1. 适用法律平等原则的历史变迁

对一切公民在适用法律上一律平等的原则，是我国诉讼法基本原则之一，是我国一项重要的宪法和法律原则。公民在适用法律上一律平等的原则，是我国宪法规定的"公民在法律面前人人平等"原则在法的适用中的具体运用和体现，也是"以事实为根据，以法律为准绳"原则的必然引申。①

新中国成立后，我国第一部宪法（1954 年宪法）即明确规定："中华人民共和国公民在法律上一律平等。"与第一部宪法同时颁布的第一部人民检察院组织法规也相应地规定了"在适用法律上一律平等"，把适用法律平等作为一条重要的检察权行使原则确定下来。但在 1957 年下半年之后长达 22 年之久的时间里，由于"左倾"思潮泛滥，这一原则曾一度随着"法律面前人人平等"原则的取消而消失。在 1957 年"反右"时，又被说成是抹杀了法律阶级性的资产阶级司法原则，一些主张和强调这一原则的人被打成右派。这之后，虽然宪法并未修改，可是"法律面前人人平等"原则实际上已被取消，"适用法律平等"原则更是名存实亡。再往后的岁月，在 1975 年和 1978 年宪法中，此项原则未得到确认，或是干脆被正式取消。党的十一届三中全会之后，经过历史的正本清源，法律面前人人平等原则不再被视为资产阶级人性论的特有产物，而是被视为人类和谐平等最基本的司法底线和标准。1979 年刑事诉讼法的实施和修改，该原则才得以重获新生。这一原则首先

---

① 法律上的平等原则，是人类最基本的宪政原则，在国家公权行使和运行上，缺失法律上的平等原则，就失去了起码的公正与正义，也就缺失了基本的法律保障和司法公正的底线。

在 1979 年通过的刑事诉讼法和人民检察院组织法中得到确认。
1979 年《刑事诉讼法》第 4 条规定：人民法院、人民检察院、公
安机关进行刑事诉讼，"对于一切公民，在适用法律上一律平等，
在法律面前，不允许有特权"。《人民检察院组织法》第 8 条规定：
"各级人民检察院行使检察权，对于任何公民，在适用法律上一律
平等。"随后，1954 年宪法"中华人民共和国公民在法律面前一律
平等"的规定在 1982 年的宪法中得到恢复，同时，"适用法律平
等原则"也得到了进一步的确认。

2. 适用法律平等原则的重要意义

"适用法律人人平等原则"不但有其丰富的内涵，并且有着重
大的现实意义，概括起来主要有以下几个方面：

一是对一切公民在适用法律上一律平等的原则，是社会主义制
度下法律制度的必然要求，体现了社会主义法制的民主精神。在奴
隶制、封建制的国家中，法律公开规定不平等的原则。如我国封建
制时的《唐律》就规定有"八议"之制，皇亲显贵犯罪，有议请
减罪或免刑的特权。资产阶级为了反对封建等级特权，首先提出了
在法律面前人人平等的口号，在历史上也曾起过进步作用。但是资
产阶级掌握政权以后，由于生产资料私有制本身产生的经济政治上
的不平等，导致资产阶级在适用法律上不可能真正做到人人平等，
使法律上人人平等的原则变成了一个虚伪的口号，一个掩盖经济上
和事实上都不平等的迷彩服。恩格斯指出："法律上的平等就是在
富人和穷人不平等的前提下的平等。"① 只有在社会主义制度下，
人民在经济上、政治上才能获得真正的平等，这种政治上、经济上
的平等为适用法律上的平等创造了坚实的政治基础和物质保证，使
公民在适用法律上人人平等的口号变为现实。

二是适用法律平等的原则是反对特权思想，消除执法过程中各

---

① 《马克思恩格斯全集》（第 2 卷），人民出版社 2005 年版，第 648 页。

种扭曲现象的需要。我国有着两千多年的封建历史，在封建社会中，土地等生产资料为地主阶级所有，经济的主要形态是封建的自给自足的自然经济，与这种分散的、封闭的自然经济相适应，政治上以专制统治为主要形式。新中国成立后，虽然消灭了剥削阶级，但封建社会遗留的等级特权思想不会在短时期内消除，它会侵蚀我们执法人员的思想，出现不平等的执法现象。同时我国脱胎于半殖民地半封建社会，资产阶级民主思想的启蒙阶段很短，民主的发展不充分，又处于社会主义初级阶段，这也决定了特权思想将会长期干扰法律的适用。现实中的"官民不平等"、"以钱代罚"等现象不断滋生，严重影响了法律的执行，削弱了法律的权威地位。适用法律平等原则无疑是反对等级特权思想，同各种扭曲现象作斗争的有力武器。①

三是在我国坚持法律面前人人平等，并将之上升为宪法原则加以保障，这是由我国的社会主义性质和人民当家作主的本质所决定的，是我国社会主义民主政治体制的内在要求，是我国社会主义法治的民主性和人民性的集中体现，也是我国实施依法治国方略的核心内容。这一原则充分显示了社会主义政治制度的优越性，彰显了我国建设社会主义法治国家的目标追求，具有多方面的重要意义。首先，它充分体现了人民当家作主的国家地位，有利于提高广大群众的政治思想觉悟，树立国家主人翁责任感；其次，它鲜明地反对法外特权，有利于从法律上防止特权思想和特权作风对社会的侵蚀；再次，它鲜明地反对法外歧视，有利于坚持"以事实为依据，以法律为准绳"的司法原则，防止冤假错案的发生；最后，它要求人人都严格依法办事，既充分享有他们应当享有的法定权利，又切实履行他们应当履行的法定义务，有利于维护法律的应有权威，

---

① 王清坤：《适用法律人人平等原则的内涵和意义》，载《上海市政法管理干部学院学报》1999 年第 3 期。

健全社会主义法制体系，推进社会主义民主法制建设。

3. 适用法律平等原则的具体内容

在国家检察权运行中，法律平等原则的适用无非涵指以下两个方面的内容：一是法律给予公民平等的保护。人民检察院进行诉讼时，对一切公民的合法权益，不分民族、种族、性别、职业、社会地位、宗教信仰、文化程度、财产状况、居住年限等，一律依法予以平等保护，包括那些违法犯罪分子的合法权益。任何人当法律和宪法赋予他的权利受到侵害时，都有权获得法律保护。二是法律对全体公民予以统一的适用。任何公民都不得享有特权，对任何公民的合法权益，都要加以保护；对一切公民的违法犯罪行为，都一律平等地追究其法律责任，不论违法犯罪人的社会地位高低、财产多寡等，都必须依法处理。该逮捕的逮捕，该起诉的起诉，该判刑的判刑。绝不允许因违法犯罪人的出身、社会地位等不同于一般公民，就在适用法律上给予不平等的对待，甚至法外施恩。社会主义的诉讼法绝不允许在适用法律上出现一部分人享有特权，而另一部分人却受到歧视的现象。

事实上，对一切公民在适用法律上一律平等的原则，同在法律规定的范围内实行区别对待的原则并不矛盾。适用法律人人平等是机会的平等，而不是平均主义。对犯罪分子的情况进行具体分析，根据不同情况，包括犯罪事实本身的情节、造成社会危害的程度以及犯罪后的认罪态度等，予以区别对待，分别量刑，这种实事求是、区别对待的原则正是公民在适用法律上一律平等的具体体现。现行法律所确立的这一原则是指机会上的平等，不存在统一固定的犯罪处罚，处罚要与罪责相当。触犯了刑法就要根据其犯罪的性质、事实、情节和对社会的危害程度进行一视同仁的定罪、处刑、行刑，任何人都不能有例外。理解这一原则要注意将其和平均主义区分开。对犯罪分子要考虑到其侵害的社会关系及危害程度处以适当的刑罚，而不是预先设计一个统一固定的标准来处罚所有的犯罪。从这个角度来讲，适用法律平等原则和罪刑相适应原则是相得益彰的。

当然，真正把适用刑法人人平等的原则贯彻于整个刑法的执行，是一项复杂的系统工程，不但需要司法人员素质的不断提高，特别是执法观念的转变，同时，也需要各种社会力量的监督约束和社会物质财富的不断丰富。

（三）客观公正原则

1. 客观公正原则的学理内涵

客观公正在西方法律体系中，一直被视为法律实施的具体价值追求和目标。客观，是指事物的本来面目，无虚饰伪造之处；公正，则是指至公至正，不偏不倚，无任何私心与私利掺杂其中。法律公正原则也主要彰显在"公正"二字。公正，有时又称为正义，它来源于拉丁语 Justitia，是由"Jus"一词演变而来。从字面上说，公正具有正当、合理、公平、平等等含义。美国著名伦理学者罗尔斯提出："正义是社会制度的首要价值，正如真理是思想体系的首要价值一样，一种理论，无论它多么精致和简洁，只要它不真实，就必须加以拒绝和修正；同样，某些法律和制度，不管它们如何有效率和条理，只要它们不正义，就必须加以改造和废除。每个人都拥有一种基于正义的不可侵犯性，这种不可侵犯性即使以社会整体利益之名也不能逾越。因此，正义否认了为了一些人分享更大利益而剥夺另一些人的自由是正当的，不承认许多人享有的较大利益能绰绰有余地补偿强加于少数人的牺牲。所以，在一个正义的社会里，平等的公民的自由是确定不移的，由正义所保障的权利绝不受制于政治的交易和社会利益的权衡。"① 同时，罗尔斯在其宏作

---

① ［美］约翰·罗尔斯：《正义论》，何怀宏等译，中国社会科学出版社 1988 年版，第 1—2 页。

《正义论》中对正义作了系统的分类。所谓实质正义，是关于社会的实体目标和个人的实体性权利与义务的正义；形式正义的基本含义是严格地、一视同仁地依法办事；程序正义要求规则在制定和使用中程序具有正当性。可见，实质正义和形式正义是评价程序结果的价值准则，主要体现为一种"结果正义"，而程序正义主要体现于程序的运作过程中，是评价程序过程的价值标准，本质上是一种"过程正义"。因而，这种正义分类反映在执法活动中，则可用实体公正和程序公正予以概括。

同时，公正作为诉讼活动正义的体现，其基本内涵就是在检察活动过程中和诉讼结果中体现公平和正义的精神。可见，公正包括实体公正和程序公正两方面的内容。所谓实体公正，是指通过司法活动就诉讼当事人的实体权利和义务所作出的裁判结果是公正的。所谓程序公正，是指诉讼活动的过程对有关人员来说是公正的，换言之，诉讼参与人在诉讼过程中所受的对待是公正的，所得到的权利主张机会是公正的。①

2. 检察权运行中的实体公正

就实体公正的内涵而言，虽说人们对其的认识并不完全相同，但其根本要旨在于要求人民检察院在处理各种案件过程中，要在准确认定案件事实的基础上，正确适用法律，对案件作出公正合理的裁判或决定。因此，实体公正的内涵主要包括以下几点：

（1）案件事实的真实查明

争诉事实的真实再现，是实体公正的首要标准。诉讼程序除了具有保护当事人诉讼权利和保障人权的意义外，还要承担起查明案件事实，正确适用实体法的义务，后者是整个诉讼活动的核心内容和目的指向；并且由于事实认定是法律适用的基础，因此，如果脱离对争执事实状况的客观揭示，实体公正就失去了事实前提。因为

---

① 何家弘：《司法公正论》，载《中国法学》1999 年第 2 期，第 12—13 页。

在司法过程中，案件事实的查明相当于司法三段论的小前提，没有小前提或小前提错误，将直接影响裁判结果的正确性与可靠性。在唯物主义者看来，要求诉讼活动真实的恢复争议事实的过程和经历，是基于如下认识论前提的，即案件的"实施过程在特定环境中所留下的痕迹，包括通过经历者感官所形成的印象，依然可以为再现这一过程的主要内容提供凭借。科技发展所形成的视听和其他手段，更增加了人们再现既往事实过程的能力"。① 诉讼过程中对争执事实的再现，正是建立在人类这一认识能力之上。同样，人民检察院对社会冲突和纠纷的解决，是基于案件事实基础而展开的，如果离开了事实根据，那么，检察机关对案件作出的任何决定都无异于是空中楼阁。换句话说，处理或者审理任何案件，都必须以查明案件真实情况为首要任务。只有事实清楚，才能正确适用法律。因此，要实现实体公正，必须首先真实查明案件事实。

（2）具体法律的正确适用

案件事实过程的真实查明，为正确地适用法律、并最终解决冲突和纠纷创造了条件。然而，真实的案件事实并不意味着必然有正确的法律适用。经验表明，案件事实查明而法律适用错误的情形并不罕见。在事实与法律的关系上，由于主客观因素的影响，检察人员仍可能出现认识上的错误。从审查时序上说，查明案件事实仅仅是审查公正的第一步，正确适用法律在审查公正的达成中具有更为重要的意义。客观公正，就要求检察人员尽可能排除在选择和适用法律过程中的不当偏向，最大限度地选择最贴切案件事实的法律条文予以适用。从法律本身的内涵正义性来看，要实现客观公正，也必须选择和适用正确的法律条文，对法律的偏离、违背甚至扭曲，都不可能实现法律的正义。因此，法律适用的准确无误，是达成审

---

① 顾培栋：《诉讼制度的哲学思考》，载柴发邦主编：《体制改革与完善诉讼制度》，中国人民公安大学出版社 1991 年版，第 65 页。

查公正的要素之一。

　　因此，欲实现法律适用的准确无误，则取决于以下两个方面的因素：一是法律技术状态。任何规范人们行为的准则或者法律，都要体现出独特的立法思想、意图和任务，因此，制定出的法律，应当有恰当的表现形式，具备统一合理的布局和排列，贴切的规范形式表述和技术处理的法律语言。如果法律意图不明，含义不清，界定不准，语言模糊，那么必然会造成法律适用的障碍，影响法律适用的准确性。因此，要正确适用法律，法律本身就应当是准确、严谨、明细和具体的，易于办案人员准确理解和简便操作。二是检察人员的素质水准。政策和法律是由人去实施的，因此，执法者的政治素质、道德修养的业务水平如何，决定着政策和法律实施质量的优劣。一般来说，立场坚定，坚持真理，秉公执法，刚直不阿，应当成为检察人员基本的人格素质；较高的文化素养，系统、专门的法律知识，综合分析和应变、决断的能力，应当成为检察人员业务素质的普遍要求。而且，人格素质和业务素质应当统一，合格的检察官必须两者兼备。缺少任何一方面，都会影响法律的正确实施。因此，要实现客观公正，必须重视、研究和提高检察人员的素质水准。①

　　（3）具体案件的公正处理

　　人民检察院通过案件审查后，对案件作出公正合理的决定，这是实现公正的重要表现形式。一般来说，要对案件作出公正处理，人民检察院应当做到以下两点：一是在法律规定的范围内对案件作出处理，即要依法处理，在有关法律条文规定的幅度内进行处理，这是保证处理决定公正合理的前提。二是要公正合理地作出处理。人民检察院除了要在法律规定的范围内进行处理外，还必须做到公

---

　　①　董茂云等：《宪政视野下的司法公正》，吉林人民出版社 2003 年版，第 255 页。

正合理，即人民检察院必须在法律规定的范围内合理行使裁量权。人民检察院在检察活动中只要做到以上两点，才能对案件作出公平合理的处理决定，实现案件的实体公正。

综上所述，检察权行使的客观公正原则，包括了上述三个方面的内容，而且它们是互相联系不可分割的，只有同时具备了这三者，才算实现了实体正义。

3. 检察权运行中的程序公正

程序公正，最早渊源于古希腊著名思想家柏拉图的正义观。斯多葛派的自然法思想进一步发展了正义观，并成为自然正义作为一项程序公正的标准，已成为自然法、万民法和审判法的基本内容。自然正义有两项基本要求：（1）任何人不得做自己案件的法官；（2）应当听取双方当事人的意见。① 这两项基本要求正是早期程序公正的基本内容。随着程序法的发展，程序公正的内容与具体的诉讼制度密切相连，正如英国大法官丹宁勋爵所指出的"我所说的'正当程序'指的不是枯燥的诉讼程序条例"，它是指"法律为了保持日常司法工作的纯洁性而认可的各种办法促使审判和调查公正地进行，逮捕和搜查适当的采用，法律救济顺利的取得，以及消除不必要的延误等等"。② 所以，诉讼中对法律所确认的各种公正的诉讼方法和制度，如无罪推定原则、辩护制度、公正的调查程序、回避制度、证据展示制度、陪审制度等，都属于正当程序的范围。

那么，程序正义具体包含了哪些内容？笔者认为，可以从程序公正的几点标准来具体认识：（1）合法性原则。法律正义的实现，必须以一定的程序法和实体法的存在及其有效适用为前提。在现代

---

① 参见陈瑞华：《刑事审判原理论》，北京大学出版社 1997 年版，第 55 页。

② ［英］丹宁：《法律的正当程序》，李克强等译，群众出版社 1984 年版，第 1 页。

法治国家中，没有哪个国家会允许其检察机关任意背离既定的法律规则，自行其是；相反，它要求检察人员在司法过程中必须服从法律，按既定的规定办事，不允许违背法律的规定对案件进行审查和作出处理。（2）合理性原则。司法的过程不仅要求合法，而且应具有合理性。合理性原则也是程序公正的要求之一。一般而言，法律的规定都比较原则，不可能面面俱到，对每一种情况都能够作出具体规定。在这种情况下，就要求检察人员在处理案件时具有理性，通过理性的思维找出个案中所包含的法律精义，对案件作出合理的处理决定。合理的程序是产生合理、正确的处理决定的前提，如果程序不合理，通过不合理的程序产生的裁判也就难以保证其公正性、正确性。要做到程序公正，没有合理的程序作基础，将是无法实现的。（3）参与性原则。任何司法活动都离不开当事人的参与，没有当事人的参与，就不可能有司法活动。而且，缺少当事人参与的司法活动，一般而言，不可能是公正的。参与性原则是程序公正不可缺少的基本要求之一。那些权益可能会受到刑事处理结果直接影响的各方当事人，都应当充分有效地参与刑事诉讼活动，并对刑事处理结果发挥富有意义的影响和作用；否则，程序参与就是一种有残缺的参与，就会对程序正义的实现产生不利影响，甚至完全阻碍程序公正的实现。

通过对以上三个方面的阐述，我们可以得出相关程序公正的内容：一是程序的合法性，二是程序的合理性，三是各方的参与性。因此，人民检察院的活动具备了以上三点，其程序就是公正的。

4. 个案中的实体公正与程序公正

首先，检察机关和检察官在行使检察权的过程中，必须以事实为根据，以法律为准绳，努力做到实体公正与程序公正并重。客观公正原则是实体公正与程序公正的辩证统一和集中反映。在刑事诉讼中，对于符合法定起诉标准的案件，检察机关必须履行起诉的义务。对于犯罪情节轻微、依照刑法规定不需要判处刑罚或者可以免除刑罚的案件，检察机关可以酌定不起诉。在我国检察职能中，起诉法定主义是基础和主体，而起诉便宜主义只是一种补充和辅助手段。客观公正原则与起诉法定主义具有内在的联系。坚持客观公正原则，就必须坚持起诉法定主义的主导地位，就不能实行选择起诉原则；相反，起诉便宜主义和起诉裁量权的适用，就必须限定在较小的范围之内。

其次，检察机关和检察官既要承担追诉的责任，也要承担保护被追诉人合法权益的责任。尊重和保障被告人、受害人的人权，不偏不倚地履行检察职能，避免任何形式上的歧视和不公正对待。在许多情况下，由于检察机关具有相对的优势，为了保障辩护方充分行使辩护权，保护被追诉人的合法权益，必要时可以在程序上适当向辩护方倾斜，而对检察机关的固有优势则需要保持一定的克制态度，以便从这种权力与权利的配置平衡中，获取对居于弱势一方的更有效保护。

最后，检察机关不仅要全面收集证明被告人有罪、无罪或罪轻的证据，查明案件事实真相，而且要全面出示证明被告人有罪、无罪和罪轻的证据，为辩护权的行使提供便利，为审判机关作出公正裁判提供充分的条件。对于不符合客观事实或者违反法律的裁判，不管该裁判结果对被告人有利或不利，检察机关都应当依法提出抗诉，以保障实体公正。①

5. 客观公正原则的具体体现

检察权行使的客观公正原则，在我国现行法律及司法解释中也有着具体体现，表现为：（1）将"以事实为根据"规定为检察官履行职务的基本义务。检察官法就对此有着明确的规定："以事实为依据，以法律为准绳，秉公执法，不得徇私枉法。"（2）客观、

---

① 谢鹏程：《论客观公正原则》，载《国家检察官学院学报》2005 年第 4 期。

全面收集、提供证据，全面审查起诉，忠实于事实真相的义务。诸如客观全面收集证据的义务，比如《刑事诉讼法》第 43 条规定："审判人员、检察人员、侦查人员必须依照法定程序，收集能够证实犯罪嫌疑人、被告人有罪或者无罪、犯罪情节轻重的各种证据。严禁刑讯逼供和以威胁、引诱、欺骗以及其他非法的方法收集证据。必须保证一切与案件有关或者了解案情的公民，有客观充分地提供证据的条件，除特殊情况外，并且可以吸收他们协助调查。"①同时，检察官负有全面审查和忠实于事实真相的义务。《人民检察院刑事诉讼规则》第 250 条规定，人民检察院审查起诉案件，必须查明犯罪嫌疑人身份状况是否清楚，犯罪事实、情节是否清楚，是否具有从重、从轻、减轻或者免除外罚的情节，证据是否确实、充分，是否属于不应当追究刑事责任等 10 个方面的情形。《刑事诉讼法》第 44 条还规定，人民检察院起诉书必须忠实于事实真相。（3）客观、全面、公正地向法庭提供证据的义务。《人民检察院刑事诉讼规则》第 332 条规定，在法庭审理中，公诉人应当客观、全面、公正地向法庭提供证明被告人有罪、罪重或者罪轻的证据。（4）依据法律规定行使批捕权和公诉权。检察机关应当根据案件具体情况和批捕、起诉的法定条件分别作出批捕或不批捕、起诉或不起诉的决定，这既是检察机关依法享有的职权，更是检察机关必须依法履行的义务。《刑事诉讼法》第 68 条规定："人民检察院对于公安机关提请批捕的案件进行审查后，应当根据情况分别作出批准逮捕或者不批准逮捕的决定。"《刑事诉讼法》第 141 条、第 142 条第 1 款和第 2 款分别规定，"人民检察院认为犯罪嫌疑人的犯罪事实已经查清，证据确实、充分，依法应当追究刑事责任的，应当作出起诉决定"，"犯罪嫌疑人有本法第十五条规定的情

①　朱孝清：《检察官客观公正义务及其在中国的发展和完善》，载《中国法学》2009 年第 2 期。

形之一的，人民检察院应当作出不起诉决定"，"对于犯罪情节轻微，依照刑法规定不需要判处刑罚或者免除刑罚的，人民检察院可以作出不起诉决定"。（5）切实履行维护各方合法权益和保障诉讼参与人诉讼权利的义务。《检察官法》第8条规定，检察官应当"维护国家利益、公共利益、维护自然人、法人和其他组织的合法权益"；《刑事诉讼法》第14条规定："人民检察院应当保障诉讼参与人依法享有的诉讼权利。"这里的"合法权益"和"诉讼权利"，就包括犯罪嫌疑人、被告人的合法权益和诉讼权利。司法客观公正是社会公正的最后一道屏障和安全网，反过来讲，司法不公是社会最大的祸害。诚如培根指出的那样："一次不公的（司法）判断比多次不平的举动为祸尤烈。因为这些不平的举动不但弄脏了水流，而不公的判断则把水源败坏了。"① 为了维护司法公正，必须进一步坚持不移地遵守检察权行使客观公正原则，积极推进司法改革，树立司法权威。

（四）分工负责、相互配合、相互制约原则

1. 分工负责、相互配合、相互制约原则的具体内容

依据宪法规定，人民法院、人民检察院和公安机关办理刑事案件，应当分工负责，互相配合，互相制约，以保证准确有效地执行法律。因此，这是一项重的宪法原则。刑事诉讼法也作出了同样的规定。分工负责是指人民法院、人民检察院、公安机关在办理刑事案件中各自行使法定的职权，完成自己分担的任务，不能相互替代，更不能由一个机关来包办。互相配合是三机关要密切协作、互通情况、互相支持。互相制约是指三机关依法互相监督、坚持原则、纠正错误。分工负责、互相配合、互相制约，三者密切相连，

---

① 参见［英］培根：《培根论说文集》，水天同译，商务印书馆1983年版，第193页。

其中又以分工负责为前提。

"所谓分工负责，是指公安机关、人民检察院、人民法院在进行刑事诉讼活动时，根据法律应有明确的分工，三机关应在法律规定的职权范围内行使职权，各尽其职，各负其责。分工负责的实质是分权，即将国家所独享的犯罪追究根据功能的不同划分三种相对独立的权力：侦查权、起诉权、审判权。"① 人民法院、人民检察院和公安机关的分工负责主要表现在：除人民检察院依法自行侦查的案件及当事人自诉案件外，在办理刑事案件时，公安机关负责对案件的侦查、预审、执行逮捕、依法执行判决；人民检察院负责批准逮捕、审查起诉和出庭公诉、抗诉；人民法院负责审判。刑事诉讼法对三机关各自的工作分工作出了详细的规定，各司其职、各尽其责，避免了互相推诿扯皮和争夺管辖权的问题。

"所谓互相配合，是指公安机关、人民检察院、人民法院在进行刑事诉讼时，应当在分工负责的基础上，互相配合，共同完成追究犯罪、惩罚罪犯，保障涉讼公民的合法权益，保障无罪的人不受到刑事追究的任务。"② "互相配合是指公检法机关在分工负责的基础上，要通力合作，互通情况，互相支持，协调一致，共同完成刑诉法的任务，而不能互不通力，彼此掣肘，甚至互相扯皮，抵消力量。"③ 人民法院、人民检察院和公安机关的互相配合主要表现在：第一机关的工作依法完成后移交下一个环节的工作机关时，都能依法顺利接受并开始新环节的工作。每一个机关在工作上需要另一机关协助时，能依法在职权范围内协助。例如，人民法院决定逮捕犯罪嫌疑人或对罪犯执行某些刑罚要由公安机关执行，人民法院执行

---

① 谢佑平：《刑事诉讼法学》，复旦大学出版社 2002 年版，第 122 页。

② 谢佑平：《刑事诉讼法学》，复旦大学出版社 2002 年版，第 123 页。

③ 陈光中：《刑事诉讼法学（新编）》，中国政法大学出版社 1996 年版，第 66—67 页。

死刑可要求公安机关派警察维护秩序；等等。互相配合要求把三机关的工作看成一个整体，经过各自工作而完成共同的打击刑事犯罪、预防犯罪、减少犯罪的任务。

"所谓相互制约，是指公安机关、人民检察院、人民法院进行刑事诉讼应当按照职责分工，相互制约、相互平衡，以及时发现工作中存在的问题或错误，并加以纠正。"① 人民法院、人民检察院和公安机关的互相制约主要表现在：三机关通过各自的工作发现另外两机关的工作存在问题，可提出建议要求其纠正。通过下一阶段的工作审查前一阶段的工作是否存在问题，并作出相应的处理。具体表现在：公安机关在侦查过程中，需要逮捕犯罪嫌疑人时要经过人民检察院审查批准，对不予批准的，公安机关认为有错误的可以要求复议以及向上级人民检察院要求复核。人民检察院对公安机关侦查终结移送起诉的案件，进行审查，决定是否起诉。犯罪事实不清、证据不足的，可以退回公安机关补充侦查或自行侦查。在办理案件中发现公安机关有违法情况，即通知公安机关予以纠正。公安机关对人民检察院的决定认为有错误的，可以要求复议，以及要求上一级检察机关复核。人民法院对人民检察院提起公诉的案件，经审判，根据具体情况和法律作出有罪、无罪的判决。人民检察院认为判决有错误的，可以提出抗诉。对发生法律效力的判决，人民检察院认为有错误的，可以依照审判监督程序通过抗诉引起再审。通过互相制约，可以纠正错误，避免冤假错案，避免放纵罪犯。

总之，分工负责、互相配合和互相制约三者密切相关。只有分工负责，才能互相配合，互相制约；只有互相制约，才能保证办案质量。实行分工负责、互相配合、互相制约，才能发挥三机关的整体功能，防止主观片面和滥用权力，保证准确有效地适用法律，以及保护公民的合法权益。

---

① 谢佑平：《刑事诉讼法学》，复旦大学出版社 2002 年版，第 124 页。

2. 分工负责、相互配合、相互制约原则存在的争议

"人民法院、人民检察院和公安机关进行刑事诉讼，应分工负责、相互制约、相互配合，以保证有效地执行法律。"此规定是1979 年第五届全国人大二次会议通过的中华人民共和国第一部刑事诉讼法典所确定的。1979 年中国处于动荡之后的过渡时期，法制也正处于初建阶段。"十年动乱"中司法机构被取消，检察院和法院职能完全丧失，新中国成立初期制定的宪法和法律根本无法执行，乱抓、乱捕、任意科以刑罚的现象普遍存在。政治指示命令代替了刑事诉讼程序，国家主席都可以在一夜之间被打倒，普通公民的人权更是没有保障。在这种背景下，粉碎"四人帮"后，结束法制真空、实现社会治安根本好转和社会秩序的稳定，成为当务之急。1978 年宪法出台后，1979 年刑法和刑事诉讼法相继出台。当时这两部法律对实现社会稳定功不可没。然而，在中国法制建设之初制定基本法，必然受到各方面条件的限制，比如立法技术的不成熟、理论研究的积淀不足、司法政策缺乏前瞻性论证等，加之中国社会以后发生的变革，是当时任何人难以预见的，这些都造成了这两部法律先天不足、无法适应市场经济要求的窘状。现如今，我国社会政治经济等各方面都发生了巨大变化，这一基本原则与我国司法实践要求和我国加入的许多刑事司法合作的国际条约、公约的法律精神不太协调，让人不得不反思关于该原则在实践中所存在的一些弊端。

首先，不利于保障人权。公安机关、人民检察院和人民法院这三个强大的国家机关的联合，使犯罪分子处于绝对弱势的状态，即使受到不公平的对待甚至是人权受到了侵犯，也无法有效地进行自我保护。但是，保障人权作为刑事诉讼法这一程序法的重要价值之一，已成为现代刑事诉讼法的必然要求。因为"刑事诉讼法的功能之一是保障、规范国家刑罚权的具体运作乃至最终实现。刑罚权是国家对公民所动用的最严厉的惩戒权。这一权力行使的过程以及

最终实现的结果，都会对公民的人权造成限制甚至剥夺。因此一旦这一权力偏离了法律和正义的轨道，就会导致对人权的践踏和对法治的蔑视，使人们对司法丧失信心，造成恶劣后果"。①

其次，在诉讼程序中缺少一个中立的裁判机构，违背了诉讼公正的理念。在刑事诉讼中，其诉讼构造是一个等腰三角形的形式，法官在其中居于上位，公正裁判，解决纠纷。因此要确保法官和控辩双方保持等距离，不至于沦为控辩任何一方的参与者或辅佐者。② 在三角结构中，审判中立，控辩双方平等，积极地展开抗辩，诉审分离和审判主体本位主义，是这一结构的根本特点。而按照"分工、配合、制约"原则确立的诉讼构造是一种线性结构，在这种线性结构中，诉讼活动显然只剩下两方：一方是作为追诉整体的国家司法机关，另一方是犯罪嫌疑人、被告人。三角结构强调的是三方的牵制和配合，而线性结构缺失了法官的中立。③ 法官中立，包含了两方面的含义：其一，在案件的最终裁判程序中，法官要超然于案件事实之外，不能带有任何的倾向性。其二，在审前程序中必须有一个中立机构对案件的程序性事项进行公正的裁判，以避免审前程序中审判人员对诉讼公正的违背。而在我国，由于人民法院负有与控方即人民检察院相同的任务，又由于刑事诉讼法对刑事诉讼结构的"变更要求"，因此，诉讼的公正就难以真正实现。

针对上述弊端，有人认为可以从如下三个方面来寻找解决问题的出路：（1）从法院整体、内部、身份等方面真正确立法院的中立地位。整体独立，是指法院无论在司法裁判方面还是在司法行政

---

① 卞建林、李菁菁：《依法治国与刑事诉讼》，载《诉讼法论丛》（第2卷），法律出版社1998年版，第11页。

② 樊崇义：《诉讼法学研究》（第一卷），中国检察出版社2002年版。

③ 胡志军、万勇斌：《公检法三机关分工、配合、制约原则质疑》，载《江西公安专科学院学报》2004年第4期。

管理方面，都独立于法院之外的机构、组织和个人，不受外部力量或权威的控制和干预。内部独立，是指法官进行司法裁判活动过程中独立于其同事以及上级法院的法官。身份独立，也就是法官的任职期间和任职条件应得到特殊的充分保障。（2）实现公安机关的非司法化，确立警察权的行政权性质，实现公安机关的非司法化。一方面，公安机关所拥有的一系列治安行政处罚权，都应当被纳入司法权之中，使公安机关变成一种申请者，而不是决定者。另一方面，对于涉及刑事侦查领域内剥夺、限制个人基本权利和人身自由的措施，也应一律纳入司法权的控制之下。（3）逐渐弱化检察机关的司法属性。检察机关的司法机构色彩应当逐渐弱化，法律监督应当逐渐淡化并在条件成熟时最终退出检察机关的职能范围。诉讼领域中法律的实施应当通过控辩裁三方相互制约和平衡的机制加以解决，而不要轻易从诉讼机制之外引进所谓的"法律监督"。另外，与公安机关一样，检察机关所享有的审查批准逮捕的权力，及其作为刑事侦查机构所行使的涉及限制个人基本权益和自由的强制处分权，也应当逐步被纳入到法院的司法裁判权之中。[1]

　　虽然"分工负责、相互配合、相互制约"原则与现行刑事司法准则等诸多法律精神相违背，与我国签署的国际公约相矛盾，但是就我国现行司法制度而言，它依旧是我国宪法和法律所确定的准则之一。

（五）检察一体化原则

1. 检察一体化原则的内涵及宪法依据

　　检察一体化原则，在西方一般称为"检察一体原则"，日本则称为"检察官一体化原则"，也有的国家称为"检察机关统一不可

---

　　[1]　刘潇恬：《公检法机关分工负责、互相配合、互相制约》，载《台声·新视野》2005 年 6 月。

分原则"。可见，检察一体化原则已得到世界许多国家的确认并付诸于实践，成为检察机关或检察官行使检察权的一项重要原则。

"检察一体化，是指检察机关作为一个整体对刑事诉讼负责，检察官必须服从检察长的指挥和命令，案件一旦起诉以后，检察官便不得作出与起诉书相反的意思表示。检察一体化还意味着就同一个案件而言，可以由数个检察官共同完成，就同一个案件，有的检察官负责指挥侦查，有的检察官负责起诉。"① 在检察一体化原则的指导下，各级检察机关构成不可分割的统一整体，每个检察机关和检察官的活动，均须依照法律赋予的权力进行，每个检察机关和检察官的活动也是整个检察机关全部活动的有机组成部分；各级检察机关内部形成纵向的上级命令下级、下级服从上级的领导关系；对于各级检察官而言，下级检察官在履行职务时应当遵从上级检察官的命令，上级检察官负有监督指挥下级检察官的职责。

以检察实践的国际视野观察，该原则在两大法系国家都得到了体现。在英美法系国家，由于检察机关的性质为行政机关，因而检察机关无论在组织结构上还是在检察权的行使上，都普遍实行"检察一体化原则"；在大陆法系国家，检察机关则被认为是介于行政机关和司法机关之间的"准司法机关"，上级检察机关与下级检察机关之间是领导与被领导的关系，下级检察官有义务服从上级检察官的领导，这也体现出了检察官一体化的原则。检察一体化原则是由检察权系国家权力的这一性质所决定的，它显示了控诉机关和审判机关在体制上的明显差异。检察一体化原则既符合检察机关独立性的客观需要，又与检察机关职权活动的特性相适应，同时还与诉讼规律相一致。总之，以检察一体化作为检察机关的重要活动原则，可以强化检察机关的领导体制，使各级检察机关和检察官在

---

① 参见汪建成：《外国刑事检察体制的基本类型及其启示》，载张智辉、谢鹏程主编：《中国检察》（第三卷），中国检察出版社2003年版，第185页。

检察活动中凝为一体，以保证检察活动的高效和公正。

我国检察权行使时遵行检察一体化原则，那该原则的法律依据是什么，是否合宪，这是我们首先需要明确回答的问题。"宪政就是国家政权的组织和活动纳入宪法规定的轨道，一切依宪法的规定行事。所以，法治原则是宪法的根本要求，宪政本身就意味着法治，而宪法则构成了现代法治的基础。"① 因而，我国检察一体化原则，应当以宪政原则为基础。依据我国宪法，我国人民检察院上下级之间的关系是领导与被领导关系，即上级人民检察院领导下级人民检察院的工作，最高人民检察院领导地方各级人民检察院和专门人民检察院的工作。"这种领导体制类似于行政机关间的领导与被领导的关系，主要体现在以下几个方面：（1）最高人民检察院检察长有权向全国人大常委会提请批准任免下一级人民检察院检察长。（2）下一级人民检察院在办理重大案件遇到特殊困难而使工作难以进展时，最高人民检察院应当给予必要的支持和指示，也可派人协助工作，也可以将案件上调由自己办理。（3）下级人民检察院的工作出现重大和明显的错误时，最高人民检察院可以直接指示下级人民检察院纠正，下级人民检察院必须服从。（4）上级人民检察院可以了解和掌握下级人民检察院干部的政治业务素质，帮助培养检察干部，总结、交流检察工作经验，加强下级人民检察院的建设。"② 宪法是国家的根本大法，是检察领导体制得以确立的根据和保障。宪法中关于检察领导体制的规定，同样也正是我国全面确立检察一体制的宪政基础。

2. 检察一体化原则的具体表征

由于各国的具体情况不同，因而检察权一体化原则在各国的具体表现或者所包含的内容也是不完全一致的。我国检察一体化原则

---

① 参见甘超英：《宪法学》，北京大学出版社 2011 年版，第 23 页。
② 参见甘超英：《宪法学》，北京大学出版社 2011 年版，第 224 页。

的主要内容体现在以下两个方面：

（1）检察机构一体化

结构，是指系统内部各组成要素之间或时间方面的有机联系与相互作用的方式和顺序。我国检察系统结构追求的是一体化的理念。检察一体化一般与检察一体主义是同一含义的概念，主要指各级检察机关是不可分割的有机整体，每个检察官的活动都是整个检察机关活动的有机组成部分。各级检察机关在工作中要相互配合，协调一致，共同完成检察任务。表现在机构设置上，就是最高人民检察院领导地方各级人民检察院和专门人民检察院的工作，上级人民检察院领导下级人民检察院的工作；各级检察机关实行上级领导下级的领导体制，是一种上命下行的关系。检察一体化还体现在人员的可替代性、行动的协调性和命令的服从性等特征上，这些特征共同构成了检察队伍的整体性。自然，这种内部的一体化要求外部的独立性，如果指挥检察官的命令并非来自一处且不同的命令性冲突时，上级检察机关或上级检察官的命令有时便不能得到贯彻，检察系统作为一个整体就不复存在，法律监督的一体化功能就会自动失去作用。①

中国的检察机关是统一设置的，整个检察机关是一个统一的不可分割的整体，各地的检察机关都是这个整体的组成部分，最高人民检察院统一领导各地的检察机关，上级检察院统一领导辖区内的各级检察院，下级检察院要接受上级检察院和最高检察院的领导，从而体现出一体化的基本理念。我国《宪法》第 129 条规定，"中华人民共和国人民检察院是国家的法律监督机关"；第 131 条又规定，"人民检察院依照法律规定独立行使检察权"；对于检察机关的领导体制，《宪法》第 132 条规定，"最高人民检察院是最高检察机关。最高人民检察院领导地方各级人民检察院和专门人民检察

---

① 参见冯中华、田凯：《独立性与一体化》，载张智辉、谢鹏程主编：《中国检察》第 5 卷，中国检察出版社 2004 年版，第 663 页。

院的工作，上级人民检察院领导下级人民检察院的工作"，从而以根本法的形式明确了我国检察机关实行检察一体化的宪法依据。在确立了检察机关实行一体化之后，《宪法》第130条第1款规定："中华人民共和国设立最高人民检察院、地方各级人民检察院和军事检察院等专门人民检察院。"根据宪法的这条原则性规定，《人民检察院组织法》第2条规定："中华人民共和国设立最高人民检察院、地方各级人民检察院和军事检察院等专门人民检察院。地方各级人民检察院分为：（一）省、自治区、直辖市人民检察院；（二）省、自治区、直辖市人民检察院分院，自治州和省辖市人民检察院；（三）县、市、自治县和市辖区人民检察院。省一级人民检察院和县一级人民检察院，根据工作需要，提请本级人民代表大会常务委员会批准，可以在工矿区、农垦区、林区等区域设置人民检察院，作为派出机构。专门人民检察院的设置、组织和职权由全国人民代表大会常务委员会另行规定。"根据这些规定，最高人民检察院制定了一系列的内部规定，对各地检察机关的设置和各个检察机关内部结构的设置进行了明确、具体的规定。

不仅我国在检察机构设置上体现了一体化的要求，国外亦以此作为检察机构设置的准则。例如，在法国，"检察院有不可分割的性质。检察机关的司法官——至少是属于同一检察院的司法官，在法律上都被看做是组成同一人"。"在作为最晚（1985年）设立检察机关的英国，检察系统由以总检察长为首脑的中央法律事务部、皇家检察署以及区检察署构成，检察机关实行分级管理，上下级之间有明确的监管关系。"① 此外，论及检察机构的设置，则必须审视与新中国检察制度密切相关的国家——俄罗斯。前苏联解体后，为了使原有的法律更能适应新形势的发展需要，特别是能达到国际

---

① 参见耿鹏：《从三个层次完善检察一体制》，载《检察日报》2003年1月29日第3版。

公约中规定的刑事诉讼司法准则的标准，俄罗斯立法者对相关法律进行了修改，但检察机关仍享有至高无上的法律监督权。《俄罗斯联邦检察院法》（1995 年修订）明确规定："俄罗斯联邦检察机关实行下级检察长服从上级检察长并服从于俄罗斯联邦总检察长的统一集中的体制。"除了上述国家外，世界上还有大量的国家和地区在检察机构上奉行检察一体化原则。

（2）检察职能运行机制一体化

在我国，检察职能的运行机制呈现出明显的一体化特征。我国人民检察院组织法和检察官法规定对于检察事项的决定权在检察长和检察委员会，而没有明确规定检察官内部的独立。根据我国宪法和人民检察院组织法的规定，检察机关上下级之间是领导与被领导的关系，这一领导体制也体现了检察一体化的特点，即全国检察机关形成一个共同体。检察机关根据这一领导体制确定了案件请示报告制度、指令纠正制度、案件调取制度、案件复办制度、检查指导制度、组织协调制度、备案制度、报批制度等一系列制度，使检察官一般都是在一定框架内行使职权。一体化之下，上级检察官就下级检察官处理的事务，不但有指挥权、监督权，也有职务收取权和职务转移权。下级检察官则有上令下从的服从义务，检察官在"决定起诉或不起诉时，接受检察官的裁决"，"检察官的决定被认为是检察机关整体的决定"。

在我国检察一体化的追求下，检察官履行法定职责是以检察院的整体名义出现，而不是完全以检察官个人的名义履行职能。在侦查过程中，无论是调查取证，还是讯问嫌疑人，检察官都是以检察院整体履行职能。特别是体现在决策过程中，检察机关的一体化表现得更加明显，在检察官独立办案之后，按照规定的范围，有些案件要经过处室讨论才能作出决定，还有一些案件要经过检察委员会的集体讨论才能决定，其决定往往是以检察院的名义出现，或者是以检察长的名义作出决定，而非以检察官个人的名义出现。另外，在公诉的过程中，如果需要，经过检察长或者上级检察官同意，可以对公诉的检察官更换，并不影响公诉职能的实现。当然，在我国检察一体化的体制下，并没有否认检察官的独立办案权，只不过这种独立办案权是在一体化的大环境下的有限度的独立和相对独立。

在检察职能运行机制方面，也存在很多的国家以检察一体化为原则。其中典型代表是我国的邻国日本。日本奉行检察一体化的原则，即检察官行使检察权应保持整体的统一，"检察机关内部实行垂直领导，上级检察机关对下级检察机关有命令和指挥权。……每个检察官在执行职务时不是以个人身份，对外以检察厅的名义行使职权，检察官在诉讼中可以相互代理支持公诉，上级检察厅对下级检察厅有指挥监督权，下级检察厅必须服从；在处理具体案件中，上级指挥下级，下级请示上级"。[①]并进一步具体规定"作为各自独立厅官的全国检察官，以检事总长为顶点，在职能上由检事总长、检事长及检事正的指挥监督权结合起来形成金字塔型机构，加之，因为检事总长、检事长及检事正真正拥有事务承继权和事务转移权，可以使作为独立官厅的一个检察官的事务，由其他官厅的检察官处理，而其法律效果与一个官厅的处理一样"。[②]《俄罗斯联邦检察院法》也有规定，"各级检察院独立行使司法权，不受其他国家机关、社会团体和公职人员的干涉，各级检察机关都由检察长负责，上下级检察院之间实行垂直领导，下级服从上级，最终受总检察长监督。下级检察院的检查隶属于上级检察院的检察长"。

从以上两个方面我们可以看出，检察一体化不仅是我国法治建

---

①　参见张福森主编：《各国司法体制简介》，法律出版社 2003 年版，第224 页。

②　参见董潘舆：《日本司法制度》，中国检察出版社 1992 年版，第232 页。

设所必须遵循的重要原则，而且也是国外通行的检察机关的组织活动原则。

3. 检察机构一体化和检察官独立

或许有人会产生这样的疑问，检察机构奉行检察一体原则，按照阶层式的建构思路予以设计，强调上命下从，这样的制度设计排斥检察官独立，在这样一种制度模式下贯彻检察官独立令人怀疑。为解决类似这样的争论，我们必须在检察一体与检察官独立行使职权之间寻求一个合适的界限，并对两者的边界作出合理的界分。

我国检察一体的形成不仅是检察权的本质所要求的，也是我国检察制度的发展历史所使然的。列宁的检察制度理论、我国古代的御史制度以及清末的法律制度变革促成了我们今天的检察制度。[①]列宁所建构的苏联检察体制实行垂直的领导体制；清末实行的检察制度改革是借鉴大陆法系检察制度的成果，而大陆法系的检察制度自设立之始便植入了检察一体、上命下从的因素，检察机关内部采取阶层式建构；我国古代皇权下的御史制度更是强调皇权至上、上命下从；无论是根据地时期还是解放区时期，我国早期检察体制均强调检察一体。上述几种因素的合力导致了我国现行检察体制采取了上下一体的建构，尽管在检察制度的建构中，我们曾经出现了几次反复，但检察一体却成为制度建构中不可或缺的一个重要因素。再者，检察机关的行政机关属性也要求贯彻上下一体、上命下从。

由此，检察官独立行使职权面临的最大障碍就是作为检察机构建构基础理论的检察一体原则，因为检察一体在某种程度上就意味着检察官内部不独立。如何协调两者之间的冲突将事关检察官能否独立行使职权。笔者认为，应当在肯定检察一体的原则下，承认检察官独立行使职权，寻求两者之间恰当的分界点。

---

① 参见郝银钟：《刑事公诉权原理》，人民法院出版社 2004 年版，第 234 页以下。

从实行检察一体制的国家或地区的普遍规律来看，检察一体体现为"阶层式建构"和上级的"指令权"，上级检察官对下级检察官有指挥监督的"指令权"，而下级则有服从义务，这是典型的行政关系职务转移制，上级有权亲自处理属于下属检察官承办的案件和事项，同时上级检察官有权将下属检察官承办的案件和事项转交其他下属检察官承办；官员代换制，参与诉讼的检察官即使中途替换，对案件在诉讼法上的效力并无影响。① 检察事务中检察一体与检察官独立行使职权的分际的关键在于合理规制指令权、职务转移以及官员代换制的适用。

就上级对下级的指令权来讲，笔者主张应当严格限制指令权的行使，以检察官独立行使职权为原则，以检察一体的适用为例外。德国以及我国台湾地区将此称为"法定主义"，认为"指令权之界限，简言之，在于法定主义，此乃检察官法律地位问题的帝王条款，此点，在德国早已是共识，亦为德国检察制度百余年能顺畅运作的关键之一"。② 上级下达指令时，不得违反法定主义，必须以下级独立行使职权为指令权行使的界限，当法律明文规定检察官独立行使职权时，上级就不得下达指令命令下级。如果检察官行使职权的范围并非严格限定，如法律明文规定检察官对某一事项享有裁量权时，则上级检察官可以下达指令。但这种指令的下达必须有严格的程序规范，如必须采用书面的形式等。

就职务转移或官员代换来说，亦应对其加以严格限制，可以从实体以及程序要件方面对其加以规制。我国台湾地区学者林钰雄提出，实体要件应当包括为统一解释法令适用或者追诉标准所必要者

---

① 参见龙宗智：《论检察权的性质与检察机关的改革》，载《法学》1999 年第 10 期。首长代理制并非普遍现象，只在德国、俄罗斯等国实行。

② 参见林钰雄：《检察官论》，台湾学林文化事业有限公司 1999 年版，第 49 页。

有事实足以认定原承办检察官执行职务有违法或明显不当者有疑问者，乃案件依其性质，由其他检察官承办更为妥适的情形。程序要件方面则以书面附理由为必要条件。①

从上文的论述中可以看出，检察一体与检察官独立行使职权之间并非水火不容，检察一体化原则并未否认检察机关的个体独立性。因此，我们认为：合理配置、协调检察权整体对外独立行使与检察权运行过程中如何保持检察官相对独立之间，从立法上科学划分检察权内部独立和检察一体化的合理边界，从制度层面肯定和保障监察官相对独立的相关程序和权力，成为检察权内部独立与检察一体化两大原则实行过程中迫切需要解决的问题。

---

① 参见林钰雄：《检察官论》，台湾学林文化事业有限公司1999年版，第56页。

第六章　我国检察权的发展趋向
——以现代主义为视角

一、理念：从权力本位转向权利本位

目前，在我国法学界使用的"理念"概念，通常是指事物的本质和价值，是主导、引导人们从事实践活动的高度抽象的精神原则。① 理念属于主观范畴，是人对外界的主观活动。哲学上的物质与意识关系，这里即是理念与人的实践活动。理念所对应的客观范畴，通常是外在于人的思想的那些因素——制度及作为制度物化表现的设施、行为、机制等。②

人是社会活动的主体，而人的行为，一般都是在一定的理念支配下完成的。检察机关的主要活动都是执法活动，执法主体（检察官）的执法理念关乎执法方向、执法质量和执法效能。因此，检察机关执法活动要实现社会主义法治理念的价值追求——公平正义，首要的是各级领导和全体检察官要坚决摒弃传统的、不合时宜的执法理念，不断培养和努力践行符合现代法治精神的新的执法理念。笔者认为，从法理角度和价值层面而言，树立新的执法理念，必须着重解决从权力本位执法观向权利本位执法观的转变问题。

---

① 张恒山：《略谈社会主义法治理念》，载《法学家》2006 年第 5 期。

② 张智辉、谢鹏程主编：《中国检察》（第 2 卷），中国检察出版社 2003 年版，第 96 页。

（一）权力本位执法观与权利本位执法观的关系

在中文中，权利和权力读音相同，但在英文中，权利为"right"，权力为"power"。其中，权力指的是国家社会、集体组织特别是国家的权力；权利主要是指自然人、法人组织的权利。本位，其实就是重心、中心、立足点的意思。所谓"权力本位"，即是执法活动的立足点或者说重心在于权力。"权力本位"体现的是重权力、轻权利，只强调人们对权力的服从和接受其管理，法律条文多禁止性规范，少权利性规范，人们只有遵守法的观念和义务，而很少能获得法律赋予公民权利、保障公民权利的待遇。① 与之相对应的"权利本位"，即是执法活动的立足点或者说中心在于权利；"权利本位"的观念，则集中体现在三个方面：尊重人的意志、维护人的权益和注重人的责任。

当然，权利和权力二者的关系也是辩证统一的：首先，权利是权力的提供者，权力是权利的保护者，无权利便无权力，权利优于并高于权力，权力是权利的后盾，无权力的保障便无从享受权利。在现代社会经济和政治生活中，不受保护的权利是无法真正享有和实际行使的；不受保护的权利等于没有权利。"人民的权利离开了国家强制力的保障更难以实现"。② 其次，权力往往又是权利的侵害者。就权力的本性来说，它具有侵略性、扩张性、压迫性，有滥用权力的内在冲动，③ 保障权利的权力很容易异化为侵害权利的权力。

① 童大焕：《从权力本位到权利本位》，载《山东人大工作》2001 年第 8 期。

② 严军兴：《略论权利与权力的关系》，载 http//www. legalinfo. gov. cn/gb/yjs/2003 – 03/25/content – 20884. htm。

③ 征汉年、章群、刘玲：《法律权利化：权利本位》，载《南京工业大学学报》（社会科学版）2005 年第 3 期。

权利与权力不仅是法学和政治学中两个最基本的概念，而且也是社会法律生活和政治生活运转所应当围绕的两个轴心。① 选择坚持权利本位还是坚持权力本位，这是法治国家与非法治国家的重要区别。权利本位是现代民主法治国家的显著特征，它体现了"执法（应当）以权利为本位"的观念，同时对抗以自上而下的绝对支配权为标志的权力本位。在执法活动中，应当摆正权利和权力之间的关系，树立权利本位的执法观，而不是权力本位的执法观。

（二）权力本位执法观的表现及原因分析

改革开放以来，伴随着我国民主法制建设的发展，国人的法治观念有所提高，但是"长官至上"、"权力至上"、"权大于法"等观念仍然在一定程度上影响着检察机关的执法活动。在实践中，有些检察人员唯领导是从，顶不住"上边"对执法工作的干预，凭"招呼"、"条子"和"电话"办案；有些检察人员对待老百姓官气十足，对来自"下边"的各种批评意见不以为然；某些检察人员甚至"以情换法"、"以权滥法"、"以钱卖法"，严重损害了检察机关执法活动的公正性和公信力。② 当然，实践中上述执法观念的产生和延续，是有着深刻的历史原因和现实原因的：

首先，从历史的角度看，"权力本位"是封建社会专制背景下的产物，新中国成立后实行的计划经济体制只是强化了这种思想。受其影响，一些检察人员的思想中仍然存在着长官意志、官僚意识、等级特权等传统观念，甚至是军事斗争和阶级斗争的思维习惯。其次，从现实的国内情况看，中国社会的现状和法治环境是这

---

① 文正邦：《当代法哲学研究与探索》，法律出版社 1999 年版，第 347 页。

② 何家弘、廖明：《执法观应从权力本位转向权利本位》，载《检察日报》2004 年 3 月 25 日。

种思想存在的社会基础。中国自改革开放以来，由计划经济转向市场经济，社会生活在很多方面都发生了而且仍在发生着重大的变化，这些变化不断给执法机关提出新的要求乃至挑战，而执法人员的工作方法和思维习惯没能与时俱进，难以及时调整以适应新的社会节奏。另外，中国社会整体的法治环境也存在诸多弊端，司法腐败现象还比较严重，有法不依、执法不严的现象比较普遍，这些社会环境因素也是执法主体的桎梏和羁绊。最后，从检察机关自身的角度看，检察体制设计不尽合理和检察主体素质参差不齐是这种思想存在的内因。这表现在以下几个方面：一是检察机构的设置缺乏独立行使检察权的制度性保障。尽管宪法赋予检察机关独立行使检察权的权力，但是在现行体制下，检察机关在财政和人事等方面受地方政府的制约，因此很容易在执法过程中受到外界的干扰乃至干涉。例如，有的地方政府明确要求检察机关为本地经济发展提供超越检察职权范围的服务等。二是检察机关内部管理行政色彩浓厚，检察长及其他部门负责人扮演的往往是行政长官而非司法官员的角色。三是检察人员的法律职业化程度不高，一些检察官没有受过系统的法学教育，缺乏检察职业所需的法律知识和专业技能，很难养成法律职业人的信仰、理念和思维习惯。①

（三）检察机关树立权利本位的必要性

检察机关树立权利本位，实际上就是树立以人为本、司法为民的观念和信念，同时也是更新"依法治国"执法理念的要求。第九届全国人大二次会议把"依法治国、建设社会主义法治国家"载入宪法，依法治国便成为社会主义法治理念的核心内容。检察机关作为国家的法律监督机关，在中国的法治进程中扮演着特别重要

---

① 何家弘、刘为军：《论检察机关执法观念的更新》，载《人民检察》2004 年第 3 期，第 31 页。

的角色。全体检察官在检察工作中只有牢固树立依法办案的执法作风，成为法律的"守护神"和守法的楷模，切实维护人民的合法权益，才能确立法律的至上地位，才能完成"依法治国"这一历史使命。

一方面，更新执法理念是中国司法现代化的要求。中国检察制度是中国司法制度的重要组成部分和内容，检察制度的改革是我国正在进行的司法制度改革的一个重要方面①，因而，以执法理念为核心的中国检察制度必将融入司法现代化的这一历史潮流。一个社会整体上现代化的最直接的表征，就是经济市场化、政治民主化和法治化，这也是检察制度现代转型时必须依赖的基础，并且将从根本上决定着检察制度改革的方向。随着中国经济的飞速发展和中国社会的不断进化，作为上层建筑重要组成部分的法律制度以及相应的执法观念也必须及时调整和跟进。现代民主政治要求对权力的制约和监督，以及对个人价值的重视和保障，也要求作为我国的法律监督机关的检察机关必须更新观念。

另一方面，更新执法理念也是中国司法国际化的要求。在国家交往日益发达的今天，随着全社会共同发展的需要，不论是普通法系国家，还是大陆法系国家，也不论是发达国家，还是发展中国家，法律表现出的一些共有的价值，如自由、平等、公平正义、保障人权等已被许多国家所接受。中国的检察机关要迎接经济全球化的挑战，在处理继承、改革和发展的关系中，就要在坚持优秀法律传统的基础上，努力学习和借鉴先进的检察管理模式和制度，解放思想，实事求是，自觉地将不合时宜的工作方法和思维习惯进行调整，适时推进检察制度创新。

---

① 何家弘、刘为军：《论检察机关执法观念的更新》，载《人民检察》2004 年第 3 期，第 31 页。

（四）从权力本位向权利本位转变

以上分析表明，权力本位执法观是影响检察机关公正文明执法的重要思想和认识根源。破除权力本位执法观，树立以保障犯罪嫌疑人法定权利实现为出发点的权利本位执法观，才能保证公正、文明执法的各项要求落到实处。实现从权力本位执法观向权利本位执法观的转变，必须树立起如下三种意识：

第一，树立司法为民的意识。人民是国家的主人，一切权力来源于人民，这不仅是我国宪法确立的基本原则，也是我们党一贯倡导的立党为公、执政为民的思想源头，同时还是社会主义法治的本质要求。检察机关和检察人员树立"立检为公，执法为民"的意识，在执法活动中，努力做到情为民所系，权为民所用，利为民所谋。坚持以人为本，就是要求广大检察干警要时刻牢记全心全意为人民服务的宗旨，牢固树立人民群众主体地位的意识，把司法岗位作为为人民服务的平台，切实保护好和维护好人民的利益。

第二，树立公正、公平的意识。"正是程序决定了法治与恣意的人治之间的基本区别。"[1] 法律程序的实质是限制恣意，它是控制权力的重要机制，是保障公民权利的重要途径，是保证权力行使合法性与合理性的有效措施。现代的宪政立法理念不仅以追求客观或实体公正为目的，更以追求法律程序公正为途径。因此，实现从权力本位执法观向权利本位执法观的转变，必须树立程序公正意识，坚持实体与程序并重的原则，严格、文明、公正执法。

第三，树立以人为本、保障人权的意识。十届全国人大二次会议通过的宪法修正案，将"国家尊重和保障人权"正式载入宪法，这表明党和国家对人民的生命、安全和自由的重视上升到新的高

---

[1]　季卫东：《法律程序的意义——中国法制建设的另一种思考》，载《中国社会科学》1993 年第 1 期。

度。目前，有些司法机关还存在违法办案、超期羁押、以案谋私等违法违纪现象，这些都是侵犯人权的具体表现。广大检察干警要认真贯彻执行"国家尊重和保障人权"的宪法规定，坚持打击、保护、监督和服务并重，既依法履行司法职责，保护人民群众的基本权利，又依法保障包括犯罪嫌疑人、被害人及其家属、证人、申诉人、被申诉人等在内的所有诉讼参与人的合法权益。

二、价值：从工具主义转向民本主义

在西方的政治学和法学工具书中，通常按下述方式解释"价值"一词的含义和用法：价值是"值得希求的或美好的事物的概念，或是值得希求的或美好的事物本身。……价值反映的是每个人所需求的东西：目标、爱好、希求的最终地位，或者反映的是人们心中关于美好的和正确事物的观念，以及人们'应该'做什么而不是'想要'做什么的观念。价值是内在的主观的概念，它所提出的是道德的、伦理的、美学的和个人喜好的标准"。①

按照马克思主义经典作家的观点，价值是客体能够满足主体生存和发展需要的一种性能。法律的价值是指法律作为一种社会现象、一种客体对满足各类社会主体需要的有肯定意义的存在。自从有了人类社会，自由、正义、平等、人权、秩序、效率等就成为许多国家共同追求的价值。公平、正义作为社会主义法治理念的价值追求，是社会主义法治的重要目标，更是构建社会主义和谐社会的重要历史使命。具体到检察机关，就是需要全体干警树立司法公正的理念，要求干警既要全面履行司法职责，依法惩治各种犯罪，监督和纠正司法不公；又要坚持以事实为依据、以法律为准绳，不偏不倚，不枉不纵，切实做到有罪追究、无罪保护，严格依法、客观

---

① ［美］诺普拉等编著：《政治学分析词典》，胡杰译，中国社会科学出版社 1986 年版，第 187 页。

公正，维护社会公平和正义。

对待法律价值历来存在两种态度，一是法律工具主义，二是民本主义。笔者认为，在当下社会民主法治程度日益提升的语境下，探讨法律价值由法律工具主义向社会主义民本主义转化，将更富有时代的特殊使命和历史意义。

（一）工具主义与价值

按照权威词典的解释，工具的通常含义是："1. 泛指从事劳动、生产所使用的器具。有用于手工操作的，也有用在机器上的。2. 用以达到某种目的的手段。"① 马克斯·韦伯把人类行动的合理性区分为实质合理与形式合理，即价值理性（对自身命题的考量）与工具理性（对物质社会和自然规律的探索）两种。回顾人类近现代历史，从文艺复兴到启蒙运动，从工业革命到第二次电力革命乃至第三次科技革命，我们发现，在这个过程中，人类理性的两个方面——价值理性和工具理性两者的目的虽然是一致的，但却开始从人类行动中相互剥离分立，且工具理性的地位越来越高。

当历史演进至 19、20 世纪直至今日，此时，上述运动所带给人类的所有成就的集合体——现代社会似乎已经到达了人类理性发展的顶端，已经穷尽了人们所有的理想与智能。人们现在有了最为先进的认识手段即现代科学技术，一切事物，包括人们自身都成为科学分析的对象。然而现代科学技术是一把"双刃剑"，这时候，人们突然发现自己对自身存在的意义产生了越来越多的疑问：我们生活的目的是什么？人们之所以产生这样的一种疑问，是源于现代社会发展过程中，也即人类理性实现过程中，作为理性类型当中的一种，工具理性获得了越来越多的发展，而作为理性的另一种重要类型的价值理性却不断萎缩。价值理性与工具理性这一对共生于启

---

① 《辞海》，上海辞书出版社 1979 年版。

蒙理性中的双子之间发生了深刻的分裂与对立，它们的矛盾正是一切现代性危机的根源所在。①

（二）法律工具主义在我国的困境与出路

法律工具主义的观念，在我国有着长久的传统历史。古人曾描述为"法，治之具也"②，也就是说，统治者可以将法律视为工具、器具，为了实现和维护自身阶级的利益，可以任意解释它、使用它。

中国古代的正统观念，很少从价值的层面去理解或解说法是什么。正统的解说，几乎全部是功利主义、工具主义的。儒家正统几乎没有正视过国家法、制定法，他们只把法律当成辅助道德教化的工具。在他们的心目中，法律就是"刑"。在把法律看做"刑"这一点上，儒法两家出奇地一致。自从孔子认为法律不过是"导之以政，齐之以刑"的治民工具以后，儒家正统思想也是如此看待法律。③ 宋人杨万里的观点颇有代表性："法不用则为法，法用之则为刑；民不犯则为法，民犯之则为刑。"明人丘浚更是认为，"法者罚之体，罚者法之用，其实一而已矣"。把法当成工具，而且仅仅当成刑罚这样一种工具，这是工具主义的极端表现。《唐律疏议》说"德礼为政教之本，刑罚为政教之用，犹昏晓阳秋相须而成也"，又说"刑罚不可弛于国，犹鞭扑不可废于家"。这显然就是把法律当成家长管治不肖子孙时的家法藤杖而已。至于法律应当体现出的正义、公平、自由、幸福等价值，法律的神圣性目的，那都是次要的，是我们的祖先们很不愿意谈论的。这样的法观念，

---

① 郝志刚：《浅析法律工具主义的泛滥》，载《工会论坛》2006 年第 9 期。

② 《淮南子》。

③ 范忠信：《法律工具主义批判》，载《法制日报》2003 年 4 月 10 日。

等于抛弃了法的灵魂，使法徒有工具的外形。因此，这样没有灵魂的法，没有"主心骨"的法，作为工具，到底对社会对人生福祉如何，就全凭什么人掌握它了。"圣贤"掌握它，则为泽民之具；暴君掌握它，就成了为虎作伥之具。既然法律常被封建君臣们玩弄于股掌之间，那么，要想教导人民真正地看重它，实际上是很难的。

历史观念的影响不仅是贬低法律、"刑化"法律，而且还有过分神化道德教化的作用这一面。① 道德教化，也是治国工具，但却是力量无比的神奇工具。其作用，用孟子的话说，只要用道德教化人民，则"制梃可以御秦楚之坚甲利兵"，就是说，经过道德教化的人民拿起木棒竹竿，就可以打败秦国楚国那样强大的敌人。德礼教化的作用在于防微杜渐，在于消灭犯罪动机，而法律不过是亡羊补牢的次等工具而已。当前，我国社会当中工具主义法律文化的具体体现及其危害主要有以下几个方面：

首先，在我国权力机关多年的立法实践中，就存在着某种工具主义倾向。新中国成立 60 多年来，尤其是改革开放以来，我国的立法工作取得了举世瞩目的成就；但是在立法的急与缓的问题上，我们也能看出法律工具主义的影子。如我们首先搞了刑法、刑事诉讼法，显然看重了它们是维护政治稳定和社会秩序的有力工具；反之，像民法典、商法典、行政程序法典问世的步伐却缓慢而艰难。

其次，不少执法、司法人员的法律工具主义思想严重，没有在自己的工作中严格履行自己的法律职责，而是把法律当做权力筹码和寻租工具，利用其代表国家履行的执法、司法权力来为自己谋求政治、经济上的私利，拿法律的尊严与人情交换、与金钱交换。这无异于一种知法犯法、监守自盗的行为，极大地损害了法律在人们心目中的形象。

① 范忠信：《法律工具主义批判》，载《法制日报》2003 年 4 月 10 日。

最后，广大公众也缺乏自觉守法的意识。在日常生活中许多人的法律观念淡薄，很难主动地守法、护法。只有当自己的权益受到侵害时，才想到法律这种工具的存在，而且面对人情关系、金钱利益乃至违法的私力救济等诸多可以想到的工具时，法律手段往往还不是最佳的选择。而当法律对自己施加了某些义务时，一些人更是认为权力机关在与自己作对，唯恐避之不及。所谓"抓着了算犯法，抓不着不犯法"的心态，正反映了这种想方设法规避法律约束和逃避法律制裁的心理。法律工具主义认为法律只是实现一定社会目标的工具性手段，强调法的统治功能，挑战法作为一种行为规范所具有的普遍性，挑战法的至上性，忽视程序正义和公民权利保护，动摇公民的法律信仰，极易导致法律虚无主义。法律工具主义是对社会主义法治观的一种挑战，我们必须摒弃它。①

（三）法律民本主义思想的时代价值

民本思想，是指主张以民众为社稷之根本，人民群众的利益至高无上，并以人民群众喜怒、贫富作为施政之基础与标准的政治学说。② 民本思想强调人民是国家的主人，是社会的主体，民心向背决定着国家的存亡，决定着历史的发展兴衰。传统民本思想作为影响中国治国安邦大业达几千年之久的政治思想，源远流长，影响深远，是中国古代最重要的政治学说之一，是中国古代政治思维的重要特征。其所孕育和包含的部分进步内容，有些已经积淀在中国人的思维习惯和行为方式之中，成为现代社会政治生活中不可回避的文化背景和文化意识。但由于其代表和维护的是封建统治阶级这一

---

① 李迎春：《法律工具主义七宗罪》，载《中小企业管理与科技（上旬刊）》2008 年第 7 期。

② 王京：《社会主义法治理念之民本思想》，载《中国公证》2006 年第 12 期。

狭隘阶级的根本利益，局限性也是显而易见的，即成为剥削、统治、压迫百姓的巧妙手段和工具。① 民本思想发展到今天，即是社会主义法治理念的民本思想，社会主义法治理念的民本思想是"人民群众发展观"在新时期的体现。从毛泽东的"全心全意为人民服务"，到邓小平的"三个有利于"，到江泽民的"三个代表"重要思想，到党的十六届三中全会确立的科学发展观，再到党的十六届四中全会提出的构建社会主义和谐社会，这些思想一脉相承、一以贯之。

随着历史的发展，人民群众的主体地位和作用越来越明显。新一届领导集体深知人民的重要，深谙以民为本的为政之道。胡锦涛同志对此作了精辟的论述，即"相信谁、依靠谁、为了谁，是否始终站在最广大人民的立场上，是区分唯物史观和唯心史观的分水岭，也是判断马克思主义政党的试金石"。因此，检察机关以民为本的执法理念，就应当体现在忠实维护人民群众根本利益方面。具体而言，就是要在检察权行使过程中，坚决杜绝"门难进、脸难看、事难办"的"三难"现象，坚持"不因管辖不明而拒绝受理，不因法律程序上的限制而放弃援助"，把帮助群众，尤其是帮助那些缺乏维护自身权益基本条件的普通老百姓，作为在司法工作中全面实现社会公正的重要方面和义不容辞的责任，努力使检察工作为人民群众所满意、所理解，通过检察工作为人民群众树立法制信心。

（四）法律工具主义转向社会主义民本主义

从法律工具主义转向社会主义民本主义，这是我国司法工作从理念到制度都应该遵循的必然选择。检察机关作为我国的法律监督

---

① 陈永斌：《为民作主　让民作主　由民作主——当代马克思主义民本观对传统民本思想的继承和创新》，载《浙江传媒学院学报》2007年第3期。

机关，也是我国司法改革的主体之一，在这一转变过程中承载着太多的责任和希望。

第一，树立依法办案，严格执法的意识。法律工具主义的核心是为统治阶级服务。这里隐含的一个前提就是，统治阶级的意志高于法律，法律制定的依据是统治阶级自身的需求，而不是社会经济发展的客观规律。当然，在我国当代，统治阶级意志即是全体人民的意志，法律的制定同客观规律是一致的，但这并不妨碍法律工具主义者依然把法律视为国家的工具和政策的工具。由于工具是可以替代的，政策、命令甚至长官意志都可与法律发挥同等的甚至更大的作用，所以以权压法、权大于法在我国并不鲜见。①检察机关作为法律的执行者和具体操作者，必须严格执法，模范执法，做到法律面前人人平等，摒弃特权意识，牢固确立法律至上的信念。

第二，树立独立行使职权的意识。法律工具主义的一个表现即是作为法律的一个执行机关，检察机关只是负责执行法律的一个工具，而且这个工具没有独立性，它受很多因素的影响，它可以为权力机关而改变，为上级领导机关而改变，为同级政府而改变，也可以为某一级组织的意志而改变。在从工具主义向民本主义转变的过程中，检察机关依法行使检察权时，就应当自觉并努力摆脱诸多羁绊，表现出独立行使检察权的决心和勇气，将检察权的行使效果与人民群众满意不满意始终结合在一起，一切检察工作都要以党和人民的利益为圭臬。

第三，树立公平正义的意识。实践中，不少检察人员的法律工具主义思想还比较严重，没有在自己的工作中严格履行自己的法律职责，而是把法律当做权力筹码和寻租工具，利用其代表国家履行的执法、司法权力来为自己谋求政治、经济上的私利，拿法律的尊严与人情交换、与金钱交换。这极大地损害了法律的终极价值即公

---

① 蔡玉霞：《论法律工具主义》，载《理论观察》2004 年第 4 期。

平正义。

三、制度：行政化、地方化
转向司法化、集约化

制度最一般的含义是指要求大家共同遵守的办事规程或行动准则。许多情况下，制度也是某一领域的制度体系，如我们通常所说的政治制度、经济制度、法律制度和文化制度等。在社会生活中，人们需要依靠制度来衡量、规范和约束自己的行为，包括法律、法规等。检察制度是现代司法制度的重要组成部分，是有关国家检察机关组织机构、性质、任务、职权、活动原则等一系列制度的总和。检察制度具有维系现代司法的合理构架，实现诉讼公正，实现诉讼专业化，提高诉讼水平，实现公诉制度的要求，维护国家和社会利益并实现司法权的制衡，保障公民权益的功能。①因此，检察机关在按照检察制度履行检察职能时，其检察制度的先进与落后，势必会影响检察职能的履行，进而影响司法公正，损害国家社会和公民的利益。纵观我国的检察制度，在以列宁的法律监督理论基础上，经过60多年的建设，才形成了具有中国特色的社会主义检察制度。具体而言，我国检察制度包括检察机关行使职权的权力来源、基本原则、检察机关的机构及其设置、领导体制、具体职权、执法程序和法律后果等。笔者认为，检察制度的改革是司法改革的重要内容，在其当下存在的主要问题中，检察权的地方化和行政化趋势值得高度重视；而解决的途径有强化检察权的司法性，保障检察权的独立性与推进检察权的集约化，整合检察资源配置。

---

① 龙宗智：《检察制度教程》，法律出版社2002年版，第11—12页。

（一）"地方化"制约了检察权的独立行使

宪法和有关法律规定，人民检察院作为国家的法律监督机关，由本级国家权力机关产生并对它负责，而不附属于其他国家机关。然而现有的双重领导体制存在着明显的弊端。首先，这种双重领导彼此相互独立同时并不平等。例如，人民检察院组织法虽然规定各级检察院检察长的任命在经过同级人大选举后，还要经上一级检察院报同级人大常委会批准，但实际上，上级检察院对下级检察长只能"协管"，若上级检察院与地方党委的意见不一致，一般要听从地方党委的意见。而副检察长和中层检察干部的管理则完全属于地方党委的权力。因此，如果地方政府和地方党委因为地方利益的需要而干涉检察工作的话，很容易做到"不听话就换人"，甚至是直接"摘帽子"，而上级检察机关则很难阻止。其次，由于检察机关的财政受地方政府控制，不但检察院的经费直接受当地经济和财政收入的影响，而且检察官个人的工资和福利也与地方经济利益直接相关。俗话说，"拿人家的东西手短，吃人家的东西嘴软"，在这种体制下，检察机关在办案中要抵制地方保护主义，确实也很难。最后，由于检察机关的纵向领导被弱化，导致下级检察机关地位的附属化和检察权的地方化，各级地方检察机关似乎成为地方政府的一个部门，已经很难独立有效地行使法律监督权。一些地方的检察院在执法中往往以地方利益为重，或者争抢某些涉及重大经济利益案件的管辖权，或者偏袒作为当事人一方的本地企业。例如，为了本地当事人利益，把一般经济纠纷作为外地当事人贪污贿赂等犯罪来处理；或者相反，明明是本地当事人犯罪的案件，却认定其为一般经济纠纷而不予受理或"大事化小，小事化了"，滥用强制措施，以振兴地方经济为名，纵容、支持或直接参与暴力讨债，为帮助本地企业追讨债务而非法扣留外地当事人，对外地执法机构的协查请求采取不合作或抵制态度；为鼓励招商引资，而对外资企业实施特殊政策，对外商的违法犯罪活动不闻不问，甚至刻意遮掩等。① 这些地方保护主义的做法严重破坏了法律面前人人平等的原则，在客观上严重损害了我国法制的统一性和独立性，影响了执法和司法的公正。笔者查阅了相关资料发现，目前，这种现象具有一定的普遍性，很多被调查者承认检察人员执法时存在"较为浓厚的地方保护主义和部门保护主义色彩"。②

（二）"行政化"影响了检察权的独立行使

在有些地方，检察机关多年来自觉或者不自觉地把自己当做一个政府味道十足的"行政机关"，一切服从于行政，一切围绕着行政，一切为行政服务。现行的检察机关管理模式，也基本上等同于行政机关，这实际上严重影响和制约着检察权的独立行使。③

首先表现为在级别划定上，检察官法颁布前，检察官的等级一直套用行政级别，根据部级、局级、处级、科级、科员级（或股级）等行政级别来确定检察官的物质待遇，形成了一套与行政级别无异的检察官位阶体制。检察官法颁布后，才进一步将检察官等级制度加以明确化和法制化，将检察官分为 4 等 12 级。因等级的权力和利益分布以及升迁等缺乏客观标准，在很大程度上反而成为影响检察官个人主动性和独立性的羁绊，淡化了检察官个人在实现

---

① 何家弘：《中国特色的检察体制的完善》，载《国家检察官学院学报》2005 年第 1 期。

② 2003 年 7 月至 10 月，承担最高人民检察院 2003 年度重大科研项目"检察机关执法观念更新"的中国人民大学法学院课题组的成员在一些地区的检察机关进行了关于执法观念的问卷调查。两次问卷调查共收回有效答卷122 份。调查对象来自不同级别检察机关的各个职能部门，其中既有普通检察官，也有领导干部，而且在性别和年龄上都具有一定的代表性。

③ 刘伟国、王平：《独立行使检察权的制度保障》，载 http://review. jcrb. com/zyw/n496/ca340900. htm。

检察职能中的作用。

其次表现为检察机关管理体制的行政化。检察机关成为准行政机关，由检察长负责，下级检察官对上级的命令必须服从，各种考核、奖惩、晋职、晋级等，在一定程度上主要是由检察长决定的。这种权力服从关系，在很大程度上削弱了检察官办案的积极性、主动性和责任心，严重影响了检察权的独立行使。

（三）"司法化"有助于保障检察权的独立性

我国检察制度在新时期重建以来，完全以行政管理方式而不注意按照司法规律管理检察业务，使它难以做到"独立行使检察权"，难以做到"严格执法"，难以保证检察官的高素质，确是我国检察制度建设的一个重要教训。因此，作为检察改革的重要举措，实现检察同行政管理职能相分离，必须以强化检察权的司法性，保障依法独立行使检察权，实现检察官的司法官化为核心目标。① 从检察权的权力特点和行使方式的角度分析，检察权无疑具有司法性和行政性双重属性，且由于最高检察机关具有的司法解释权有着法律效力，所以其司法性更加浓厚。因此，对检察活动的管理模式，就应既不同于行使行政权的行政机关，也应有别于行使审判权的法院，而应根据检察权的性质和特点，按照司法规律，以司法管理方式管理检察活动。因为，如果检察机关按照行政化管理模式行使检察职能，就会在很大程度上削弱了检察权的司法性；而司法性的核心就是要保障检察权的独立性，因此，要切断检察职能同检察机关千丝万缕的行政管理职能，就必须强化检察权的司法性、保障检察权的独立性。

检察机关依法独立行使检察权，是我国宪法和法律所确认的检

---

① 陈儒：《检察职能与司法行政管理职能分离若干问题研究》，载 http://www. law-lib. com/lw/view. asp? no=1854。

察权行使原则。人民检察院组织法规定：人民检察院依照法律规定独立行使检察权，不受其他行政机关、团体和个人的干涉。因此，检察权的独立性是检察权司法性的本质要求。检察权之所以需要独立行使，一是因为检察权是一种特殊的法律监督的权力，法律监督需要一种独立性。二是因为检察机关侦查权尤其是职务犯罪侦查权的行使需要一种独立性保障。三是因为检察机关公诉权的行使尤其是刑事追诉权，应当具有独立性。四是因为司法审判权的独立和检察权的独立两者相辅相成、相互依赖。五是检察权行使的独立性，是为了保障司法公正，是其司法性的本质要求，这也是最重要的因素。因为只有保证检察权行使的独立性，才能创造正确运用和实施法律的必要条件，才能保证检察机关能够排除非法干预，以事实为根据，以法律为准绳，只服从法律，切实地履行法律监督职能。

笔者认为，检察机关在独立行使检察权时，需要注意以下几个方面：第一，人民检察院在行驶职权时，必须严格依照宪法和法律的规定；要依照宪法、人民检察院组织法和刑事诉讼法等三大诉讼法规定的职权范围和行使职权的程序进行工作。第二，人民检察院依法行使职权，不受任何行政机关、社会团体和个人的干涉。第三，其他一切法律和法令也都是检察机关进行工作的依据和衡量合法与非法的准绳。第四，人民检察院依法独立行使检察权，必须受到国家权力机关和广大人民群众的监督，不是以具有"超验正义的"监督者自居。

（四）"集约化"有利于科学整合检察资源配置

何谓集约？《辞海》将其释义为，农业上在同一面积投入较多的生产资料和劳动进行精耕细作，用提高单位面积产量的方法来增加产品总量的经营方式。现代义则引申为：以效益为根本对经营诸要素进行重组，实现最小的成本获取最大的投资回报。如今集约化不但是现代企业集团提高效率与效益的基本取向，其影响力也早渗透到政治、人文、科技、法律等领域。

检察机关从过去一贯以"严打"为主轴到以"强化法律监督，维护公平正义"为主题的执法思路，从"准军事化"、"准行政化"到强调"专业化"的司法资格准入制度，从片面仿行行政领导模式到建构"侦查一体化"、"公诉一体化"业务工作机制，从而在检察业务质量、人事制度、机构职能等方面都开始呈现检察资源的集约化特征。而"科技强检"，大力发展计算机网络工程，更是集约化管理的突出体现。在这项工程里，人是核心，信息技术是灵魂，人力资源与信息技术终于成为新时期检察工作集约化的"主角"。① "集"，就是集中、整合检察机关诸多资源尤其是人力资源，减少管理层级，增强应变能力，合理搭配，优势互补，实现人适其位，位得其人，人尽其才，才尽其用；"约"，则是指在配置管理要素尤其是信息技术要素的过程中，以约束、简便、高效为价值取向，缩小管理时空，实现信息共享、资源共用，降低工作成本，提高管理效率，发挥检察资源的最大效益。因此，新型集约化的理想状态，实际上就是达成人与技术"双赢"，所以也成为解决新形势下检察人员与信息技术衔接问题的最佳方案。这种内涵和功能解读并非偷换经济学概念，其法理依据见诸于人民检察院组织法、检察官法以及最高人民检察院关于机构体系、人员编制、信息化建设等的相关规定。

法律是社会和时代的产物，要使法律适应社会实践的要求，就不能孤立地从法律上研究法律，而要从广义的角度来研究法律。② 在检察工作中推行新型集约化管理模式，所要达到的目标是检察职

---

① 蔡志强：《论检察机关新型集约化管理模式之建构》，载《中国检察官》2008 年第 4 期。

② 李振宇主编：《法律文献学》，中国检察出版社 2005 年版，第 1 页。

能的充分行使和司法资源的充分利用，使公正与效率这两个轮子同步。这就要求检察机关科学设置和合理安排检察官编制使用和岗位，积极推进专业化人力资源开发，解决新形势下"队伍专业化"建设的观念和认识问题，把传统的人事管理调整到整体性的人才（力）资源开发上来，致力专业化的复合型人才培养；同时考虑自身任务的承载以及财政的支持对于人力资源的引进利用需要科学的规划和长远的配置。同时，借助现代信息网络的集约化优势，细化业务分工，合理调配人员比例，充实办案一线部门力量；减少决策、执行、监督职权交叉，强化流程标准，提高资源利用效率；加强办案人员与管理人员的适时交流和积极互动，减少管理环节的掣肘。另外，检察机关的信息资源部门作为新型集约化的主导机构，要及时更新、收集更全面的数据，实现各类信息资源的广度整合与规范管理。

四、功能：国家属性转向社会属性

在大陆法系国家，一般在处理国家与社会关系上崇尚国家至上观念，国家利益高于一切，视国家为社会的总管；同时，把国家的暴力机器视为强制推行国家法律政策的有效工具。因此，在国家检察权力的权能配置上，注重监督职能的配置，强调权力制约权力。在权力运行及展开等规则的制度设计上，注重权力的主导性，而往往忽视权力的社会性。而英美法系国家在处理国家与社会的关系时，往往更注重社会本位，坚持权利本位，往往把刑事犯罪也视为国家社会和个人之间的纠纷，司法机关和执法机关等国家机器是作为消除、调和纠纷的角色而存在。因此，他们在国家公权力的权能配置上就注重保障权利，注重服务权利的实现，而尽可能避免权力主导作用的发挥，强调权利对权力的制约作用。

（一）国家属性与社会属性的关系

社会是以共同的物质资料的生产为基础而相互联系的人类共同体，富有能动性和创造性的个人是社会的基本构成单位，而社会的基本职能则是为个人的生活、交往和生产活动提供必要的空间、自由及机会。国家是人类社会迄今为止创造的最重要的政治组织单位，它由政府、军队、警察、法庭、监狱等构成，是社会发展到一定阶段的产物。国家与社会的关系的讨论，历来都是西方政治学的一个重要话题；但在中国的思想史中，国家与社会的关系却并不是关注的焦点。根据西方比较政治学的归纳，国家与社会的关系大约有这样几种类型：①

第一种是"强国家—弱社会"类型。这种模式又被称为科层式集权主义，其特点是国家权力高度集中且广泛渗透于社会生活的各个领域，取消或大大降低了其他组织力量在社会生活中的地位和作用。民主改革之前亚洲的一些国家和地区，如韩国、菲律宾、新加坡、泰国、我国台湾地区等，大体可归入这种模式。

第二种是"弱国家—强社会"类型，国家的行政能力较低，科层官僚机器常常是以个人关系为基础，专业知识不够，缺少财政资源，而社会的力量却与国家机器同样强或比国家更强，类似于种族、部落的传统力量占据着支配地位。独立之初的一些拉丁美洲等国家大体可归为这种类型。由于国家的行政能力差，无法指导经济增长，执政者关心的是如何维持统治精英的权力。

第三种是"强国家—强社会"类型，国家的行政能力很强，但社会群体的自主力量也很强。这种模式又分为两类：一种是墨西哥、印度、埃及等国家，国家在经济发展中发挥积极作用，社会各

---

① 孙立平：《向市场经济过渡过程中的国家自主性可能》，载《战略与管理》1996 年第 4 期。

群体具有一定的组织化程度；另一种是发达的市场经济国家，国家制定和执行政策的能力较强，社会力量的组织化程度也相当高，能以强有力的地位与国家在制度框架之内对话。

第四种是"弱国家—弱社会"类型，人们常用"一盘散沙"来形容该模式。在这种模式中，国家缺少发达的官僚系统，甚至也缺少为现代民族国家所必需的社会基础。而且，由于阶级发育的程度较低，以及部族政治的作用，强有力的社会力量也难以形成。一些非洲国家大体可以归于这种模式。

与西方的国家与社会逐渐分离甚至二元对立的模式不同，20世纪50年代以来中国的模式是：国家政治权力渗透和扩张到社会的一切领域，既没有明确的政治国家或公共权力观念，也不存在独立的私人活动领域和社会经济生活，社会长期处于国家的笼罩之中。在这种情况下，绝大多数中国人主要是按照义务和依附而非权利和责任来理解社会的存在。正如葛兰西所指出的："在东方，国家就是一切；市民社会是一批尚未成熟的混乱的群众。"① 1949年以后中国的国家与社会的关系演变成"强国家—弱社会"模式。改革开放使这一模式在经济领域有了重大改变，但国家并未积极推动社会自主能力的提高，国家与社会之间缺乏充分有效的联结组织来表达社会的利益、减缓国家对个人的直接压力，现有的许多社会团体不过是行政性组织的变种。因此，在和谐社会建设的进程中，我们应当落实公民的"结社权利"和"出版权利"，不断提高公民社会的自主能力，逐步完善中国特色社会主义民主制度，努力构筑起国家—社会的良性互动关系。

（二）当代中国的国家与社会关系的构筑

在中国这样一个具有重视国家而轻视社会传统的国家，如何正

---

① 葛兰西：《马克思与第三世界》，商务印书馆1981年版，第115页。

确认识和处理好国家与社会之间的关系，这在当前构建和谐社会的大背景下无疑具有特别重要的现实意义。那么，如何构筑当代中国的国家与社会之间的关系？我们认为，需要从以下几个方面着手：

第一，必须大力发扬社会主义民主，扩大社会自治。民主是什么？马克思在《哥达纲领批判》中早就明确指出，民主就是"人民自主权"，是人民的自我管理。巴黎公社就是这样的真正的民主政府。之所以如此，是因为"公社的真正秘密就在于：它实质上是工人阶级的政府"，是"社会把国家政权重新收回"。民主政府是广泛而严格的人民监督下的责任政府。民主政府必须确保人民在实际上享有对国家一切机关和部门包括所有公职人员的批评权、质询权、控告权、了解权、建议权、罢免权等众多的政治权利，使人民能够通过各种方式和渠道实现人民对政府及其公职人员的有效监督。①

第二，树立国家为社会服务的观念，建构保障和促使国家为社会服务的法律机制。在社会主义初级阶段，国家的存在是有其客观基础的，国家消亡还为时过早。但是，这并不意味着国家仍是统治人民的御民之器，相反，它应该彻底抛弃旧的治民观念，而应当确立为民服务的现代政治理念。作为规范国家权力、保障人民和社会自由权利的法律，必须在制度上切实保障国家为社会服务的理念贯彻于国家权力运用的全部过程，严防国家再度异化为统治人民、控制社会的工具。为此，就必须改变如下不正常现象："长期以来国家的高度集权，国家与社会过分一体化，以致国家包办社会的一切，乃至控制社会的一切，包括对各种社会物质与精神资源的全部国家垄断，国家分配；对国家公权力的极少制约，而对社会的私权

---

① 斯亚平：《论和谐社会建设背景下的国家与社会关系学说——兼论马克思国家与社会关系学说的发展》，载《生产力研究》2008 年第 14 期。

利与社会自主、自治、自由权利的过多干预乃至侵犯。"①

第三，确立国家对社会适度干预和宏观调控的观念，依法保障和控制国家宏观干预的权力。从本性上来说，市民社会是以人们的特殊私人利益的满足为目的的社会领域。在这里，人们所追求的只是满足自己的需要和欲望，"人们只顾自己，谁也不管别人"，每个人都以自己为目的，以他人为手段。所以，"在市民社会中，人作为私人进行活动。市民就是私人，他把别人作为工具，也把自己降为工具。"② 由于市民社会的主体利益驱动的本性，不会自然地通过契约自由而实现社会公正，反而可能导致社会秩序的极大破坏。因此，市民社会不是一个自给自足的领域，它的建设性与破坏性同在。尽管社会主义社会已经与古典市场经济条件下的市民社会有了本质的不同，但是由于我国社会生产力发展水平较低，市场经济还有待完善，人们的社会主义道德水平还不高，尚未完全实现对个人利益追求的超越，因此，在社会主义初级阶段，资本主义市民社会的某些缺陷还会长期存在下去。在这样的时代条件下，国家对市民社会的适当干预不但不能废除，而且还要加强。当然，市民社会需要宏观调控和干预，不是指国家权力可以任意进入市民社会的任何领地，相反，在现代市场经济条件下，这种干预是有限度、有条件的。所以，法律的一项重要职能就是从市民社会的内在要求出发，既确认合理、适度的国家权力干预的合法性，又要有效防范宏观调控权的滥用、腐败和实然层面的异化。③

（三）检察权的国家属性和社会属性

从检察权的归属看，检察权是国家性和社会性的有机统一。检

---

① 郭道晖：《法的时代精神》，湖南人民出版社 1996 年版，第 503 页。
② 《马克思恩格斯全集》（第 23 卷），人民出版社 1972 年版，第 199 页。
③ 刘旺洪：《国家与社会：权力控制的法理学思考》，载《法律科学》1998 年第 6 期。

察权萌芽于欧洲封建社会中期，是伴随着中央集权的加强、国家权力的逐渐扩大和社会对犯罪认识的加深而出现的。检察权最早诞生的国家应该是法国。12世纪时，法国领主权力很大，国王的权力受到极大限制，为加强中央集权，国王采取的措施之一是设立代理人。国王代理人在代理国王处理私人事务的同时，还负有在地方领主的土地上监督国王法律实施的职责。这种国王代理人，即为以后的检察官。① 真正意义的现代检察权制度乃是"革命之子"和"启蒙的遗产"，它诞生于1789年的法国大革命，正式建立于1808年的《拿破仑治罪法典》，并随拿破仑的征讨而得以传播。然而在此之前，具有现代意义的检察权直接体现公民的诉权，而且主要是社会的权力，随后伴随着司法制度的变革而逐渐演化为国家公权力，因而才具有了国家属性。即使在检察制度已出现的中世纪的欧陆，诉讼也在社会中进行，无论起诉和判决，都由社会自行选定的成员来决定，而提起诉讼者则为个人，无论民事诉讼和刑事诉讼都采取私诉制。如罗马时期人民大会评选机制就是典型。只是涉及王室及国王利益时由其律师或代理官即检察官，代表其利益出庭，目的在于维护国王利益，以免遭社会及个人的侵害。因此，这种状态下的司法检察制度，可称之为"社会主义"的司法检察制度，具有明显的社会性而少有国家性。然而，随着国家职能的扩大及社会发展的需要，这种具有明显社会属性的司法检察制度已很难适应社会发展的需要。于是，出于国家的责任和义务，也出于保护当事人特别是弱势当事人权利，衡平诉讼中国家、社会、个人的利益，同时，更为主要的是统治者已深刻认识到，社会的冲突比如刑事犯罪，已不仅仅是对个人权利的侵害，而同时危害的是其统治的秩序，有必要实现私权公权化的转化，由此，国家便直接行使刑事诉

---

① 参见张如新：《撩开检察权的面纱——从国家权力结构模式和社会权益维护结构视角入手》，载 http：//lawsky. org/detail. asp? id = 297。

权，把原本属于社会的诉权收归国家享有，从而使刑事诉权完成了由社会性向国家性的转变。因此，从检察权的归属上看，它既是国家的，也为社会使用。此外，言说检察权具有国家属性和社会属性，其意义在于，即使现代检察权也应该是社会直接控制和享有的权力，至少说应该是国家与社会共享的权力。①

（四）国家属性转向社会属性

在当今世界范围内，检察权的社会属性正在呈不断强化的趋势。这首先是因为检察权受制于社会权利，体现了权利决定权力、权力来源于权利的宪政精神。比如在西方，检察官进行普选，同时受公众监督，公众还可以罢免其职权。而在社会主义国家，则明确规定检察权为国家权力之一，由最高权力机关产生并对其负责，同时接受其监督。其次，检察权是国家与社会共享的权力，具有权利主体与权力主体共享性，体现了权利和权力管理国家的融合性。比如在西方英美法系国家，陪审团就具有提起公诉的决定权。大陆法系实行社会参审制，也享有部分决定权。日本实行起诉社会审查制度，我国近年实行的人民监督员对部分案件也享有监督权等，都表现出权利对权力的分享制约关系。最后，检察权来源于诉权，是诉权公权化的结果。刑事诉权从现代法治意义上考察，是国家公权力的一种。在检察权产生以前，刑事诉权由社会各种组织及个人掌握，正如学者周永坤所言，"公诉权就其本义来说也是一种诉权，是公权力行使的诉权。它是个人诉权向公权力转移的结果"。② 其实，检察权和司法权原本是为社会或个人所直接行使的权利，只不

---

① 王俊：《普通法系国家检察权的缘起与后世的宪政影响》，载《太平洋学报》2009 年第 6 期。

② 周永坤：《诉讼法理研究论纲》，载《中国法学》2004 年第 5 期，第 13 页。

过随着社会经济的发展，国家逐渐从社会中抢夺过来，成为自己的工具，变成一种国家权力。但是，检察权的社会性并没有因此而完全消失；相反，在现代法治社会中，由于普遍实行了民主制度，反而正在催生它的社会性。

第七章 进一步完善检察权的立法建议

一、我国检察权的特定语义

关于检察权的概念，世界各国的法律规定和学术界理解存在较大分歧。有学者认为，检察权有广义和狭义之分，广义的检察权是指检察官作为公益代表人所具有的一切权限；狭义的检察权是指检察机关对刑事案件进行侦查、公诉、请求法院正当适用法律并监督判决执行等方面的权力。持这种观点的主要是日本学者。[①] 国内也有学者认为，检察权是局部侦查权和公诉权的集中反映，检察官本质上就是公诉人（或称"政府律师"）。持这种观点的主要是研究英美法系国家的学者。[②] 还有学者认为，检察权就是法律监督权。前苏联社会主义等社会主义国家和我国宪法学者大多持这种观点。[③]

综观世界各国对检察权的法律规定，检察机关的检察权基本上包括三项从权力：公诉权、诉讼监督权和侦查权。当然，由于各国历史传统的差异和宪政体制、诉讼模式的不同，公诉权、诉讼监督

[①] 参见杨磊等译编：《日本检察讲义》，中国检察出版社 2000 年版。

[②] 参见洪浩：《检察权论》，武汉大学出版社 2001 年版。

[③] 参见金明焕主编：《比较检察制度概论》，中国检察出版社 1999 年版。

权、侦查权等权能在检察权配置中所占的比重也就不尽相同。公诉权还是检察权的核心内容，它与检察机关的侦查权、诉讼监督权等共同构成了检察机关的权力体系。在我国，根据宪法和人民检察院组织法等的规定，检察权被定位为法律监督权，同时又具体规定了检察权的行使，通过分解也包括公诉权、诉讼监督权、侦查权三项基本权能，这三项基本权能都被视为检察权的合理延伸，属于检察权的行使方式。

综上所述，立足我国职权配置的基本架构，我们可以得出我国检察权的概念就是：所谓检察权，就是依据宪法和法律，由我国检察机关独立行使的法律监督权，它以查处特定主体犯罪、维护国家利益为使命，以国家名义行使公诉权，并对诉讼过程进行全面的法律监督。①

二、我国检察权的特别规定

虽然我国现行法律对检察权的表述较为肯定，但比较零散，系统性不够，缺乏可操作性。《宪法》第 129 条规定，"中华人民共和国人民检察院是国家的法律监督机关"，这就从立法上确定了我国检察机关的性质。《人民检察院组织法》第 5 条规定了 5 项检察权，而《刑事诉讼法》第 3 条也规定，"检察、批准逮捕、检察机关直接受理的案件的侦查、提起公诉，由人民检察院负责"。上述规定表明，检察权除包括批准逮捕权、侦查权和公诉权以外，还笼统地规定了一个"检察权"。从这一立法原意来看，诉讼监督权显然也属于"检察权"的一种行使方式。从司法实践来看，我国检

----

① 广州市海珠区人民检察院课题组：《我国检察权配置的立法缺陷及其完善》，载 http//www. hzjcy. com/ReadNews. asp？NewsID：317（2008 - 02 - 21）。

察权的构成基本可以划分为三大类：公诉权、检察侦查权和诉讼监督权。① 其中，公诉权是法律赋予检察机关在刑事诉讼中代表国家提起公诉、追究犯罪的专有权力，是检察权的重要组成部分；侦查权就是对公务人员实施的一种刑事强制监督，是履行法律监督职能的有效手段和工具；诉讼监督权则是对刑事、民事、行政诉讼的法律监督权，是检察机关通过对各种诉讼活动的合法性进行监督，以维护司法公正的重要形式。

三、检察权发展的世界性趋势

当今世界，中国的发展离不开世界，同时，世界的发展同样也离不开中国。不论是普通法系国家，还是大陆法系国家，也不论是发达国家，还是发展中国家，立足公益，维护社会正义已成为各国检察制度追求的共同关注的目标。了解检察权的世界性发展趋势，有助于丰富和完善我国检察权的制度建设和实际运行。从整体上看，当今世界检察权发展的趋势主要体现出以下几个特点：

（一）检察权不断扩充和强化

随着刑事诉讼国家追诉主义的普遍化，检察机关作为国家专门机关，公诉权作为一种代表公益的特殊意义的诉权，都有不断被加强的趋势。英美法系国家出于打击犯罪、维护法制统一的现实需要，吸收和借鉴大陆法系国家检察制度的做法，逐步扩大检察官在刑事诉讼中的权力，尤其对重大刑事案件干预的程度日渐加强，检察机关作为行使检察权的法定职能部门，其检控权得到前所未有的

---

① 参见谭世贵：《中国司法改革研究》，法律出版社 2000 年版。

膨胀。英国甚至已成为当今世界上混合型检察制度的代表。①

（二）维护法制统一、维护公益、保障人权成为基本价值取向

在国家权力分权制衡且具备充分的监督和及时调节的基础上，维护法制的统一；无论是英美法系国家，还是大陆法系国家，都把维护国家利益、公共利益作为核心价值理念，突出法律的强力制约和监督，着重打击和铲除危害社会整体利益的职务犯罪行为；保障被害人利益的同时，维护犯罪嫌疑人或被告人正当合法的基本人权。

（三）民主化成为各国检察改革的基本方向

各国在检察制度改革中越来越追求行使权力的民主精神，体现公平、透明、合理等特点。为防止检察权滥用，一些国家也通过立法促进检察制度向民主化方向改革。

（四）更注重检察权的法律保障和检察官的素质建设

世界各国大多以国家立法的形式，制定专门法保护检察官的合法权益，加强对检察权的法律保障。许多国家纷纷推行"检察一体化"作为司法活动的基本准则，即检察官在执法活动，在法律意义上，被视为同一的资格主体，产生的检察行为被视为具有整体性的行为。② 在"检察一体化"的模式中，上级检察机关直接领导、指挥、监督下级检察机关，纠正其错误，保证其免受其他行政机关的干扰。

---

① 参见张智辉、杨诚主编：《检察官作用与准则比较研究》，中国检察出版社 2002 年版。

② 参见张培田：《检察制度本源刍议》，载刘立宪主编：《检察论丛》（第二卷），法律出版社 2001 年版。

四、侦查权的立法完善

1996 年刑事诉讼法对检察机关的侦查权作了大致的规定，即人民检察院的立案侦查范围是"贪污贿赂犯罪，国家工作人员的渎职犯罪，国家机关工作人员利用职权实施的非法拘禁、刑讯逼供、报复陷害、非法搜查等侵犯公民人身权利的犯罪以及侵犯公民民主权利的犯罪"，从而将一般刑事案件的侦查权赋予了公安机关。同时，刑事诉讼法还规定了一个限制较大的弹性规定，即"对于国家机关工作人员利用职权实施的其他重大的犯罪案件，需要由人民检察院直接受理的时候，经省级以上人民检察院决定，可以由人民检察院立案侦查"。1998 年，最高人民检察院发布《关于人民检察院直接受理立案侦查案件范围的规定》，确定了检察机关侦查管辖的案件大约是 54 种犯罪。

（一）当前我国侦查权配置中存在的问题

第一，侦查管辖的划分过于绝对，相互之间缺乏包容性。依据我国刑事诉讼法的有关规定，检察机关不但是法律监督机关，而且与公安机关、国家安全机关、监狱及军队保卫部门一起分享了侦查权。检察机关不但直接享有对职务犯罪的侦查权，而且还通过对公安机关等侦查机关所办理的刑事案件行使批准逮捕、审查起诉及监督过程中行使了部分侦查权。这些侦查主体，特别是公安机关与检察机关的侦查管辖是绝对分明的。公安机关立案管辖的案件，检察机关不得管辖；检察机关立案管辖的案件，公安机关不得管辖。根据刑事诉讼法规定，即使一人同犯数罪，如果属于不同机关管辖也应分别移送不同机关的侦查机关，由各侦查机关分别立案侦查。这种侦查管辖权力划分的绝对化既违背了辩证唯物主义认识论，也与我国刑法的有关规定不协调。

首先，侦查管辖权力划分的绝对化违背了辩证唯物主义认识规律。我国目前侦查管辖权的划分标准一是根据罪名，二是根据犯罪主体。也就是要求在立案前司法机关就要确定准确的罪名或者犯罪主体，否则就可能超管辖权办案，从而违反程序。科学的唯物主义认识论告诉我们，物质决定意识，认识是人脑对客观世界的反映，人只有通过反复实践才能获取对客观世界的正确认识，一切真知都来源于实践。刑事诉讼过程实际上是一种认识客观事物的实践过程。对于罪名以及犯罪主体身份的确定，应当经过充分的调查研究才能作出结论。我国目前侦查管辖划分的逻辑要求是，在受理案件之初就必须确定好罪名和犯罪主体、犯罪性质，以便进一步确定侦查管辖部门。这种要求侦查部门没有侦查就要确定好罪名和犯罪性质的思维方式显然违背认识论的规律，有唯心主义的先验论之嫌。

其次，侦查管辖权的划分过分绝对与刑法等规定的罪名的可变性也不协调。我国目前在侦查职能的分工上是不允许相互包容，否则就是越权办案。而刑法规定的一些罪名却是可变的。例如，《刑法》第247条规定："司法工作人员对犯罪人员对犯罪嫌疑人、被告人实行刑讯逼供或者使用暴力逼取证人证言的，处三年以下有期徒刑或者拘役，致人伤残、死亡的，依照故意伤害罪、故意杀人罪从重处罚。"这种侦查管辖的绝对性与罪名的可变性之间的矛盾，在司法实践中必然产生许多诸如"越权"、"违法"的窘境。另外，最高人民法院《关于执行〈中华人民共和国刑事诉讼法〉若干问题的解释》第176条第2款规定，起诉指控的事实清楚，证据确实、充分，指控的罪名与人民法院审理认定的罪名不一致的，应当作出有罪判决。这一规定显然与侦查管辖的罪名作绝对区分也是不统一的。

最后，我国关于侦查管辖的严格性，也与世界各国关于侦查管辖的规定差距较大。查看世界各国的刑事诉讼法，无论是大陆法系，还是英美法系，几乎都只规定了审判管辖，对侦查管辖没有过多的规定和限制，而韩国和日本等国家明文规定"诉讼程序，不因管辖错误而丧失效力"。当然，不是说外国的就一定好，我们必须看到中国的侦查体制和诉讼制度与国外的不同之处。既然很多国家都认可的规定，我们就应该认真加以思考。

第二，侦查权配置不当在司法实践中引起执法混乱，导致司法机关的形象受损，从而给整个国家刑事司法造成危害，打击国民对司法的信心。这是一个隐藏未现问题，其实是人们对司法丧失信心的一个原因。

第三，法律规定本身自相矛盾。《刑事诉讼法》第 140 条第 2款规定："人民检察院审理案件，对于需要补充侦查的，可以退回公安机关补充侦查，也可以自行侦查。"自行侦查实质上也是一种侦查权。自行侦查尽管无须立案，但既然是侦查，那么就必然要应用侦查程序中的相应权力。这样，一方面在侦查职能管辖划分上取消检察机关的普遍侦查权，另一方面，却又赋予检察机关在提起公诉时可以行使侦查权，这在立法上存在矛盾。

第四，侦查管辖划分的绝对化造成侦查管辖疏漏，导致有罪不诉。在司法实践中，侦查部门对个别定性模糊的，处在管辖边缘的案件，相互推诿不予受理立案的情况并不鲜见。

第五，侦查权配置不全面，侦查职能发挥不够。根据法律规定和检察实践，检察机关没有技术侦查的权力，怎样利用其他部门的秘密侦查资源，法律也没有明确规定，影响了检察侦查职能的发挥。

（二）关于完善我国检察机关侦查权的建议

笔者认为，检察机关的侦查权应该进行适当调整，其主要内容如下：

1. 强化检察机关对职务犯罪等特殊案件的侦查权。"职务犯罪的特殊性和复杂性，决定了对这类犯罪的侦查，由一般的侦查机关进行立案侦查，是难以胜任的。因而必须由一个享有国家法律监督权的机关、有一支具有较高素质侦查能力的队伍来侦查。这样的机关，在中国目前的现状下，只能是检察机关。"①

2. 赋予检察机关全面完整的侦查权。其一是扩大侦查管辖。检察机关对所有案件都有侦查管辖权，但这并不意味着对所有案件都亲自去侦查，只是说所有案件的侦查追诉的责任由检察机关承担。由检察机关来保证所有的案件都有侦查主体进行侦查，与之相对应的是，当侦查管辖出现漏洞或者侦查管辖存在争议的，都由检察机关负责协调并予以监督。这是解决目前案件管辖中存在问题的根本举措，也是国际惯例。其二是授权全面。检察机关享有案件侦查的所有权力和手段，包括强制措施的执行权，特别是秘密侦查权和技术侦查权等。同时针对职务犯罪侦查的特殊性，还应当赋予侦查机关一些特殊的权力，比如要求有关行政部门或者企业提供与侦查案件相关资料的权力，对拒不提供的，检察机关有一定的惩罚性权力。

3. 强化检察机关侦查权的内部配置，充分发挥侦查职能。一是在检察机关内部强调各部门都有侦查权，在日常监督工作中发现的犯罪线索可以移送专门的侦查机关，如反贪局或者渎职犯罪侦查局，也可以自己进行侦查。二是加强侦查一体化建设，进一步提升检察机关整体的侦查能力。主要是通过整合侦查资源配置，对犯罪线索备案，对侦查信息统一管理等。

4. 建立健全相关的证据制度。② 如建立污点证人作证制度等。我国于2003年12月10日签署的《联合国反腐败公约》第37条规

---

① 张智辉：《法律监督机关的设置与改革》，载信春鹰主编：《依法治国与司法改革》，中国法制出版社1999年版，第483页。

② 陈怀安、刘继国：《职务犯罪侦查权优化配置与运行问题研究》，第七届全国检察理论研究年会交流论文。

定："一、各缔约国均应当采取适当措施，鼓励参与或者曾经参与实施根据本公约确立的犯罪的提供有助于主管机关侦查和取证的信息，并为主管机关提供可能有助于剥夺罪犯的犯罪所得并追回这种所得的实际具体帮助。二、对于在根据本公约确立的任何犯罪的侦查或者起诉中提供实质性配合的被告人，各缔约国均应当考虑就适当情况下减轻处罚的可能性作出规定。"对于为检察机关侦查破案提供关键证据的污点证人，应当给予很宽大的处理。建立举证责任倒置制度。根据职务犯罪的发案规律和证据特点，为了有效惩治职务犯罪，应当规定让犯罪嫌疑人、被告人在特定情况下承担举证责任。比如，《美国联邦证据法》规定，如果根据某制定法在没有合法授权、正当理由、特殊情况或例外情况下，实施某种行为属于非法，那么被告方就有责任举证说明存在合法授权、正当理由、特殊情况或例外情况，如果被告方意图推翻制定法对某些事实的推定，或者意图援引法律条文中的但书、例外或者豁免，这时被告方也负有举证责任。

5. 努力克服立案程序中的弊端。为了防止侦查机关滥用侦查权，同时为了防止案件流失，我国刑事诉讼法仿照前苏联的立法模式，设置了一个立案程序，这在世界上目前可能是绝无仅有的。实践证明这一立法模式是不科学的，不仅违背了侦查规律，也严重阻碍了侦查机关对案件的查处。① 尽管最高人民检察院在《人民检察院刑事诉讼规则》中设置了初查的程序来缓解这一矛盾，但根本的解决办法还是推动立法来废除立案程序。这是强化检察侦查权的一个十分重要的举措。

---

① 王德光：《关于自侦立案程序的几个问题的探讨》，载《云南检察》2001 年第 1 期。

（三）赋予检察机关有一定限制的普遍侦查权

1996 年刑事诉讼法对检察机关的侦查权作了较大的调整，取消了检察机关对刑事案件的普遍管辖权，即取消了"人民检察院认为需要自己直接受理的其他案件"可以立案侦查的权力，突出了公安机关侦查主体的地位，明确规定"刑事案件的侦查公安机关进行，法律另有规定的除外"。笔者认为，1996 年刑事诉讼法对检察机关侦查权的调整，从理论到实践都没有取得预期的效果，相反，在刑事诉讼实践中还产生了不良后果。

首先，综观世界上相当多的国家都赋予了检察机关普遍侦查权。《俄罗斯联邦检察院组织法》第 27 条第 2 项规定："当违反公民的人权和自由的行为具有犯罪的性质时，检察员应对其进行刑事立案，并采取措施依法对其进行刑事侦查。"第 31 条规定："俄罗斯联邦刑事诉讼法规定由检察机关侦查的犯罪案件，检察机关行使刑事侦查的职权。检察人员有权亲自侦查任何刑事案件，或者委托下属检查员或侦查员进行侦查。"《日本刑事诉讼法》第 191 条第 1 款规定："检察官在认为必要时，可以自行侦查。"《德国刑事诉讼法》第 161 条明确规定："检察官可以向一切警察机关收集情报，除了宣誓下的询问外，可以进行各种侦查，或者交付警察机关及其他人员侦查。警察机关及其他人必须执行检察官的委托或命令。"在荷兰，虽然刑事犯罪一般是由警察进行，但是法律规定检察官对侦查工作最终负责，警察的侦查活动要按照检察官的指示进行，以确保警察在侦查活动中遵守法律的规定。① 《法国刑事诉讼法》第 41 条规定："共和国检察官自己或使他人采取一切追捕违法犯罪的行动。"第 68 条规定："共和国检察官亲临现场时，司法警察官即

---

① 勾清明：《荷兰检察机关的体制、职能和管理》，载《人民检察》2003 年第 2 期。

丧失对案件的权力。此时，共和国检察官即负责完成本章所规定的司法警察的一切行动。"美国检察官也具有刑事侦查权①和侦查指挥权，负责案件起诉准备的检察官有权对侦查案件的警察进行指挥和发布命令。②

（四）适时赋予检察机关侦查指挥权

侦查指挥权应当包括两方面的内容：一是检察官有权调动侦查机关的侦查力量进行侦查；二是在侦查机关侦查案件时，检察官有权介入并发布指示、命令，侦查机关必须服从。如果一个国家的侦查权除检察官享有外，还有其他机构或机关享有侦查权，赋予检察机关或检察官侦查指挥权就是必然的。考虑到目前我国公安机关侦查部门的实际地位比较高，立法及司法工作人员的观念转变尚有一个过程，以及当前检察官个体侦查专业素质还较弱等因素，因此，赋予检察机关侦查指挥权时机尚不成熟。但是，赋予检察官侦查指挥权是刑事诉讼法发展规律的要求，我们应当朝着这个方向努力。

五、进一步完善诉讼监督权的立法建议

（一）刑事诉讼监督权的完善

1. 我国刑事诉讼监督权概述

刑事诉讼，是指公安机关、人民检察院、人民法院在当事人和其他诉讼参与人的参加下，依照法定程序，揭露犯罪，证实犯罪，

---

① 冯中华：《英美检察制度与我国检察制度的价值取向比较》，载《河南省政法管理干部学院学报》2006 年第 5 期。

② 洪浩：《检察权论》，武汉大学出版社 2001 年版，第 73 页。

惩罚犯罪的活动。简言之，是指司法机关依照法定程序办理刑事案件的活动。检察机关的刑事诉讼监督就是对司法机关办理刑事案件活动的监督。《人民检察院刑事诉讼规则》将刑事诉讼监督分为立案监督、侦查监督、审判监督、刑事判决和裁定监督以及执行监督。其中，审判监督专指对审判活动的监督，是程序性监督；刑事判决、裁定监督是对人民法院确有错误的判决、裁定的监督，是实体性监督，这两项监督也可统称为审判监督。因此笔者认为，检察机关刑事诉讼监督，实际上涵盖了立案监督、侦查监督、审判监督和执行监督。

2. 刑事诉讼监督权的立法现状

检察机关的刑事诉讼监督是法律赋予检察机关的重要职能之一，是检察权的主要组成部分。我国《宪法》第 129 条和《人民检察院组织法》第 1 条明确规定了"中华人民共和国人民检察院是国家的法律监督机关"，这是对我国检察机关的性质和职能作出的原则性表述和规定，检察机关所要履行的职能就是法律监督。《刑事诉讼法》第 8 条规定："人民检察院依法对刑事诉讼实行法律监督。"这条规定是人民检察院对刑事诉讼活动实施监督的原则。1996 年刑事诉讼法在基本原则里，增加了人民检察院依法对刑事诉讼实行法律监督（第 8 条）；并且在分则中增加了相关规定，加强了检察机关法律监督的力度。分则中的相关规定主要有：审查批准逮捕中发现公安机关侦查活动有违法情况有权通知公安机关纠正（第 76 条）；对公安机关不立案进行监督（第 87 条）；对法院审判活动违法有权提出纠正意见（第 169 条）；一审判决、裁定确有错误有权提出抗诉（第 181 条）；对确有错误的生效判决、裁定提出抗诉（第 205 条第 2 款）；对死刑的临场监督（第 212 条）；对监外执行的监督（第 215 条）；对不当减刑、假释裁定的监督（第 222 条）；对执行机关执行刑罚的活动是否合法实行监督（第 224 条）。此外，最高人民检察院根据刑事诉讼法的规定，在

《人民检察院刑事诉讼规则》第十章用 66 个条文对刑事诉讼法的规定进行了细化，并就监督的具体措施进行了相应规定。

相对于刑事诉讼法修订以前的法律和司法解释而言，虽然刑事诉讼法和《人民检察院刑事诉讼规则》对刑事诉讼监督的规定有了进一步的完善，但在实践中，刑事诉讼监督还是面临着一定的挑战。概括起来主要表现在：其一，立法容量太少，存在很多缺失，形成了监督上的许多盲点，使得许多刑事诉讼行为都游离于法律监督之外。其二，对被监督机关的监督措施缺乏强制性，往往只有建议权，没有命令权，导致检察机关的监督刚性不足、措施乏力。其三，监督程序不完善，且过于原则和抽象，不易于实践操作。

3. 刑事诉讼监督的立法建议

（1）关于刑事立案监督。人民检察院对公安机关等侦查机关的刑事立案活动是否合法所进行的法律监督叫刑事立案监督。人民检察院对公安机关的刑事立案活动实施监督，是法律赋予检察机关的重要职权。《刑事诉讼法》第 87 条规定："人民检察院认为公安机关对应当立案侦查的案件而不立案侦查，或者被害人认为公安机关对应当立案侦查而不立案侦查，向人民检察院提出的，人民检察院应当要求公安机关说明不立案的理由。人民检察院认为公安机关不立案理由不能成立的，应当通知公安机关立案，公安机关接到通知后应当立案。"这一规定是人民检察院实施立案监督的主要法律依据，是人民检察院依法对刑事诉讼实行法律监督的基本原则在立案阶段的具体体现。

现行法律中关于立案监督的规定既不完整，又过于原则和抽象，笔者认为：第一，明确刑事立案监督的对象，全面监督有刑事立案权的主体。第二，将刑事诉讼法和最高人民检察院《人民检察院刑事诉讼法规则》中关于立案的程序性规范更加具体化，比如借鉴法国模式，明确规定一切公诉案件的立案权属于人民检察院专属的权力。作为法律修改前的过渡，在现阶段可以规定，公安机关决定立案的，应当报同级人民检察院备案审查。

（2）关于刑事侦查监督。刑事诉讼法和《人民检察院刑事诉讼规则》第 380 条将刑事侦查监督定义为检察机关对公安机关的侦查活动是否合法所实行的监督，《人民检察院刑事诉讼规则》第 390 条将对侦查监督的对象扩展到检察机关自侦部门。刑事侦查监督相对刑事立案监督的立法而言，其规定更加笼统，导致检察机关在实践中对刑事侦查活动的监督非常乏力。

针对我国目前侦查监督机制的缺陷，强化侦查监督，最有效的办法就是借鉴国外"警检一体化"的侦查监督经验。那么，我们在立法上可作如下完善：其一，改"适时介入"为"必要介入"，加强检察机关对侦查活动的监督，保证证据的合法取得。其二，改变检察机关只享有批捕权的现有规定，赋予检察机关对于适用延期拘留、捕后改变强制措施的审查决定权和非诉讼处理审查权。其三，明确检察建议和纠正违法通知书在侦查监督中的法律强制力，公安机关应当执行，以保证侦查监督的实施效果。其四，由刑事诉讼法明确规定，检察院可以随时调阅预审阶段或立案后阶段的侦查案卷（但应当在调阅当日归还），以改变对这一阶段的侦查监督缺乏法律依据的现状。

（3）关于刑事审判监督。刑事审判监督，是指人民检察院依法对人民法院的刑事审判活动是否违反法律规定的诉讼程序及判决、裁定的结果是否符合法律规定所进行的专门法律监督。《刑事诉讼法》第 169 条规定："人民检察院发现人民法院审理案件违反法律规定的诉讼程序，有权向人民法院提出纠正意见。"第 181 条规定："地方各级人民法院认为本级人民法院第一审的判决、裁定确有错误的时候，应当向上一级人民法院提出抗诉。"第 205 条第 3 款规定："最高人民检察院对各级人民法院已经发生法律效力的判决和裁定，上级人民检察院对下级人民法院已经发生法律效力的判决和裁定，如果发现确有错误，有权按照审判监督程序向同级人民法院提出抗诉。"《人民检察院组织法》第 5 条第（四）项规定，人民检察院"对于人民法院审判活动是否合法，实行监督"，等等。这些规定是人民检察院对于审判活动进行监督的法律依据。但从检察机关法律监督的实践看，当前刑事审判监督存在的主要问题有：一是刑事审判监督的事后性，制约了检察机关审判监督效力的发挥；二是刑事审判监督缺位，空区多；① 三是监督手段缺乏刚性，只是一种弹性监督。因此，针对刑事审判监督存在的缺陷，进一步强化刑事审判监督，完善刑事审判监督立法当属必要。

其一，取消最高人民法院、最高人民检察院、公安部、司法部、全国人大法制工作委员会《关于刑事诉讼法实施中若干问题的规定》第 43 条将《刑事诉讼法》第 169 条的规定限制解释为人民检察院对违反法定程序的庭审活动提出纠正意见应当由人民检察院在庭审后提出的规定，恢复原《刑事诉讼法》第 112 条对庭审活动可当庭提出的规定，并构建相应的程序内监督体制。程序内监督是对裁判权监督和制约最适于采用的方式，是解决现存矛盾的一个建设性思路。② 改变现有庭审后监督的现状，将检察监督贯穿审判诉讼程序之中。

其二，补充和修改刑事审判监督的有关规定，将第一审程序的自诉案件、刑事附带民事诉讼案件、适用简易程序审理的案件、上诉引起的二审案件、审判监督程序中法院引起的再审案件、死刑复核程序案件以及法院作出的决定纳入监督的范围。

其三，强化监督措施，赋予检察机关相应监督权力。如在庭审中发现审判活动可能造成国家或公民个人合法利益损害的，有权责

---

① 陈卫东、严军兴主编：《新刑事诉讼法通论》，法律出版社 1996 年版，第 83 页。

② 参见洪道德、葛琳：《刑事审判阶段要不要法律监督——以程序内监督为视角对审判监督的重新认识》，载《审判研究》2002 年第 1 期。

令中止审判，要求重新进行审判活动；赋予检察机关再审检察建议的强制性，积极通过个案再审检察建议，督促法院启动再审程序;① 赋予检察机关监督警告权和提请惩戒权；对最高人民检察院按照监督程序提起抗诉的案件，最高人民法院经审理后作出的判决裁定仍然错误，最高人民检察院有权向全国人大常委会报告等。

（4）关于刑罚执行监督。刑罚执行监督是人民检察院依法对执行机关执行刑事判决、裁定的活动是否合法所进行的监督,② 具体包括刑事判决、裁定执行和变更执行。刑罚执行监督是检察机关在整个刑事诉讼过程中进行法律监督的最后环节，它对刑事裁判能否完整、科学、规范的执行起到终结性、实现性的保障作用，其重要性不言而喻。③

《刑事诉讼法》第 224 条规定："人民检察院对执行机关执行刑罚的活动是否合法实行监督。如果发现有违法的情况，应当通知执行机关纠正。"我国刑罚执行的主体是人民法院、公安机关和监狱等。人民法院负责死刑、罚金刑、没收财产刑、无罪判决和免除刑罚判决等的执行，公安机关负责管制、拘役、缓刑、假释、监外执行等的执行，监狱负责有期徒刑、无期徒刑、死缓等的执行。

根据《人民检察院刑事诉讼规则》的规定，人民检察院对刑罚执行监督的主要内容包括：（1）对判处死刑立即执行和死刑缓期执行实行的监督；（2）对判处无期徒刑、有期徒刑、拘役的判决的执行实行的监督；（3）对判处管制、剥夺政治权利，宣告缓

---

① 参见贾春旺检察长 2003 年 12 月 22 日在全国检察长会议上的讲话。

② 参见李忠诚主编：《〈人民检察院刑事诉讼规则〉释义与法律文书适用指南》，中国检察出版社 1999 年版，第 621 页。

③ 参见曲虹、邹时楠：《当前刑罚执行监督工作中的问题及解决之道》，载《人民检察》2004 年第 6 期。

刑、暂予监外执行、减刑、假释的判决或裁定的执行实行的监督；
（4）对其他执行刑罚的活动包括监狱的狱政管理、改造教育罪犯
的活动是否合法实行的监督。

上述立法及相关制度的不健全防碍了刑罚执行监督效用的发
挥，主要表现在以下几个方面：一是刑罚执行监督的效果不佳。
《刑事诉讼法》第224条规定，"人民检察院对执行机关执行刑罚
的活动是否合法实行监督。"因此，刑罚执行监督的范围应包括所
有刑罚执行活动。但在实践中，由于种种原因，只有对监禁刑、生
命刑和剥夺政治权利的监督落实得比较好，对管制、徒刑缓期执
行、财产刑和驱逐出境没有很好地进行监督。二是刑罚执行监督的
法律规定简单、原则，实践中难以操作。除《刑事诉讼法》第224
条规定检察机关对执行刑罚的活动是否合法实行监督的概括性规定
外，刑事诉讼法中只有4条提到刑罚执行监督问题，分别是对死刑
临场监督、监外执行决定的监督、减刑假释裁定的监督和受理执行
中申诉的规定，而没有对监督对象如何实施监督进行详细规定。三
是当前检察机关对刑事判决、裁定变更执行的监督，只能在接到有
关机关决定或者裁定书之后，才能对认为不正确的决定或者裁定提
出书面意见。由于是事后监督，检察机关即使提出纠正意见，也难
以发挥应有的效果。四是监督措施只是临场监督、提出书面意见和
提出书面纠正意见，受理申诉的手段单一，缺乏刚性。

有鉴于此，为切实保证检察机关刑罚执行监督落到实处，建议
在以下几方面进行立法完善和制度建设：其一，针对非监禁刑和财
产刑的执行、公安机关或法院执行是否合法、法律没有落实人民检
察院如何监督的现状，法律有必要规定执行机关执行这类刑罚或者
变更执行措施时，应当随时接受人民检察院的法律监督。其二，对
刑事判决、裁定变更执行的监督，为保证检察机关的监督权落到实
处，保证检察机关在事前、事中和事后都能进行有效监督，刑事诉
讼法和监狱法有必要补充规定：凡是执行机关认为依法应当适用任

何一种变更执行的措施时，均应将建议书提交人民检察院审查，不论两者意见是否一致，必须同时将建议书和人民检察院的意见一并报送有权决定的机关。这样有助于建议机关及时撤回不当建议，并有利于提高有决定权的机关所作决定或者裁定的正确率，防止不应有的放纵犯罪，保证这些法定措施公正适用；同时，法律还应当赋予检察机关随时了解各类刑罚的执行情况和向执行机关提出适当变更执行的建议权，从而提高执行机关及时维护罪犯合法权益的力度。其三，强化检察机关纠正违法通知书的执行效力，在刑事诉讼法中明确规定被纠正违法的刑罚执行机关必须在规定的时间内纠正违法，且及时将纠正情况向检察机关通报。①

（二）民事诉讼监督权的完善

1. 我国民事检察监督现状及其完善

由于宪法将检察机关定位为法律监督机关，相应地，我国《民事诉讼法》总则部分第14条规定，"人民检察院有权对民事审判实行法律监督"，第185条规定，"最高人民检察院对各级人民法院已经发生法律效力的判决、裁定，上级人民检察院对下级人民法院已经发生法律效力的判决、裁定，发现有下列情形之一的，应当按照审判监督程序提出抗诉：（一）原判决、裁定认定事实的主要证据不足的；（二）原判决、裁定适用法律确有错误的；（三）人民法院违反法定程序，可能影响案件正确判决、裁定的；（四）审判人员在审理该案件时有贪污受贿，徇私舞弊，枉法裁判行为的。地方各级人民检察院对同级人民法院已经发生法律效力的判决、裁定，发现有前款规定情形之一的，应当提请上级人民检察院按照审判监督程序提出抗诉。"第188条规定："人民检察院提出

---

①　崔江西：《浅论检察机关刑事诉讼监督》，载 http：//www. dffy. com/faxuejieti/zh/200409/20040929201637. htm。

抗诉的案件，人民法院应当再审。"

在 2007 年修改的民事诉讼法中，有关我国民事检察监督的规定也存在一些问题，这些问题一直困扰着检察权在诉讼监督中的运行，兹具体分析如下：其一，民诉法总则和分则的规定存在矛盾。总则第 14 条规定，检察机关有权对民事审判活动进行监督。可见，检察机关的民事监督的范围十分宽泛。但是，在分则中，民事诉讼法只规定检察机关对已经发生法律效力的、确有错误的判决、裁定才能提出抗诉。总则规定的检察机关对一切民事审判活动的违法行为都有权进行监督，然而分则却没有对此原则性规定进行具体细化，反而只是规定了仅能对"已经发生法律效力的、确有错误的判决、裁定"，大幅度缩减了检察机关对民事诉讼审判活动的监督权，因此，法院完全可以拒绝检察院实施抗诉以外的其他监督方式。另外，如果检察院只根据分则的规定仅仅对生效裁判进行抗诉式的监督，则又与总则中检察机关"有权对民事审判活动进行监督"的概括式授权的立法精神相悖。其二，检、法两家对民事检察监督范围的认识存在歧异。检察机关认为法院所有的生效判决都可抗诉，而法院认为检察机关可以抗诉的裁判仅限于法院在审判程序作出的某些裁判，而且必须满足事后监督的要求；一些法院排斥检察机关进行民事抗诉；最高人民法院曾经数次单方面就涉及检法两家的民事监督的范围作出重重限制。其三，民事检察监督方式依旧单一。根据修改后的《民事诉讼法》第 187 条至第 190 条的规定，检察机关监督民事诉讼的方式仍然只有一种，就是对已经发生法律效力的裁判可以提出抗诉，即采取"事后监督"。这种监督方式本身在立法上就存在较大缺陷，因此，它根本无法满足民事检察监督的需要，等等。其四，抗诉主体设计不当、致使抗诉难以实施。修改后《民事诉讼法》第 187 条的规定并没有在民事抗诉主体制度上作出突破，仍然只有最高人民检察院和上级检察院才能成为抗诉的主体，而同级检察院则不能成为抗诉的主体，它对同级法院已经发生法律效力的裁判，只享有抗诉建议权。这就给实践中带来了两大难题：一是容易造成对案件本不熟悉但享有抗诉权的检察院不能及时抗诉，从而导致不能及时纠正法院的错误判决。二是容易使抗诉任务落在级别较高的检察院，而人数最多、最熟悉案情的基层检察院却没有抗诉权，这不仅可能大量占用上级检察机关的时间与精力，而且也会削弱高级别检察院对下级检察院的业务指导功能。

2. 完善我国民事诉讼法律监督的建议

第一，进一步明确检察机关提起抗诉的范围。虽然检察机关不是万能的，不可能监督到社会生活的各个方面，但检察机关也不能甘于现状，不可作为。因此，建议相关法律在修改时，应该明确检察机关除了对现行的已生效裁判进行抗诉外，还可以就以下民事案件有权提起抗诉：（1）严重损害国家经济利益的；（2）严重违背社会主义道德规范的；（3）造成严重环境污染等社会公害的；（4）严重影响社会秩序和市场秩序的；（5）涉及公职人员腐败的；（6）其他涉及国家社会公共利益的重大民事案件。

第二，作出关于民事检察监督的方式改革，除了抗诉之外，将检察实践中的一些积极做法赋予一定的强制性，可以作为抗诉的补充固定下来，比如检察意见、检察建议、纠正违法通知书等。

第三，对抗诉的主体范围进行改革。目前，只有最高人民检察院和上级检察院才能成为抗诉的主体，这种规定的弊端上文已经述及。为了维护人民检察院依据宪法所享有的法律监督权的神圣不可侵犯，体现出检察机关与审判机关的法律地位的平等，更是便于检察机关对法院审判活动的正常监督，因此，我们需要通过修改相关法律的规定，对民事案件抗诉权行使主体明确为同级人民检察院。当然，基于防止某些基层检察机关可能存在的抗诉权滥用的现实需要，我们可以在制度设计上保留现有的经过上一级检察机关审查同意的规定，从检察机关的内部制约上来对可能的抗诉权滥用进行防范。

第四，对抗诉的具体程序规范进行完善。主要包括如下几个方面：赋予检察人员必要的职权，如阅卷权、复制摘录民事案卷权、调查收集证据权以及出席庭审权；明确规定当事人有权反驳检察机关的抗诉理由；明确规定人民检察院提出抗诉的案件，人民法院必须再审，不得裁定驳回；明确规定如果法院拒不接受检察机关的调卷，检察机关有权否决该法院所作的裁判的法律效力。

（三）行政诉讼法律监督权的完善

行政诉讼法律监督是我国检察机关法律监督职能中的一项重要职权，是检察机关通过对人民法院确有错误的行政判决、裁定进行抗诉，启动审判监督程序，使人民法院经过再审，对抗诉的案件作出改判，纠正错误，保障法律的统一和正确实施的一项重要监督手段。当前，我国检察机关实施行政诉讼法律监督的法律依据（包括直接和间接的）主要有：《宪法》第 129 条；《人民检察院组织法》第 1 条、第 18 条；《人民法院组织法》第 14 条；《行政诉讼法》第 10 条、第 64 条。此外，最高人民法院和最高人民检察院又通过了一些与行政诉讼法律监督相关的司法解释，如《关于执行行政诉讼法第六十四条的暂行规定》、《关于民事、行政审判监督程序抗诉案件再审时人民检察院派员出席法庭问题的批复》、《人民检察院办理民事行政抗诉案件公开审查程序实行规则》、《关于执行〈中华人民共和国行政诉讼法〉若干问题的解释》、《人民检察院民事行政抗诉案件办案规则》等，这些法律规范和司法解释，就是当前我国检察机关开展行政诉讼检察监督的法律依据。

但是，与检察机关正常和规范开展行政诉讼检察监督的现实需要相比，上述行政诉讼法律监督的法律依据与司法解释还存在这样的不足：（1）立法规定过于原则、抽象，容易引起歧义，缺乏可操作性；（2）立法规定的内容严重缺漏，具有片面性，不利于检察机关监督职能的发挥；（3）立法严重滞后，无法满足现实的需要。鉴于我国行政诉讼法律监督与民事诉讼法律监督存在诸多相似之处，因此笔者认为，其完善的内容可以参照上文的建议部分；同时，其完善过程可以和民事诉讼法律监督同步进行。当然，最为根本的做法是在适当的时机，由立法机关统一制定一部《民事行政诉讼法律监督法》。

六、公诉权的立法完善

（一）我国检察机关公诉权概述

理论上是存在检察机关享有民事行政公诉权的，但在实践中，检察院的公诉权一般只限于刑法所规定的违法犯罪行为。《刑事诉讼法》第77条第2款规定："如果是国家财产、集体财产遭受损失的，人民检察院在提起公诉的时候，可以提起附带民事诉讼。"然而在民事诉讼法中，并没有赋予检察机关代表公共利益提起民事诉讼的权力。所以，这里的公诉权专指刑事公诉权。在刑事诉讼程序中，公诉权是一项重要的权能，它与辩护权、审判权的结合，形成了完整的刑事诉讼结构。公诉权还是检察权的核心内容，它与检察机关的侦查权、监督权等权力共同构成了检察机关的权力体系。①

（二）我国公诉权制约机制的现状

在我国，为了保证检察机关正确地行使刑事公诉权，刑事诉讼法不仅对提起公诉、不起诉、抗诉、变更起诉等作出了明确的规

---

① 对公诉可作广义和狭义的理解，广义的公诉包括检察机关依职权进行的审查起诉活动和向法院提起公诉的活动；狭义的公诉权仅指检察机关向法院提起公诉的活动。这里是从狭义角度探讨公诉问题，具体又包括提起公诉活动、出庭支持公诉、进行抗诉活动等。

定，而且也规定了一些对刑事公诉权的制约措施，具体表现在以下几个方面：①

第一，被害人对刑事公诉权的制约。被害人的制约体现在两个方面：一是申诉权。根据我国《刑事诉讼法》第 145 条的规定，被害人在接到人民检察院送达的不起诉决定书后，如果不服此决定，可以在接到该决定后 7 日内向上一级人民检察院提出申诉，有权要求对被决定不起诉人提起公诉。二是前文提到的公诉转自诉制度。

第二，公安机关对刑事公诉权的制约。我国《刑事诉讼法》第 144 条规定，对于公安机关移送起诉的案件，人民检察院决定不起诉时，应当将不起诉决定书送达公安机关。公安机关认为不起诉的决定有错误的时候，可以要求复议，如果意见不被接受，可以向上一级人民检察院提请复核。

第三，人民法院对刑事公诉权的制约。主要有两种途径：一是通过前文提到的公诉转自诉制度，实施制约；二是通过庭前审查程序进行制约。根据我国《最高人民法院关于执行〈中华人民共和国刑事诉讼法〉若干问题的解释》的规定，人民法院庭前无实体审查的权利，对人民检察院的起诉决定主要进行程序上的审查，但有权要求人民检察院补足起诉材料或决定退回、不予受理，实现对刑事公诉权的制约。

第四，被不起诉人对刑事公诉权的制约。我国《刑事诉讼法》第 146 条规定，对于人民检察院依照本法第 142 条第 2 款规定作出的不起诉决定，被不起诉人如果不服，可以自收到决定书后 7 日内向人民检察院申诉。人民检察院应当作出复查决定，通知被不起诉人，同时抄送公安机关。

第五，社会对刑事公诉权的制约。我国《刑事诉讼法》第 143

---

① 赵永红：《检察权研究》，中国政法大学 2001 年硕士学位论文。

条规定，不起诉的决定，应当公开宣布，并且将不起诉书送达被不起诉人和他的所在单位。

（三）完善我国刑事公诉权制约机制的思考

如前所述，我国刑事诉讼法等法律对刑事公诉权的制约机制有一定的规定，但仍有许多方面需进一步完善。第一，建立不起诉案件的听证制度，进一步加强被害人、被不起诉人、公安机关和社会对刑事公诉权的制约。不起诉案件听证制度，是指以听证方式对人民检察院不起诉决定进行的一种事前救济，即人民检察院在作出不起诉决定前公开听取犯罪嫌疑人、被害人、公安机关等有关人员的意见，并允许关注该案的群众旁听的一种方式。在建立该听证制度的时候，应明确不起诉听证的范围、不起诉听证的启动、参加不起诉听证的人员及职能、不起诉听证的期限和不起诉听证中的民事赔偿问题等，同时也要具有可操作性、易启动性和法定性，大大增加不起诉决定程序的公开性和透明度，从而真正实现对刑事公诉权的制约。①

第二，对检察机关自侦案件，实行人民监督员制度。2003 年 9 月，最高人民检察院通过了《关于实行人民监督员制度的规定（试行）》，决定在检察机关办理自侦案件工作中试行人民监督员制度。人民监督员制度是指由机关、团体、企事业单位推荐，征得本人同意，由检察长聘任的人民监督员，通过听证、评议等方式实现对检察机关办理自侦案件监督的一项制度。人民监督员监督的范围主要包括：一是犯罪嫌疑人不服逮捕决定的；二是拟撤销案件的；三是拟作不起诉处理的；四是应当立案而不立案或者不应当立案而立案的；五是超期羁押的；六是违法搜查、扣押、冻结的；七是应

① 杨洪广：《浅谈完善刑事公诉权制约机制》，载 http：//www. law - lib. com/lw/lw_ view. asp? no = 6239。

当给予刑事赔偿而不依法予以确认或者不执行刑事赔偿决定的；八是检察人员在办案中有徇私舞弊、贪赃枉法、刑讯逼供、暴力取证等违纪违法情况的。可见，人民监督员可对刑事公诉权内容中的自侦案件不起诉权进行监督，从而实现对刑事公诉权的制约。试行人民监督员制度是解决检察机关直接侦查案件缺乏有效外部监督问题而进行的一项重要探索，是检察机关自觉接受社会监督、确保依法正确行使检察权的一项重要改革，也是检察机关在现行法律框架内推进诉讼民主的有益尝试。人民监督员制度符合民主法治要求，加强了检察机关自侦案件的外部监督，进一步确保了检察权的依法行使，有助于确保司法公正，彰显程序正义；制约检察权，遏制司法腐败；克服法律僵化，推进司法改革。

第三，强化检察机关内部监督机制。在我国检察系统内部实行的是"检察一体制"。所谓检察一体制，又称检察一体化，是指检察机关上命下从，形成一个整体，统一行使检察权的体制，主要包含以下三项内容：一是上命下从的领导关系。下级检察机关服从上级检察机关的命令。下级检察官在执行任务时须接受上级检察官的领导。检察官服从检察长。二是检察活动表现为跨区域性。检察官履行职务不受其管辖范围的限制。在必要时，可以在辖区外执行职务或者请求有司法管辖权的检察官代为履行检察权。三是职务继承与转移权。上级检察官有权亲自处理属于下属检察官承办的案件和事项，同时上级检察官有权将下属检察官承办的案件和事项转交其他下属检察官承办，除非受到法律的特别限制。更换检察官时，离任检察官所进行的活动视为接任检察官的活动。正如我国台湾地区学者林钰雄谈到的"检察一体原则，是上命下从，上级检察首长就下级检察官处理之检察事务，不但有指挥监督权，亦有职务收取权及职务移转权，下级检察官则有相应的服从义务及报告义务"。"检察一体制"是我国最重要的一项检察组织原则，是权力制衡的必然要求，是法律监督的应有之义。下级检察机关的活动，上级检察机关有权力也有义务监督，下级检察机关对上级检察机关作出的决定必须无条件服从和执行。并且根据法律规定，被害人、公安机关不服不起诉的决定，可向上级检察机关申诉和复议，上级检察机关进行复查，如认为不当的，可撤销不起诉决定，将案件交由原作出不起诉决定的检察机关提起公诉，下级检察机关必须执行；检察机关直接立案侦查的案件决定相对不起诉和存疑不起诉的，公诉部门应当将不起诉书副本连同案件审查材料报送上一级检察机关备案。上级检察机关发现下级检察机关不起诉的决定有错误时，应当依法予以纠正。

第四，扩大犯罪嫌疑人在审查起诉阶段的申诉权。我国《刑事诉讼法》第 146 条规定，犯罪嫌疑人可以对检察机关作出的不起诉决定进行申诉，但这一申诉权的行使要受到两个方面的限制：一是作出该不起诉决定的依据仅限于"犯罪情节轻微，依照刑法规定不需要判处刑罚或者免除刑罚"；二是只能向作出该决定的原检察机关申诉。显然，这一规定排除了犯罪嫌疑人对这种不起诉决定向上级检察机关申诉的权利。然而，与犯罪嫌疑人相对立、同为案件当事人的被害人则对各种不起诉决定拥有向上级检察机关申诉的权利甚至直接起诉权。两者比较起来，笔者认为，对被不起诉人的这一限制过于严格，应当扩大其申诉权。

第五，进一步完善法院庭前审查程序，设立预审制度，实现对刑事公诉权的进一步制约。预审制度是指由法院的专门机构对检察机关提起公诉的案件进行审查，从而决定是否开庭审判的制度。典型的是在德国，对检察官提起公诉的案件，经法院业务部门登记处理后分配到有管辖权的审判庭，指定一名职业法官为预审法官，对案件进行审查，经过评议后，作出肯定起诉决定的，再进行庭审。"设立预审制度，旨在起到过滤公诉案件的作用，有利于检察官更有效地提起公诉。"这样，将庭前预审法官同审判法官分开，不集中于一人，既能坚持庭前实体审查，又能克服先定后审、庭审走过场等积弊；既能防止预审法官变质为侦查法官，又能有效制约刑事公诉权，提高公诉质量。

　　第六，废止撤回起诉制度。从保护人权和维护法院裁判终极性的角度出发，应当废止撤回起诉制度。当检察院向法院提起公诉后，因证据不足或其他原因不能胜诉的，一律由人民法院作无罪判决。这样不仅能够迅速确定被告人的法律地位，最大限度地保障被告人的人权，而且也可以藉此来推动检察机关在提前公诉时严格把关，切实行使好公诉权。

参考书目

一、中文类著作

1. ［古希腊］柏拉图：《理想国》，商务印书馆 1986 年版。

2. ［古希腊］亚里士多德：《政治学》，吴寿彭译，商务印书馆 1983 年版。

3. ［英］洛克：《政府论（上、下篇）》，商务印书馆 1964 年版。

4. ［法］卢梭：《社会契约论》，商务印书馆 2003 年版。

5. ［意］切萨雷·贝卡里亚：《论犯罪与刑罚》，黄风译，中国方正出版社 2004 年版。

6. ［美］汉密尔顿、杰伊、麦迪逊：《联邦党人文集》，商务印书馆 1980 年版。

7. ［美］伯纳德·施瓦茨：《美国法律史》，王军等译，中国政法大学出版社 1990 年版。

8. ［英］戴雪：《英宪精义》，雷宾南译，中国法制出版社 2001 年版。

9. ［德］马克斯·韦伯：《论经济与社会中的法律》，张乃根译，中国大百科全书出版社 1998 年版。

10. ［奥］凯尔森：《法与国家的一般理论》，沈宗灵译，中国大百科全书出版社 1996 年版。

11. ［美］本杰明·卡多佐：《司法过程的性质》，商务印书馆 1998 年版。

12. ［德］K. 茨威格特、H. 克茨：《比较法总论》，潘汉典、米健、高鸿钧、贺卫方译，法律出版社 2003 年版。

13. ［英］卜思天·M. 儒攀基奇：《刑法——刑法理念批判》，中国政法大学出版社 2002 年版。

14. ［美］哈罗德·J. 伯尔曼：《法律与革命》，中国大百科全书出版社 1993 年版。

15. ［德］柯武刚、史漫飞：《制度经济学——社会秩序与公共政策》，商务印书馆 2000 年版。

16. ［美］约翰·罗尔斯：《正义论》，何怀宏等译，中国社会科学出版社 1988 年版。

17. ［英］丹宁：《法律的正当程序》，李克强等译，群众出版社 1984 年版。

18. ［日］美浓部达吉：《宪法学原理》，欧宗祐、何作霖译，中国政法大学出版社 2003 年版。

19. ［日］冈田朝太郎、松冈义正、小河滋次郎、志田钾太郎口授：《检察制度》，郑言笔述，蒋士宜编纂，陈颐点校，中国政法大学出版社 2003 年版。

20. 杨鸿烈：《中国法律思想史》，中国政法大学出版社 2004 年版。

21. 吕世伦主编：《列宁法律思想史》，法律出版社 2000 年版。

22. 张寿民主编：《俄罗斯法律发达史》，法律出版社 2000 年版。

23. 何勤华主编：《法国法律发达史》，法律出版社 2001 年版。

24. 何勤华主编：《德国法律发达史》，法律出版社 2000 年版。

25. 何勤华、李秀清主编：《东南亚法律发达史》，法律出版社 2002 年版。

26. 王立民主编：《加拿大法律发达史》，法律出版社 2004 年版。

27. 何勤华、李秀清主编：《意大利法律发达史》，法律出版社 2006 年版。

28. 尤志安：《清末刑事司法改革研究》，中国人民公安大学出版社

2004 年版。

29. 武树臣：《中国法律思想史》，法律出版社 2004 年版。

30. 顾肃：《西方政治法律思想史》，中国人民大学出版社 2005 年版。

31. 郭成伟等：《清末民初刑诉法典化研究》，中国人民公安大学出版社 2006 年版。

32. 张希坡、韩延龙：《中国革命法制史》，中国社会科学出版社 2007 年版。

33. 梁治平：《法辨——中国法的过去、现在与未来》，中国政法大学出版社 2002 年版。

34. 徐显明：《人民立宪思想探原》，山东大学出版社 1999 年版。

35. 苏力：《法治及其本土资源》（修订本），中国政法大学出版社 2004 年版。

36. 卓泽渊：《法的价值论》（第二版），法律出版社 2006 年版。

37. 季卫东：《法治秩序的建构》，中国政法大学出版社 1999 年版。

38. 王世杰、钱端升：《比较宪法》，中国政法大学出版社 2004 年版。

39. 韩大元主编：《比较宪法学》，高等教育出版社 2003 年版。

40. 王人博：《宪政的中国之道》，山东人民出版社 2003 年版。

41. 张庆福、韩大元主编：《1954 年宪法研究》，中国人民公安大学出版社 2005 年版。

42. 蔡定剑主编：《监督与司法公正》，法律出版社 2005 年版。

43. 汪习根：《司法权论——当代中国司法权运行的目标模式、方法与技巧》，武汉大学出版社 2006 年版。

44. 苏惠渔、孙万怀：《论国家刑权力》，北京大学出版社 2006 年版。

45. 李龙：《李龙文集》，武汉大学出版社 2006 年版。

46. 周叶中主编：《宪法》，高等教育出版社、北京大学出版社

2000 年版。

47. 周叶中：《代议制度比较研究》，武汉大学出版社 2005 年版。

48. 秦前红主编：《新宪法学》，武汉大学出版社 2005 年版。

49. 秦前红、陈道英、汪自成、伍华军、韩树军：《比较宪法学》，武汉大学出版社 2007 年版。

50. 王桂五主编：《中华人民共和国检察制度研究》（上、下），法律出版社 1981 年版。

51. 王桂五：《人民检察制度概论》，法律出版社 1981 年版。

52. 王洪俊：《检察学》，重庆出版社 1987 年版。

53. 何勤华主编：《外国法制史》（第四版），法律出版社 2006 年版。

54. 张晋藩：《中国宪法史》，吉林人民出版社 2004 年版。

55. 李士英主编：《当代中国的检察制度》，中国社会科学出版社 1988 年版。

56. 钟海让：《法律监督论》，法律出版社 1993 年版。

57. 周其华：《中国检察学》，中国法制出版社 1998 年版。

58. 林贻影：《两岸检察制度比较研究》，中国检察出版社 1998 年版。

59. 孙谦、刘立宪主编：《检察理论研究综述（1989—1999）》，中国检察出版社 2000 年版。

60. 林海主编：《中央苏区检察史》，中国检察出版社 2001 年版。

61. 叶青、黄一超主编：《中国检察制度研究》，上海社会科学院出版社 2003 年版。

62. 裘索：《日本国检察制度》，商务印书馆 2003 年版。

63. 孙谦主编：《中国检察制度论纲》，人民出版社 2004 年版。

64. 张智辉主编：《中国检察》（第 9 卷），北京大学出版社 2005 年版。

65. 中央纪委法规室、监察部法规司编译：《国外反腐败廉政法律法规选编》，中国方正出版社 2002 年版。

66. 熊先觉：《中国民法制度先论》，中国法制出版社 1999 年版。

67. 谭世贵：《中国司法制度》，法律出版社 2005 年版。

68. 甘超英：《宪法学》，北京大学出版社 2011 年版。

69. 张福森主编：《各国司法体制简介》，法律出版社 2003 年版。

70. 吴磊主编：《中国司法制度》，中国人民大学出版社 1997 年版。

71. 王怀新：《公诉权原论》，中国人民公安大学出版社 2006 年版。

72. 樊崇义：《诉讼法学研究》（第一卷），中国检察出版社 2002 年版。

73. 郝银钟：《刑事公诉权原理》，人民法院出版社 2004 年版。

二、论文类

1. 龙宗智：《论检察权的性质与检察机关的改革》，载《法学》1999 年第 10 期。

2. 谢鹏程：《论检察官独立与检察一体》，载《法学杂志》2003 年第 3 期。

3. 陈文兴：《检察官职业问题研究》，载《检察论丛》（第七卷），法律出版社 2004 年版。

4. 王清坤：《适用法律人人平等原则的内涵和意义》，载《上海市政法管理干部学院学报》1999 年第 3 期。

5. 耿鹏：《从三个层次完善检察一体制》，载《检察日报》2003 年 1 月 29 日第 3 版。

6. 何家弘：《司法公正论》，载《中国法学》1999 年第 2 期。

7. 谢鹏程：《论客观公正原则》，载《国家检察官学院学报》2005 年第 4 期。

8. 朱孝清：《检察官客观公正义务及其在中国的发展和完善》，载《中国法学》2009 年第 2 期。

9. 卞建林：《依法治国与刑事诉讼》，载《诉讼法论丛》（第 2

卷），法律出版社 1988 年版。

10. 胡志军、万勇斌：《公检法三机关分工、配合、制约原则质疑》，载《江西公安专科学院学报》2004 年第 4 期。

11. 刘潇恬：《公检法机关分工负责、互相配合、互相制约》，载《台声·新视野》2005 年 6 月。

三、外文类著作

1. He Jlaong，Criminal Prosecution In The People's Republic Of United States of America A Comparative Study，China Procuratorial Press 1995.

2. Lee Epsitein and Thomas G. Walker，Constitutional Law for a Changing America：Institutional Powers and Constrains ，6th Eition，Washington，D. C：CQ Press，2007.

3. Turk A Marco，Introducion to Law and Society ，Simon&Schuster ustom Pub. ，1997.

4. Jerold L. waltman and Kenneth M. Holland，The Political Role of Law Courts in Modern Democraciers ，London：Macmillion Press，1988.

5. Esmein，A history of continental criminal procedure，translated by John Simpson，Little，Brown，and Company，1913.

6. Herbert Packer，The limits of the criminal sanction，Stanford University Press，1968.

7. David T. Johnson，The Japanese Way of Justice – Prosecuting Crime in Japan，Oxford University Press，2002.

8. John Jay Douglass，Discertionary Authority of The Prosecutor，National College of District Attorneys，College of law，University of Houston，1979.

9. Christian Dadomo and Susan Farran , The French Legal System, 2nd edition Thomoson Professional Pub Cn, 1996.

10. Jules Coleman, Scott J Shapiro (ed) , The Oxford Handbook of Jurisprudence and Philosophy of law, Oxford University Press, 2002.

11. Joan E. Jacoby, American Prosecutor: A search for Identity, Simon& Schuster, 1980.

12 . Julia Fionda, Public Prosecutors and Discretion, Clarendon Press, 1995.

13. Abimbola A Olowofoyeku, Suing Judges: A Study of Judicial Immunity, Clarendon Press, 1993.

14. John Jay Douglass, Special Problems in Prosecution, National College of District Attorneys, College of law, University of Houston, 1979.

15. Brian Forst, Errors of Justice: Nature, Sources and Remedies, Cambridge University Press, 2004.

16 . Albert Alschuler, The prosecutor's Role in Plea Bargaining, 36, Uninversity of Chicago Law Review, 1968.

17. Burton M. Leiser, Liberty, Justice and Morals (Third Edition), Macmillan Publishing Company, 1986.

18. Adnemar Esmein, A History of Continental Criminal Procedure, The Law Book Exchange, Ltd, 2000.

19. Joseph J. Senna, Larry J. Siegel, Essentials of Criminal Justice, West/Wadsworth Pub. Co. , 1998.

20. Abhijit V Banered And Lakshmi Iyer : "History, Institutions And Economic Performance: The Legacy of Colonial Land Tenure Systen in India", Working Paoer Series.

21. Tomomi Tanaka : "Resource Allocation with Spatial Externalities: Experiments on Land Conolidation", Working Paper Series.

22. Hans Gilliams, Mordernisation: From Polity to Practice, European Law Review, Vol. 28, No. 4, 2003.

23. Gene R. Nichol, Toward a People's Constitution, California Law Review, Vol. 91, No2, 2003.

24. Review of the law on Personal Securities Discussion paper Regisration and search issues. November 2006.

25. Adrian Karatnycky , A Century of Progress, In Journal of Democracy Vol. 11, 2000.